HANS-WERNER GOETZ
DIE GESCHICHTSTHEOLOGIE DES OROSIUS

IMPULSE DER FORSCHUNG

Band 32

HANS-WERNER GOETZ

DIE GESCHICHTSTHEOLOGIE DES OROSIUS

1980
WISSENSCHAFTLICHE BUCHGESELLSCHAFT
DARMSTADT

CIP-Kurztitelaufnahme der Deutschen Bibliothek

Goetz, Hans-Werner:
Die Geschichtstheologie des Orosius / Hans-Werner
Goetz. — Darmstadt: Wissenschaftliche Buchgesellschaft, 1980.
(Impulse der Forschung; Bd. 32)
ISBN 3-534-08325-3

1 2 3 4 5

ⓦⓑ Bestellnummer 8325-3

© 1980 by Wissenschaftliche Buchgesellschaft, Darmstadt
Satz: Roddert Fotosatz, Mainz
Druck und Einband: Wissenschaftliche Buchgesellschaft, Darmstadt
Printed in Germany
Schrift: Compugraphic Garamond, 9/11

ISBN 3-534-08325-3

INHALT

Vorwort VII

Einleitung: Orosius als Forschungsobjekt 1

I. Grundtendenzen im Werk des Orosius: Die *Historiae adversum paganos* zwischen Apologie und Mission, zwischen Geschichtsschreibung und Geschichtsdeutung 9
   1. Entstehung und Auftrag 9
   2. Orosius als römischer Historiograph und christlicher Geschichtsinterpret 12
   3. Apologetische Geschichtsschreibung 20
      a. Apologetisches Beweisziel und quellengebundene Darstellung 23
      b. Ergebnis und Struktur des historischen Überblicks: Der Alarich-Einfall als Beispiel für den Wandel der Zeiten durch das Christentum 29
   4. Die *Historiae adversum paganos* zwischen Verteidigung und Angriff: Invektiven gegen die heidnische Lehre als Ausfluß des christlichen Missionsgedankens 36

II. Die Grundlagen des Geschichtsablaufs: Die Geschichte als Werk Gottes 45
   1. Das Gottesbild 45
   2. Der Geschichtsablauf 49
   3. Gottes Eingriffe in den aktuellen Geschichtsablauf 58

III. Der Entwicklungsgedanke in der Geschichte: Die Geschichte auf dem Weg zur *felicitas* 71
   1. Die Weltreichslehre 71
   2. Rom in der Entwicklung zum Christentum 80
   3. Das Kaiser- und Staatsideal des Orosius 88
   4. Christliches Fortschrittsdenken: Rückgang der Unglücke und Friedensideal in den *tempora Christiana* 98
   5. Der Einheitsgedanke 107
   6. Das Ergebnis der historischen Entwicklung: Der *felicitas*-Gedanke im Gegenwartsbild des Orosius 117

IV. Der Ausblick in die Zukunft: Orosius und die Probleme seiner
    Zeit 122
    1. Die Haltung des Orosius zu Staat und Gesellschaft 123
    2. Die Bedrohungen der Gegenwart 125
    3. Orosius und die Barbarenfrage 126

V. Augustin und Orosius im Vergleich 136

Schluß: Zur Wirkungsgeschichte des Orosianischen Werks 148

Quellen- und Literaturverzeichnis 167

Verzeichnis der zitierten Orosiusstellen 173

VORWORT

Orosius, der mit seinen Schriften und besonders mit den Historien in die aktuelle Auseinandersetzung der spätantiken Christen mit den römischen Heiden eingreift, ist — und darauf werde ich im Schlußkapitel näher eingehen — für die Geschichtsschreibung und das Geschichtsdenken des Mittelalters neben Augustin zu einer bedeutenden Quelle und Autorität geworden. Das Geschichtsbild vornehmlich des Hochmittelalters — und hier liegt ein Forschungsschwerpunkt des Verfassers — läßt sich weder in seinen Bindungen an die Tradition noch in seinen eigenständigen Grundzügen verstehen ohne eine genaue Kenntnis des Orosius. Gerade um einer Abgrenzung der mittelalterlichen Gedanken willen ist aber eine Untersuchung der orosianischen Vorstellungen aus dem Werk und der Zeit des spätantiken Schriftstellers heraus erforderlich, die damit nicht nur eine Grundlage für die Mittelalterforschung, sondern ebenso einen wichtigen Beitrag zur Geschichte der Spätantike liefert.

Dieses Buch versteht sich als zusammenfassende Darstellung des orosianischen Geschichtsbildes, beruft sich also einmal auf die bisherige Orosiusforschung, um das Thema zugleich unter veränderten Gesichtspunkten anzugehen. Es möchte Impulse geben in bezug auf ein besseres Verständnis des nicht immer eindeutig aufgenommenen Orosius, auch hinsichtlich der Auswertung seiner von seinem Geschichtsbild getragenen Historiographie, sodann in bezug auf die geschichtstheologische Forschung der Spätantike und des von Orosius in hohem Maß beeinflußten Mittelalters, einer Zeit also, in der religiöse und zumal geschichtstheologische Vorstellungen nicht lediglich einen Bereich der Geistesgeschichte, sondern die Grundlage jedes historischen Denkens und in großem Umfang auch des historischen Wirkens bildeten.

Es geht mir nicht darum, Orosius von irgendwelchen Vorwürfen reinzuwaschen, auch wenn gelegentlich ein solcher Eindruck entstehen mag: Voraussetzung für ein Urteil über die Qualität des geschichtstheologischen Systems, das andere fällen mögen, ist vielmehr die „historische" — und das heißt nach meiner Auffassung auch wertfreie — Erarbeitung der Gedanken aus dem Werk selbst und aus den zeitbestimmenden Bedingungen heraus. Auf diesem Wege zu einem besseren Verständnis des so bedeutenden Autors zu gelangen, ist das Anliegen dieser Studie, die der Leser, ob er sich aus rein historischem Interesse oder, weil er seinerseits auf den Ergebnissen historischer Forschung aufbauen will, mit diesem Gegenstand beschäftigt, hoffentlich mit etwas Gewinn durchsehen wird. Der Verfasser kann nur mit Orosius schließen: *De qualitate autem opusculorum tu uideris ..., tibi adiudicanda si edas, per te iudicata si deleas* (Hist. 7,43,20).

Einen Teil der hier angesprochenen Thematik, das Kaiserbild, habe ich erstmals zusammen mit meinem Freund Dr. Wolf-Rüdiger Schleidgen erarbeitet. Ihm gilt mein Dank ebenso wie meiner Frau Elvira, die alle Teile der Arbeit kritisch durchgesehen und diskutiert hat. Für die Aufnahme in die Reihe „Impulse der Forschung" danke ich der Wissenschaftlichen Buchgesellschaft. Möge sich die Untersuchung ihrem Programm würdig erweisen.

Bochum, den 15. 2. 1979 H.-W.G.

EINLEITUNG:
OROSIUS ALS FORSCHUNGSOBJEKT

Die *Historiae adversum paganos* des Orosius[1] haben ein zeitlich schwankendes, als eines der bedeutendsten Geschichtswerke der ausgehenden Antike insgesamt aber recht starkes Interesse bei der historischen Forschung hervorgerufen.[2] Die Historien bilden nämlich nicht nur eine unentbehrliche Quelle für die Geschichte des Kaisers Theodosius und seiner Söhne (und — mangels anderer Überlieferungen — in manchen Einzelheiten auch für die vorhergehende Zeit), Orosius hat vor allem erstmals die gesamte Geschichte vom christlichen Standpunkt aus und unter geschichtstheologischen Gesichtspunkten dargestellt. Folglich steht neben den politischen Vorstellungen[3] das Geschichtsbild[4] in besonderem Maße im Mittelpunkt der histo-

---

[1] Ausgaben von Historien und *Liber apologeticus* von Carl Zangemeister unter dem Titel: Paulus Orosius, *Historiarum adversum paganos libri VII accedit eiusdem Liber apologeticus* (CSEL 5), Wien 1882 (ND. Hildesheim 1967) sowie (nur der Historien) bei Teubner, Leipzig 1889. — Die dritte erhaltene und zugleich älteste Schrift des Orosius, das *Commonitorium de errore Priscillianistarum et Origenistarum* hat Georg Schepss ediert (CSEL 18, Wien 1889, S. 149—57). — Zur Textkritik des *Liber apologeticus* vgl. J. Svennung, Arctos 5, 1967, S. 135—39.

[2] Eine kurze Übersicht gibt Benoit Lacroix, La importancia de Orosio, Augustinus 2, 1957, S. 5—13.

[3] Darüber neben Lippold (Anm. 16) H.-J. Diesner, Orosius und Augustinus, Acta Antiqua Academiae Scientiarum Hungaricae 11, 1963, S. 89—102, der Orosius und Augustin bewußt nicht als Geschichtstheologen, sondern als Zeithistoriker betrachtet. In diesem Zusammenhang sind auch einige umfassendere Arbeiten über das Barbarenbild und den Romgedanken der Spätantike zu nennen, nämlich Joseph Vogt, Kulturwelt und Barbaren. Zum Menschheitsbild der spätantiken Gesellschaft (Abhandlungen der Akademie der Wissenschaften und Literatur Mainz, Geistes- und Sozialwissenschaftliche Klasse 1967, 1), Wiesbaden 1967, S. 52ff., François Paschoud, Roma aeterna. Études sur le patriotisme Romain dans l'occident latin à l'époque des grandes invasions, Thèse Lausanne, Neuchâtel 1967, S. 276ff., und Werner Suerbaum, Vom antiken zum frühmittelalterlichen Staatsbegriff. Über Verwendung und Bedeutung von *res publica, regnum, imperium* und *status* von Cicero bis Jordanis (Orbis antiquus 16/17), Münster 1961, S. 221ff.

[4] Vgl. Lacroix (Anm. 20) S. 20: Heute interessiert das Werk des Orosius eher wegen seiner Ideen als um der Fakten willen.

rischen Untersuchungen.[5] Überblicken wir zunächst die wichtigste neuere Literatur.[6]

— Da Orosius selbst den Kirchenvater Augustin als seinen Auftraggeber bezeichnet, liegt ein Vergleich beider Geschichtstheologen nahe: Während FINK-ERRERA in einem Teilabdruck seiner Dissertation[7] eine Gleichartigkeit der geschichtstheologischen Gedanken bei gleichzeitiger Schwerpunktverlagerung bei Orosius auf die Geschichte feststellt, sucht MOMMSEN[8] die Unterschiede herauszuarbeiten. MARROU[9] gelangt in einer differenzierten Gegenüberstellung zu dem Ergebnis, daß Orosius die augustinischen Grundgedanken vereinfacht, aber auch deformiert hat.[10]

—Naturgemäß hat sich vor allem die spanische Geschichtsforschung, aus deren Kreis hier nur einige Aufsätze zitiert seien, mit dem Spanier Orosius befaßt: Eine trotz der Kürze instruktive Einführung in die Grundzüge der orosianischen Geschichtsphilosophie geben R. und G. DE CASTRO,[11] die vor allem (S. 19ff.) den Providentialismus des Orosius herausstellen, und DE TEJADA,[12] der — obwohl er in seiner Gliederung zwischen Geschichtsphilosophie und politischer Philosophie unterscheidet — im Grunde nur die letztere behandelt, hier freilich das Urteil des Orosius über Rom einseitig abwertet. Mit einzelnen Elementen des Geschichtsbildes, vor allem dem Universalismus und Providentialismus des Orosius befaßt sich TORRES[13] in zwei Arbeiten und

---

[5] Auch für die spätlateinische Philologie ist Orosius interessant; vgl. vor allem J. Svennung, Orosiana, Upsala 1922.

[6] Eine Bibliographie der älteren Orosiusliteratur bis 1952 hat Guy Fink, Recherches bibliographiques sur Paul Orose, Revista de Archivos, Bibliotecas y Museos 58, 1952, S. 271—322, zusammengestellt. — Von den älteren Werken sind als grundlegend zu nennen: Theodor von Mörner, De Orosii vita eiusque Historiarum libris septem adversus paganos, Berlin 1844, und E. Mejean, Paul Orose et son apologétique contre les païens, Straßburg 1861.

[7] Guy Fink-Errera, San Agustín y Orosio. Esquema para un estudio de las fuentes del *De civitate Dei,* Ciudad de Dios 167, 1954, S. 455—549.

[8] Theodore E. Mommsen, Orosius and Augustine, in: Ders., Medieval and Renaissance Studies, ed. E. Rice jr., New York 1966, S. 325—48.

[9] Henri-Irénée Marrou, Saint Augustin, Orose et l'augustinisme historique, in: La storiografia altomedievale 1 (Settimane di studio 17), Spoleto 1970, S. 59—87.

[10] Näheres darüber im 5. Kapitel (unten S. 136ff.).

[11] Rafael G. y García de Castro, Paulo Orosio, discipulo de San Agustín, Boletin de la Universidad de Granada 3, 1931, S. 3—28.

[12] Francisco Elias de Tejada, Los dos primeros filosofos hispanos de la historia, Orosio y Draconcio, Anuario de historia del derecho español 23, 1953, S. 191—97.

[13] Casimiro Torres Rodriguez, Los siete libros de la Historia contra los Paganos de Paolo Orosio, Cuadernos de estudios Gallegos 3, 1948, S. 23—48; C. Torres, La historia de Paolo Orosio, Revista de Archivos, Bibliotecas y Museos 61, 1955, S. 107—35.

führt dabei die Unglücksgeschichte der Historien auf den Pessimismus ihres Verfassers zurück. In seiner jüngeren Arbeit sucht TORRES die Geschichtsschreibung des Orosius als ein Einfühlen in die unteren Schichten einerseits und als Geschichtssymbolismus andererseits zu erklären. Manuel DE CASTRO[14] schließlich untersucht das Verhältnis von universalem und nationalem Denken des Spaniers mit dem Ergebnis, daß vaterländische Vorstellungen völlig hinter universalistischen Tendenzen zurücktreten.

— In deutscher Sprache liegen vor allem zwei nahezu gleichzeitig eingereichte Dissertationen, allerdings nur maschinenschriftlich, vor: LIPPOLD[15] behandelt einen Einzelaspekt der (zeit-)geschichtlichen Vorstellungen des Spaniers, nämlich die Beurteilung der Römer und der Barbaren in den Historien; während Orosius der Stadt Rom danach kaum Sympathien entgegenbringt, ist seine Haltung gegenüber dem Staat angesichts der optimistischen Entwicklung der letzten Jahre, vor allem aber angesichts der Christianisierung, eher positiv. Aus dieser Zuversicht heraus tritt er den Barbaren höchst reserviert gegenüber, befürwortet aber eine Eingliederung der christlichen Barbaren in das Römische Reich. Mit seiner Fragestellung ist LIPPOLD eher an der Zeitgeschichte als an der Geschichtstheologie interessiert,[16] beweist aber durch die häufige Einordnung der Fragen in übergreifende Zusammenhänge, vor allem dort, wo es um den göttlichen Auftrag an das Römische Reich geht, daß sich auch diese Komplexe letztlich nur vor dem Hintergrund der gesamten Geschichtsvorstellungen klären lassen.

Deren Erarbeitung hat sich die Dissertation SCHÖNDORFS[17] zum Ziel gesetzt, doch seine (stilistisch kaum zumutbare) Darstellung behandelt einzelne Aspekte der Geschichtstheologie wie den göttlichen Ursprung der Geschichte, die Romideologie und die Theologie der *tempora Christiana,* die göttliche Vorsehung und das göttliche Gericht, schließlich die vergleichende, die apologetische und die universale Geschichtsbetrachtung des Orosius, ohne daß die inneren Zusammenhänge all dieser Elemente deutlich würden, die das Geschichtsbild des Orosius erst zu einem geschlossenen geschichtstheologischen System machen, zumal die Auswahl gelegentlich von einem

---

[14] P. Manuel de Castro, El hispanismo en la obra de Paulo Orosio: *Historiarum adversus paganos libri VII,* Cuadernos de estudios Gallegos 9, 1954, S. 193—250.

[15] Adolf Lippold, Rom und die Barbaren in der Beurteilung des Orosius, Diss. Erlangen 1952.

[16] Lippold hat seine Gedanken, auf das Gegenwartsbild des Orosius bezogen, noch einmal in einem Aufsatz zusammengefaßt: Adolf Lippold, Orosius, christlicher Apologet und römischer Bürger, Philologus 113, 1969, S. 92—105.

[17] Kurt Arthur Schöndorf, Die Geschichtstheologie des Orosius, Diss. München 1952.

modernen Verständnis über den Inhalt einer Geschichtstheologie beeinflußt scheint[18] und SCHÖNDORF sich trotz guter Beobachtungen einen unbefangenen Blick dadurch nimmt, daß er die Vorstellungen des Orosius laufend (ab-)wertet.[19] — Diesen Mangel sucht LACROIX[20] mit Erfolg auszugleichen, indem er bewußt nach der Intention des Orosius fragt und dessen Gedankengänge Schritt für Schritt nachvollzieht.[21] Nach einer Einleitung über die Persönlichkeit des Autors sowie die Entstehung und die historiographischen Eigenarten der Historien betrachtet LACROIX die Ideen des Orosius unter dem Gesichtspunkt, den auch der Spanier in den Vordergrund seines Geschichtswerks stellt, nämlich dem des Elends (misère) in der Geschichte, zunächst des allezeit gültigen Elends der menschlichen (S. 87 ff.), dann des speziellen Elends der römischen Geschichte (S. 111 ff.), das nun in der christlichen Gegenwart einer Zeit der Wohltaten (bienfaits) Gottes gewichen ist (S. 161 ff.). LACROIX erfaßt mit diesem Grundgedanken zugleich einen zentralen Aspekt des orosianischen Geschichtsbildes, das hier jedoch im Grunde — gleichberechtigt neben einer apologetischen Zielsetzung — lediglich als Erklärung (explication) der von Orosius gewählten Darstellungsform der Elendsgeschichte dient, ohne in seinem Eigenwert oder gar als die dem Werk eigentlich zugrundeliegende Vorstellung genügend hervorzutreten. Eine solche Kritik kann nicht den Wert der Arbeit LACROIX' mindern, die uns Orosius aus dessen eigenen Ideen heraus näherbringt als alle früheren Studien,[22] sie soll nur andeuten, daß die ideenorientierten Ergebnisse nicht schon das gesamte Geschichtsbild des Orosius zu erfassen vermögen.

[18] So verzichtet Schöndorf auf eine Darstellung der eigentlichen theologischen Grundlagen des Geschichtsbildes, oder er empfindet diese — wie die Gottesbeweise (S. 110 ff.) — als in einem Geschichtswerk überflüssig! Sein Kapitel über die *tempora Christiana* zeichnet die einzelnen Ereignisse nach, ohne die entwicklungsgeschichtliche Grundlage ihrer Verherrlichung herauszuarbeiten.
[19] Vgl. S. 104: „Geradezu unerträglich wird der gewaltsame Versuch des Orosius, alle geschichtlichen Ereignisse in sein Sünde-Strafe-Schema einzupressen."
[20] Benoit Lacroix, Orose et ses idées (Université de Montréal. Publications de l'Institut d'études médiévales 18), Montréal-Paris 1965.
[21] Vgl. sein Programm S. 23: «Nous voulons examiner les idées d' Orose, et dans leur texte et dans leur contexte, quitte à les regrouper s'il le faut en vue d'une synthèse de sa pensée sur les problèmes de son époque.»
[22] Lacroix überspitzt freilich gelegentlich die rein hermeneutische Deutung durch Überbetonung einzelner Stellen, zumal wenn diese aus ihrem Zusammenhang gerissen werden; einen noch größeren Mangel bilden die sich vom lateinischen Text zuweilen weit entfernenden Übersetzungen.

— Die gehaltvolle Studie CORSINIS[23] schließlich, die sich selbst als „Einführung" begreift, will kein systematisches Gesamtbild liefern, sondern arbeitet die Traditionen, auf denen Orosius aufbauen kann, hinsichtlich ausgewählter Aspekte wie der „neuen Chronologie" des Beginns der Geschichte mit dem Sündenfall (S. 53ff.), der „neuen Geographie" des Universalismus (S. 73ff.) oder des Symbolismus (S. 135ff.), heraus und bietet auf diese Weise einen verdienstvollen Hintergrund für eine Untersuchung der orosianischen Geschichtstheologie; CORSINI selbst spricht in diesem Rahmen bereits zentrale Gedanken wie die theologischen Prämissen (S. 85ff.), den Providentialismus, der in den christlichen Zeiten gipfelt (S. 111ff.), oder die Romidee des Orosius (S. 157ff.) an.[24]

— Die von STRAUB[25] eröffnete und von MOMIGLIANO[26] weitergeführte Untersuchung der Eigenart christlicher Historiographie im Vergleich zur heidnischen nimmt, ausgehend von einer Bemerkung MAZZARINOS[27] über den ungeheuren Gegensatz zwischen Orosius und Zosimus in Mentalität und Geistesleben, eine New Yorker Dissertation[28] wieder auf, indem sie vor dem Hintergrund der traditionellen heidnischen und christlichen Anschauungen über politische Faktoren (wie Macht und Gesetz, Vorsehung und Schicksal, menschliche Natur und Handlung) das 7. Buch der Historien des Orosius mit den entsprechenden Abschnitten bei Zosimus vergleicht, sich hier aber weitgehend in Paraphrasen erschöpft.

Die Beschäftigung mit einem Gegenstand wie Orosius, dessen historische Aussagekraft die Forschung in zahlreichen Arbeiten erwiesen hat, bedarf kaum einer eingehenden Begründung.[29] Wohl aber werfen die jüngsten Gesamtwürdigungen LACROIX' und CORSINIS, auch wenn sie nicht in deutscher Sprache erschienen sind, die Frage auf, ob eine Neubearbeitung, wie sie hier

---

[23] Eugenio Corsini, Introduzione alle *Storie* di Orosio (Università di Torino, Facoltà di lettere e filosofia, filologia classica e glottologia 2), Torino 1968.

[24] Über nicht angesprochene Fragen vgl. die Besprechung von A. Lippold, Theologische Literaturzeitschrift 94, 1969, S. 675ff.

[25] Johannes Straub, Christliche Geschichtsapologetik in der Krisis des Römischen Reiches, Historia 1, 1950, S. 52—81, abgedruckt in: Ders., Regeneratio imperii, Darmstadt 1972, S. 240—70.

[26] Arnaldo Momigliano, Pagan and Christian Historiography in the Fourth Century A. D., in: Ders., The Conflict between Paganism and Christianity in the Fourth Century, Oxford 1963, S. 79—100.

[27] Santo Mazzarino, Das Ende der antiken Welt, München o. J., S. 63

[28] Tamara Marcus Green, Zosimus, Orosius and their tradition: Comparative Studies in Pagan and Christian Historiography, Thesis New York 1974.

[29] Programmatisch, aber schon in die neue Orosius-Rezeption eingeschlossen: Lacroix (wie Anm. 2), S. 11ff.

beabsichtigt ist, überhaupt notwendig erscheint, zumal sie in diesem Fall nicht auf Mängel oder Lücken in der Forschung insgesamt verweisen kann. Doch scheint mir eine abweichende Zielsetzung Rechtfertigung genug: Die *miseriae*, die LACROIX als Mittelpunkt der orosianischen Ideen betrachtet, sind nur Teil eines übergeordneten, historischen Bewußtseins, einer Geschichtstheologie,[30] die Orosius erst zu der Darstellungsweise der Unglücksgeschichte veranlaßt hat. Anders als LACROIX, der die Ideen des Orosius allmählich aus der Tendenz des Werkes zu entwickeln sucht und erst nach und nach zu einer Begründung dieser Vorstellungen vordringt, um auf diese Weise Orosius immer besser verstehen zu lernen, kehrt die vorliegende Untersuchung, auf diesen Ergebnissen fußend, die Argumentation um und stellt das Geschichtsbild des Orosius samt seinen Grundlagen in den Mittelpunkt, weil es die eigentliche Basis darstellt, ohne die das Geschichtswerk nicht verständlich wird; auf diese Weise läßt sich der Zusammenhang zwischen den einzelnen, von SCHÖNDORF beschriebenen Elementen herausarbeiten, und die Vorstellungen des Orosius eröffnen sich in ihrer ganzen Systematik, ohne daß dabei die Textgrundlage zurücktritt: Wie bei LACROIX soll Orosius selbst soviel wie möglich zu Wort kommen. Nur in dieser Geschlossenheit, in der Berücksichtigung aller Elemente wird sich diese Darstellung des Geschichtsbildes als sinnvoll erweisen können; sie wird deshalb vieles wiederholen müssen, das der Forschung längst durch andere Arbeiten bekannt ist,[31] versteht sich somit in gewisser Weise als methodischer und inhaltlicher Ertrag der bisherigen Orosiusforschung und nimmt bewußt den Titel der Dissertation SCHÖNDORFS wieder auf, weil sie — bei veränderter Perspektive — im Grunde die gleichen Fragen an Orosius richtet.

Es erscheint mir sinnvoll,
a) vorweg die verschiedenen Tendenzen innerhalb des Werks anzusprechen, die sich sämtlich auf die geschichtstheologischen Anschauungen konzentrieren, um dann

---

[30] „Geschichtstheologie" ist (trotz des modernen Streits um dieses Wort) nichts anderes als die Konkretisierung des allgemeinen Geschichtsbildes im Sinne einer auf Gott bezogenen Geschichte; im übrigen verwende ich beide Ausdrücke synonym. Zum Begriff vgl. J. Danielou/A. Halder/H. Vorgrimler, Lexikon für Theologie und Kirche Bd. 4, Sp. 793 ff., und T. Rendtorff, Historisches Wörterbuch der Philosophie Bd. 3, Sp. 439 ff.; zur Sache vgl. Wolfhart Pannenberg, Heilsgeschehen und Geschichte, in: Ders., Grundfragen systematischer Theologie, Göttingen ²1971, S. 22—78.

[31] Auf die Beschäftigung anderer Arbeiten mit diesen Gegenständen wird jeweils in Fußnoten verwiesen; ausführlichere Referate oder Diskussionen der Literatur erfolgen in kleinem Druck als Einschübe in den Text.

b) die theologischen Grundlagen des Geschichtsbildes mit ihren christlichen Eigenarten darzustellen, und, darauf fußend,
c) die spezifisch orosianischen Gedanken innerhalb dieses Geschichtsbildes abzugrenzen.

Die geschichtstheologischen Vorstellungen bringen uns mit Orosius die Gedankenwelt der Spätantike näher, die, ob heidnisch oder christlich, rechtgläubig oder häretisch, stets das Religiöse im Mittelpunkt alles Geschichtlichen (einschließlich der Politik) sah.[32]

Diese vorgreifenden Bemerkungen vermögen die Neuaufnahme eines alten Themas zu begründen, doch rechtfertigen kann sie erst das Ergebnis. Die Untersuchung hätte ihr Ziel dann erreicht, wenn die Lektüre Orosius dem Leser näher brächte, als das bisher möglich war, und wenn sie selbst eine solide Grundlage bildete, auf der weitere Arbeiten über Einzelaspekte der spätantiken Gesellschaft und Kultur[33] oder über das Geschichtsbild der Spätantike und des Mittelalters aufbauen können. Wichtiger nämlich als um seiner selbst willen, bedeutender noch denn als bloßes Zeugnis spätantiker, zumal christlicher Geisteshaltung wird Orosius wegen seiner gewaltigen Nachwirkung auf mittelalterliche und frühneuzeitliche Gelehrte, Geschichtsschreiber und Geschichtsdenker; mit der ihm eigenen Deutung der historischen Fakten aus christlicher Sicht vermittelt Orosius dem Mittelalter christliches Geschichtsdenken überhaupt und wesentliche Elemente der konkreten, für jene Jahrhunderte typischen Geschichtstheologie: Die Historien treten damit neben, oft vor den „Gottesstaat" Augustins; kaum ein anderes Werk hat die Gedanken nachfolgender Jahrhunderte maßgeblicher beeinflußt. Auch für die Analyse des mittelalterlichen Geschichtsbildes möchte die vorliegende Untersuchung deshalb eine Grundlage bilden. Sie soll sich eingliedern in eine Reihe weiterer, geplanter Veröffentlichungen über mittelalterliche Geschichtsdenker, deren Vorstellungen immer wieder auch auf Orosius zurückzuführen sind.[34]

---

[32] Vgl. Straub, Geschichtsapologetik S. 252, und Ders., Regeneratio S. 285; Vogt, Kulturwelt S. 68; Karl Christ, Römische Geschichte. Einführung, Quellenkunde, Bibliographie, Darmstadt 1973, S. 252. Wie sehr das Religiöse auch im Mittelpunkt heidnischer Schriften steht, geht schon aus Klingners Überblick über das „Geistesleben im ausgehenden Altertum" hervor (Fritz Klingner, Römische Geisteswelt, München [4]1961, S. 514—64). — Als bezeichnendes Beispiel wird immer wieder der Streit um den Viktoriaaltar im Senat angeführt (vgl. dazu Joseph Vogt, Der Niedergang Roms. Metamorphose der antiken Kultur, Zürich 1965, S. 319ff.; Richard Klein, Der Streit um den Viktoriaaltar, Darmstadt 1972).

[33] Gerade bei der vom Geschichtsbild isolierten Betrachtung einzelner Anschauungen in übergreifenden Zusammenhängen (vgl. Anm. 3) ist man Orosius nicht immer gerecht geworden.

[34] Eine Arbeit über das Geschichtsbild Ottos von Freising steht vor dem Abschluß.

I. GRUNDTENDENZEN IM WERK DES OROSIUS: DIE *HISTORIAE ADVERSUM PAGANOS* ZWISCHEN APOLOGIE UND MISSION, ZWISCHEN GESCHICHTSSCHREIBUNG UND GESCHICHTSDEUTUNG

1. Entstehung und Auftrag

Der spanische Priester Paulus Orosius[35] kam spätestens 414 — vielleicht als Delegierter[36] seines Heimatbistums Braga[37] — nach Afrika zu Aurelius Augustinus,[38] in dessen Auftrag er im folgenden Jahr zu Hieronymus nach

---

[35] Zum Leben des Orosius vgl. Schanz/Hosius/Krüger, Geschichte der römischen Literatur bis zum Gesetzgebungswerk des Kaisers Justinian, Bd. IV, 2, München 1920 (ND. 1959), S. 483ff.; F. Wotke, RE XXXV, 1939, Sp. 1185—95; M. de Castro S. 193ff.; Lippold, Orosius S. 94f.; Lacroix S. 29ff.; Corsini S. 9ff.; Fink-Errera S. 461ff.; Torres S. 107ff. — Lacroix kennzeichnet Orosius als gebildet und geistig beschäftigt, aber unruhig-aggressiv, auf dem Boden des rechtmäßigen Glaubens stehend, mit gehorsamem Eifer und patriotischer Tendenz; ein ähnliches, aber abwertendes Urteil fällt Corsini (S. 46), der dem Priester Ungeduld, Aggressivität, Unfähigkeit, die Nuancen zwischen den verschiedenen Positionen herauszulesen, und die Tendenz, zwischen Gut und Böse streng zu trennen, vorwirft: Orosius nehme einen Platz zwischen Wahrheit und Irrtum ein. — Zu den Urteilen Augustins und Hieronymus' über Orosius vgl. Lacroix S. 29.

[36] Das vermutet Lacroix S. 30/36.

[37] So Lacroix S. 33ff. — Zur spanischen Herkunft vgl. auch Torres Rodriguez S. 23ff., M. de Castro S. 193ff. und vor allem Corsini S. 15ff., der die Theorien gegeneinander abwägt. Für Braga sprechen vor allem der Brief eines Avitus, in dem wohl der gleichnamige Bischof von Braga zu sehen ist und der Orosius als *compresbyter* bezeichnet, dann die von Augustin (Ep. 166/169) bestätigte Herkunft *de ultima Hispania, id est ab oceani litore* (CSEL 44, S. 547/621), und schließlich das Urteil des Bischofs Braulio von Saragossa, der Orosius zu den Gelehrten der Provinz Galizien zählt (Migne PL 80, Sp. 698f.). Das Geburtsjahr des Orosius liegt schätzungsweise um 380.

[38] Datum und Grund der Übersiedlung sind umstritten; Vgl. Corsini S. 19ff. und Torres S. 109f. — Nach Lippold, Orosius S. 94 Anm. 4, wurde Orosius von den Barbaren vertrieben, doch ist sein Beleg (Hist. 3,20, 6f.) nicht notwendig wörtlich zu verstehen; nach Fink-Errera S. 461ff. und Lacroix S. 36 kam Orosius bereits 410/12 nach Afrika (dagegen aber — wohl zu Recht — Corsini S. 19ff. und Lippold, Gnomon 42, 1970, S. 202ff.), und zwar nicht, weil er vertrieben worden wäre, sondern weil er

Bethlehem reiste, um dann in Jerusalem als Ankläger gegen Pelagius aufzutreten.[39] Da er dort von Bischof Johannes seinerseits der Häresie bezichtigt wurde, verfaßte der Priester den *Liber apologeticus* als Verteidigungsschrift.[40] Nach seiner Rückkehr zu Beginn des Jahres 416[41] stellte er, spätestens 417/18,[42] auf Veranlassung Augustins[43] seine *Historiarum adversum*

Augustins Rat über die Häresie der Priscillianisten suchte (vgl. auch Torres Rodriguez S. 26). Das Werk selbst gibt hier keinen sicheren Aufschluß (ist aber unsere einzige Quelle); auch die Worte im *Commonitorium* Kap. 1 (S. 152) sind kaum wörtlich zu verstehen: *Ad te per deum missus sum; de te per eum spero, dum considero qualiter actum est quod huc ueni. Agnosco, cur uenerim: sine uoluntate, sine necessitate, sine consensu de patria egressus sum, occulta quadam ui actus, donec in istius terrae litus adlatus sum.* — Man könnte dem Wortlaut immerhin entnehmen, daß es keine konkrete Ursache für die Auswanderung aus Spanien gegeben hat; zumindest scheint der Priester nicht im wahrsten Sinne des Wortes von den Barbaren vertrieben worden zu sein; anders allerdings G. de Castro (S. 4) und Corsini (S. 10ff.): Mit der Berufung auf die *providentia* verschweige Orosius den tatsächlichen Anlaß, weil Augustin Geistliche, die bei einer Gefahr ihre Gemeinde verließen, geringschätzte.

[39] Die Lehre des Pelagius gegen die uneingeschränkte Wirksamkeit der Erbsünde (und die damit verbundene Herabsetzung der Wirkung göttlicher Gnade) sollte auf einem Konzil verurteilt werden. Dazu G. de Castro S. 6f.

[40] Zu dieser Schrift vgl. G. de Castro S. 9ff.

[41] Vielleicht über Menorca (Mahón), wo er die wohl für seine Heimatstadt bestimmten Reliquien des hl. Stephanus zurückließ (Fink-Errera S. 485ff.). Im allgemeinen nimmt man aber an, daß Orosius von Palästina aus zunächst Afrika aufsuchte und erst später über Menorca in seine Heimat zurückgekehrt ist (Lacroix S. 37) oder aber vor der Abfassung der *Historiae* die Rückreise über die Balearen antrat, jedoch wegen der Zustände in Spanien erneut nach Afrika ging (Torres S. 113ff.; Diesner S. 90f.).

[42] Nach Lacroix S. 41ff. hat Orosius die Bücher 1—3 von *De civitate Dei* ergänzen wollen, also frühestens 412/13 begonnen; Corsini S. 27ff. (gegen Fink-Errera S. 482f.) setzt den Beginn erst in das Jahr 416, nach seiner Rückkehr aus Palästina (freilich unter der unbewiesenen Voraussetzung, daß Orosius den Augustin gewidmeten Prolog auch zu Beginn schrieb).

[43] Vgl. Hist. 1 prol. 1 *(Praeceptis tuis parui, beatissime pater Augustine)* und 7, 43, 17 *(Explicui adiuuante Christo secundum praeceptum tuum, beatissime pater Augustine)*. — Orosius stellt die literarische Zukunft des Werks in das Belieben Augustins, dem er es zur Beurteilung vorlegt. Auch das *Commonitorium* ist Augustin gewidmet und zur Prüfung übergeben worden (Kap. 1—S. 151). Zum Auftrag Augustins vgl. auch Lippold, Rom S. 3f. — Schöndorf S. 2ff. überschreitet die Quellenaussagen, indem er unabhängige Fakten in einen direkten Bezug zueinander setzt; er nimmt dann auch die Bescheidenheitstopoi allzu wörtlich (S. 4f.) und setzt überhaupt die Fähigkeiten des Priesters stark herab: Orosius habe das komplizierte theologische Kirchensystem Augustins kaum verstanden (ebda. S. 58).

paganos libri VII zusammen,[44] eines der meistgelesenen Werke des Mittelalters.[45] Die Weltchronik sollte Augustins exemplarische Widerlegung der heidnischen Lehre in *De civitate Dei*,[46] von der inzwischen zehn Bücher erschienen waren (Hist. 1 prol. 11), mit historischen Argumenten unterstützen und durch einen Überblick über die gesamte Geschichte ergänzen.[47] Orosius selbst beschreibt sein Verhältnis zu Augustin[48] in einem originellen Bild, mit dem er das wohl noch nicht zu einem Topos ausgereifte Gehorsams-Motiv in bezug auf seinen Auftrag ausschmückt (Hist. 1 prol. 2): Er vergleicht sich (in Anlehnung an Vergil) mit dem Hund unter den Tieren im Haus des *paterfamilias*, weil sich in dessen Natur Gehorsam und Freiwilligkeit zur Disziplin

[44] Nach Lacroix S. 43 deutet der Begriff *opuscula* für die einzelnen Bücher eventuell auf eine sukzessive Veröffentlichung.

[45] Vgl. Lacroix S. 16 ff. und Anna-Dorothee von den Brincken, Studien zur lateinischen Weltchronistik bis in das Zeitalter Ottos von Freising, Düsseldorf 1957, S. 84, die Orosius als das Geschichtsbuch des Mittelalters schlechthin bezeichnet. Über das Nachwirken des Orosius vgl. Lacroix, Importancia S. 5 ff., der (S. 8) mehrere Gründe für die Beliebtheit im Mittelalter nennt: das Faktengerüst, die Anerkennung der Germanen, die Erwählung des Mittelalters (vgl. dazu unten S. 163). — Die Überlieferung des Werks ist jedenfalls sehr reichhaltig: Zangemeisters Ausgabe beruht auf 38 Handschriften und 7 Drucken; eine neuere Zusammenstellung (J. M. Bately and D. J. A. Ross, A Check-List of Manuscripts of Orosius' *Historiarum adversum paganos libri septem*, Scriptorium 15, 1961, S. 329—34) kommt auf 245 nachgewiesene Handschriften (davon sind 7 verloren) des 6. bis 17. Jahrhunderts. Die Liste gibt zugleich einen Einblick in die zeitliche und räumliche Verbreitung der Chronik: Die Historien scheinen sich von Italien über Gallien nach England und Deutschland verbreitet zu haben. Weitere Angaben bei Lacroix S. 16 f. Anm. 21). Beschreibung der wenigen illuminierten Handschriften durch D. J. A. Ross, Illuminated Manuscripts of Orosius, Scriptorium 9, 1955, S. 35—56.

[46] Ed. B. Dombart — A. Kalb, Leipzig ⁵1938/39 (Teubner).

[47] Vgl. Lacroix S. 41 f., der (S. 61 f.) aber die Eigenständigkeit des Werks gegenüber Augustin betont. Demgegenüber nennt Paschoud S. 277, der Orosius überhaupt sehr negativ beurteilt, den Spanier einen «épigone stérile» Augustins. — Neuerdings stellt Corsini S. 47 f. einen offiziellen Auftrag Augustins in Frage, denn dieser habe sich selbst nie über das Werk des Spaniers geäußert. Marrou S. 65 ff. sucht diesen Einwand jedoch zu modifizieren, da der Ergänzungscharakter der Historien zu *De civitate Dei* 1—3 unverkennbar ist: Augustin habe Orosius wohl den Auftrag erteilt, aber nicht eine ganze Weltgeschichte, sondern eine kurze Materialsammlung («dossier») erwartet (Hist. 1 prol. 9). Gegen Corsinis These äußert sich auch Lippold, Gnomon 42, 1970, S. 202.

[48] Zum Augustinbild des Orosius vgl. Lib. apol. 4,1: Augustin, *ex cuius ore Dominus uniuersae Africae unitatis indulserit sanitatem*, oder ebda. 31,3: *beatus pater meus Augustinus*.

vereinigen.[49] Orosius will betonen, daß er trotz des Auftrags seine Aufgabe gern *(libenter)* und freiwillig *(uoluntate)* erledigt hat. Er drückt darüber hinaus mit diesem Bild seinen *specialis amor* zu Augustin aus, der über die allgemeine Liebe unter den Menschen *(generalis amor)* hinausgeht, und gibt schließlich zu erkennen, daß er einen gewissen Anspruch auf Entgegnung seiner Zuneigung hat.[50]

Alle Schriften des Orosius sind recht persönlich verfaßt; immer wieder spricht er sein eigenes Schicksal an, identifiziert er sich mit Spanien, mit Rom, mit den Christen, und der *Liber apologeticus* antwortet sogar auf gegen ihn selbst gerichtete Anklagen.

2. Orosius als römischer Historiograph und christlicher Geschichtsinterpret

Der Auftrag Augustins macht die *Historiae* zu einem historiographischen Werk: Orosius' Überblick über die 5618 Jahre bisher vergangener Geschichte[51] wird zu Recht allgemein als die erste geschlossene, christliche Weltgeschichte bezeichnet.[52] Hier scheint also eine neue Gattung zu ent-

---

[49] Der Hund muß (und will) nämlich tun, was man ihm beigebracht hat, weil sich im Tier drei Tätigkeiten: *discernere, amare* und *seruire* (erkennen — lieben — dienen) *ex conscientia solliciti amoris* zu einer Einheit verbinden; vgl. Hist. 1 prol. 3: *quibus solis natura insitum est, uoluntarie ad id quod praeparantur urgueri et per ingenitam quandam oboedientiae formulam sola disciplinati timoris exspectatione suspendi, donec ad peragendi licentiam nutu signoue mittantur*. — Vgl. auch Schöndorf S. 121 Anm. 18: Der Hund ist Mittler zwischen Mensch und Tier, da er *ratio* besitzt. — Zu diesem Bild vgl. auch Lacroix S. 43 f. und Corsini S. 40 f.

[50] Das Bild der scheinbar völligen Unterwürfigkeit ist tatsächlich auch darauf abgerichtet, die eigene Stellung zu heben, zeigen doch die biblischen Beispiele (Christus und Tobias), daß der Hund Anspruch auf Vertrauen und Führung hat (Hist. 1 prol. 6 f.). Vgl. Lacroix S. 44: Orosius kann beanspruchen, daß Augustin sein Buch liest.

[51] So Hist. 7, 43, 19 f. — Zu den Zahlen vgl. Corsini S. 70. Da bis zur Geburt Christi 5199 Jahre vergangen sind (3184 von Adam bis Ninus/Abraham, 2015 von Ninus bis zum 42. Jahr des Augustus (Hist. 1,1, 5 f.), fiele der *praesens dies* in das Jahr 419; Orosius scheint aber grundsätzlich zwei Jahre zu hoch zu zählen, meint also 417, denn der Romeinfall Alarichs von 410 fiel in das Jahr 1164 *ab Vrbe condita* (Hist. 7,40,1) also, da Orosius die Geburt Christi in das Jahr 752 setzt (Hist. 7, 3, 1), in das Jahr 412 nach Christus! Auch die Vertreibung der Westgoten durch Constantius im Jahre 1168 (= 416 n. Chr.) (Hist. 7, 43, 1) geschah in Wirklichkeit eher, nämlich noch unter Athaulf (erst 416 wurde Vallia Gotenkönig). Der Tod des Theodosius fiel nach Orosius in das Jahr 397 (Hist. 7, 36, 1). Frühere Jahreszahlen weichen von diesem Prinzip ab. Zur Chronologie des Orosius vgl. Lacroix S. 52 ff.

[52] Wotke S. 1189; Von den Brincken S. 85; Lippold, Orosius S. 95; Ders., Rom

stehen, obwohl die Chronik von ihren Inhalten her zunächst recht traditionell wirkt: In chronologischer Abfolge führt Orosius die *res gestae* vor und weist, wie viele Geschichtsschreiber vor ihm,[53] zugleich auf den Zusammenhang von Raum und Zeit hin, indem er dem Geschichtswerk eine ausführliche Erdbeschreibung (Hist. 1, 2) voranstellt[54] und damit programmatisch andeutet, daß er sich in seiner Darstellung (anders als Augustin) auf die irdische Geschichte beschränken wird.[55] Historiographisch betrachtet, bedeuten die Historien des Orosius eine Synthese der chronographischen Synopse der Weltgeschichte im Stil der Chronik des Eusebius und Hieronymus mit der römisch-heidnischen Geschichtsschreibung,[56] der Kürze wegen, die Orosius selbst mehrfach hervorhebt,[57] am ähnlichsten noch den spätrömischen Breviarien (Eutrop, Aurelius Victor, Festus),[58] der typischen historiographischen Darstellungsform dieser Zeit.[59] Der Geschichtsschreiber sieht sich hier allerdings zu Zugeständnissen gezwungen, da eine rigorose Auswahl die Gefahr einer „Vergangenheitsverdunkelung" heraufbeschwören würde (vgl. Anm. 106). Von den christlichen Vorbildern (S. Julius Africanus, Hippolytus, Hilarian, Sulpicius Severus)[60] hat Orosius wohl nur die erwähnte Hieronymuschronik gekannt.

S. 88; Fink-Errera S. 546; Lacroix S. 16; Diesner S. 91; Friedrich Vittinghoff, Spätantike und Frühchristentum, in: Mensch und Weltgeschichte. Zur Geschichte der Universalgeschichtsschreibung, hg. Alexander Randa, München 1969, S. 17—36.

[53] Zu dieser Tradition vgl. Corsini S. 73 ff.; zu den Quellen A. Klotz, Beiträge zur Analyse des geographischen Kapitels im Geschichtswerk des Orosius, in: Charisteria A. Rzach, Reichenberg Stiepel 1930, S. 120—30.

[54] Vgl. Hist. 1, 1, 17: *quo facilius, cum locales bellorum morborumque clades ostentabuntur, studiosi quique non solum rerum ac temporum sed etiam locorum scientiam consequantur.* — Die Erdbeschreibung zählt die Länder mit ihren Grenzen, die Zahl ihrer Völker und einige Namen auf. Vgl. dazu Lacroix S. 56 ff. und Corsini S. 73 ff.

[55] Hist. 1, 1, 16: *necessarium reor, ut primum ipsum terrarum orbem quem inhabitat humanum genus, sicut est a maioribus trifariam distributus deinde regionibus prouinciisque determinatus, expediam.*

[56] Vgl. Lacroix S. 51 f.: Orosius steht in der Tradition der Geschichtssynthesen, nicht der Monographien.

[57] Hist. 1 prol. 10: *ordinato breuiter uoluminis textu explicarem;* vgl. auch Hist. 1, 12, 1.

[58] So auch Adolf Lippold, Die Darstellung des ersten Punischen Krieges in den *Historiarum adversum paganos libri VII* des Orosius, Rheinisches Museum für Philologie n. F. 97, 1954, S. 284.

[59] Vgl. Momigliano S. 86: Die Form der Breviatorenliteratur war so neutral, daß auch die Christen (Eusebius, Sulpicius, Orosius) sie benutzen konnten. Vgl. auch Lacroix S. 51 f.

[60] Vgl. Diesner S. 91; Lacroix S. 53 ff.; Von den Brincken S. 50 ff.; Schöndorf S. 115.

Anders als die Breviatoren beschränkt Orosius sich jedoch nicht auf die römische Geschichte, sondern er will, an alte Traditionen (Justin) anknüpfend, bewußt Universalgeschichte schreiben,[61] wenngleich tatsächlich auch hier die römische Geschichte ein gewaltiges Übergewicht erhält, eine Tatsache, die sich einmal natürlich aus der Quellenlage, zum andern aber aus dem Nationalstolz des Römers erklärt[62] und sich schließlich zwangsläufig aus der Rolle ergibt, die der Spanier dem Römischen Reich im göttlichen Heilsplan zubilligt (darüber unten S. 80ff.)[63] und nach der die gesamte Geschichte gleichsam auf die römische zustrebt;[64] Orosius selbst begründet die Bevorzugung Roms mit dem heilsgeschichtlichen Charakter seiner Historiographie (Hist. 2, 3, 10): *quae* (nämlich: das göttliche Wirken zugunsten der Christen) *modo a me plenius ab ipso Vrbis exordio, reuolutis per ordinem historiis, proferentur.*

Obwohl als Spanier Provinziale, fühlt Orosius, selbst Inhaber des römischen Bürgerrechts,[65] sich als Römer,[66] als römischer Staatsbürger.[67] Mehr als die Greueltaten anderer Völker belasten ihn die Untaten seiner römischen Vorfahren;[68] selbst in den unglückvollen heidnischen Zeiten dringt seine Sympathie durch, weil er auch die heidnischen Römer als *maiores nostri*

---

[61] Vgl. dazu Schöndorf S. 115ff. und Marrou S. 70ff. — Vor allem Corsini S. 73ff. und M. de Castro S. 199ff. bemühen sich, die universale Tendenz der Historien (Beginn der Menschheit, Weltreichsfolge, glückliche christliche Zeit, Providentialismus, positives Barbarenbild) herauszuarbeiten.

[62] So Lippold, Punischer Krieg S. 284: Orosius schreibt nicht nur als Christ, sondern auch als Römer.

[63] Mit der Frage des Verhältnisses von apologetischer Tendenz und römischer Überzeugung des Orosius beschäftigt sich Lippold, Orosius (mit programmatischem Titel); über das Verhältnis des Orosius zu Rom handelt seine Dissertation.

[64] Zur Rolle der römischen Geschichte vgl. auch Adolf Lippold, Griechischmakedonische Geschichte bei Orosius, Chiron 1, 1971, S. 438.

[65] Wie wichtig ihm das Bürgerrecht ist, zeigt das Bemühen, Christus (durch den census) als römischen Bürger hinzustellen (dazu unten S. 80).

[66] Oft genug spricht er von den Römern in der 1. Person Plural (vgl. Hist. 1, 16, 3; 5, 1, 10; 7, 41, 8; 7, 43, 14); anders de Tejada (unten S. 16).

[67] Der Begriff *patria* spielt bei Orosius eine wichtige Rolle; vgl. Hist. 5, 2 (dazu unten S. 113f.) und 5, 5, 5; vgl. Lippold, Rom S. 43ff.

[68] Hist. 5, 19, 22: *de patria siquidem, de ciuibus et de maioribus nostris haec loquimur, qui his exagitati malis tam abominanda gesserunt, de quibus etiam auditis posteri perhorrescant, qui profecto nolunt ista nimis exaggerari aut sufficientis notitiae moderatione, si sciunt, aut misericordis reuerentiae contemplatione, si nesciunt.*

betrachtet.⁶⁹ Er klagt über römische Verluste⁷⁰ und zittert vor einer barbarischen Invasion⁷¹ und bezeugt auf diese Weise, wie sehr sich Römertum und Christentum seit dem Ende der Christenverfolgungen (311/13) und der Erhebung des Christentums zur Staatsreligion (391) miteinander vereinigt haben. Seine Sympathien gelten verständlicherweise eher dem Reich als der Stadt Rom, der heidnischen Hochburg im Imperium, der Orosius, wie LIPPOLD gezeigt hat, reserviert gegenübersteht.⁷²

Innerhalb des Imperium Romanum fühlt sich Orosius vor allem mit seiner Heimat Spanien verbunden, deren Niederlagen gegen die Römer er bedauert,⁷³ die nun aber mit Trajan und Theodosius zwei Kaiser gestellt hat, die das Römische Reich restituieren konnten;⁷⁴ gerade in den Berichten der jüngsten Vergangenheit (Hist. 7, 40 ff.) beschäftigt den Priester vornehmlich das spanische Schicksal.⁷⁵ Daneben interessiert ihn auch seine neue Heimat Afrika.⁷⁶

Wenig überzeugend scheint mir der Versuch M. DE CASTROS (S. 223 ff.), Orosius jegliches patriotische Bewußtsein gegenüber dem römischen Spanien abzusprechen, da DE CASTRO die Berichte zu sehr an der letztlich unüberprüfbaren Darstellung dessen mißt, was Orosius gewußt haben könnte. Ein weit treffenderes Bild des seine Heimat liebenden Priesters hat TORRES (S. 131 ff.) entworfen. Ein gewisser Nationalstolz des spanischen Römers wird sich kaum abstreiten lassen. Die Ausführungen DE CASTROS machen aber immerhin deutlich, daß Orosius zweifellos kein Nationalist ist, der Freiheit und Wohlergehen seines Volkes über alles stellt. Seine Liebe zum Vaterland ist vielmehr eingebettet in einen größeren Rahmen, der politisch auf das Römische Reich, glaubensmäßig aber auf das Christentum ausgerichtet ist: Nicht zufällig wirken gerade

---

⁶⁹ So Lippold, Rom S. 43. Demgegenüber wird man kaum wie Suerbaum S. 240 f. einen allmählichen Wandel der Einstellung zum Römischen Reich von einer ursprünglich abwertenden zu einer positiven Einschätzung annehmen dürfen.

⁷⁰ S. unten S. 100 f.

⁷¹ S. unten S. 129 f.

⁷² Lippold, Rom S. 21 ff. Selbst als Christ räumt Orosius dem römischen Bischof keine zentrale Stellung, sondern allenfalls einen geistigen Vorrang als Nachfolger Petri ein.

⁷³ Hist. 5, 1 ff.; vgl. dazu Lippold, Rom S. 39 ff., Schöndorf S. 87 f. und S. 96 f. und Lacroix S. 31 f.

⁷⁴ Hist. 7, 34, 2 ff. (unten Anm. 389); vgl. Lippold, Orosius S. 97 f.

⁷⁵ Vgl. Hist. 7, 40, 9 f.; 41, 1 ff. (ein Rückblick auf das bedauernswerte Schicksal Spaniens); 42, 5/9; das gesamte Kapitel 43.

⁷⁶ Im Mittelpunkt des 4. Buchs steht die Geschichte Karthagos; zu Afrika als neuer Heimat des Orosius vgl. Hist. 5, 2, 2; in jüngster Zeit berichtet der Priester über Gildo und Mascezel (Hist. 7, 36), Attalus und Heraclianus 7, 42, 5/10 ff.), Marcellinus (7, 42, 15 ff.); vgl. auch die „Wir"-Identifikation 7, 42, 16 (unten Anm. 472).

die Kaiser spanischer Herkunft für das Wohl des Reichs, und bezeichnenderweise verdient unter ihnen wiederum der Christ Theodosius den Vorzug (DE CASTRO hatte selbst in der Verherrlichung dieser spanischen Kaiser keine nationalen Züge anerkennen wollen). Daß beide Elemente sehr wohl vereinbar sind, übersieht auch DE TEJADA (S. 196), der ein patriotisches Gefühl schon wegen des Kosmopolitismus des Orosius ausschließt: In einem weltweiten Römischen Reich stimmen Nationalstolz und Weltbürgertum schließlich in ihrem Gegenstand überein!

Der christliche Schriftsteller kann also an seiner römischen Überzeugung zunächst ebenso festhalten wie an den Prinzipien der heidnischen Geschichtsschreibung,[77] die ihren Sinn darin findet, *res gestas regum populorumque ob diuturnam memoriam uerbis propagare* (Hist. 1, 1, 1 — unten Anm. 86); ihre Themen, nämlich *regna bellaque* (ebda.), stehen auch bei Orosius im Vordergrund.[78]

Die historische Forschung hat sich viel mit dem antiken Geschichtsbegriff befaßt und hier die Eigenheiten der Geschichtsauffassung herausgearbeitet,[79] dabei aber noch wenig die Prinzipien der Geschichtsschreibung im Selbstverständnis der Historiker untersucht, auf die ein Vergleich mit Orosius angewiesen wäre; immerhin zeichnet sich auch hier ab, daß *historia* seit Aristoteles auch als Geschichtsschreibung verstanden wurde, es also keine Unterscheidung von „Geschichte" und „Historie" gab;[80] „Geschichte" war vor allem die Summe der Ereignisse: Deshalb kann Orosius sich

[77] Vgl. auch Lippold, Orosius S. 96; grundsätzlich Momigliano S. 88 f.: Die Christen fanden neue Formen der Geschichtsschreibung (Kirchengeschichte und Hagiographie), aber sie christianisierten nicht die politische Geschichte, deren Formen heidnisch blieben. Vgl. auch Christian Meier, Artikel „Geschichte", in: Geschichtliche Grundbegriffe, hg. O. Brunner, W. Conze, R. Koselleck, Bd. 2, Sp. 610. — Auch Green (S. 264) kommt zu dem Ergebnis, daß Zosimus und Orosius, obwohl von gänzlich unterschiedlichen Überzeugungen und Idealen ausgehend, die einzelnen Kaiser und Ereignisse doch recht ähnlich betrachten. Über die spätantike Geschichtsschreibung vgl. auch M. L. W. Laistner, Some reflections on Latin Historical Writing in the Fifth Century, Classical Philology 35, 1940, S. 241—58; zur livianischen Tradition des Orosius Santo Mazzarino, Il pensiero storico classico, Bd. 2, 2, Bari 1966, S. 310 ff.

[78] Dabei kann der Geschichtsschreiber Bekanntes übergehen, da er belehren will. Vgl. Hist. 7, 35, 12: *historiam notam etiam oculis plurimorum, quam melius qui spectauere nouerunt, dilatari uerbis non opus est.* — Hier wird zugleich das alte Ideal des Augenzeugenberichts als der besten Quelle angesprochen.

[79] Vgl. Meier (wie Anm. 77), Hermann Strasburger, Die Wesensbestimmung der Geschichte durch die antike Geschichtsschreibung (Sitzungsberichte der Wissenschaftlichen Gesellschaft der Johann-Wolfgang-Goethe-Universität Frankfurt/M. 5, 1966, 3), Wiesbaden 1966, S. 40—96; Ulrich Knoche, Das historische Geschehen in der Auffassung der älteren römischen Geschichtsschreibung, in: Römische Geschichtsschreibung, hg. Viktor Pöschl (Wege der Forschung 90), Darmstadt 1969, S. 241—55.

[80] So Meier Sp. 598 ff.

ohne Bedenken auf die heidnischen Faktensammlungen stützen. Diese erfüllen eine ethische Funktion, denn man soll aus der Geschichte lernen.[81] Der Unterschied zu den heidnischen Vorbildern liegt weniger im materiellen Inhalt als in der Interpretation der Berichte, denn Orosius schreibt eine Unglücksgeschichte: Informieren seine Quellen (allenfalls wertfrei) über die *bella,* so beschreibt Orosius (abwertend) die *miseriae bellorum:* Die *scriptores* seiner Quellen geben andere Ursachen *(causae)* bei der Beschreibung der gleichen Tatsachen *(res)* an.[82] In diesen Erklärungen des Spaniers zeigt sich das Element, das seine Historien nicht nur am deutlichsten von der heidnischen Geschichtsschreibung abhebt, sondern das Werk überhaupt in Grenzbereiche der Historiographie abdrängt, indem es diese auf eine Unglücksgeschichte beschränkt. Orosius selbst sieht darin nicht einfach eine methodische Frage, sondern führt diesen Unterschied auf eine grundsätzlich andersartige Sichtweise der Heiden zurück, die die Dinge nicht so zu sehen vermögen, wie sie wirklich sind, weil ihnen die Erkenntnis der Wahrheit fehlt,[83] so daß sie die größten Übel für die größten Güter halten.[84] Der Unterschied liegt eben darin, daß die Christen die *beata aeternitas,* die Heiden aber den irdischen Ruhm als Maßstab setzen, da ihnen letztlich die Einsicht in die göttliche Weltlenkung fehlt. Wenn Orosius der traditionellen Geschichtsschreibung die Forderung nach Wahrheit als oberstem Gebot der Historie entnimmt,[85] so geschieht das offensichtlich in dem Bewußtsein, eine

[81] Ebda. Sp. 601. — Dahinter steht ein Glaube an den Vorbildcharakter und die *auctoritas* des geschichtlichen Beispiels; vgl. Viktor Pöschl, Die römische Auffassung von der Geschichte, Gymnasium 63, 1956, S. 199f., und Hans Drexler, Die moralische Geschichtsauffassung der Römer, Gymnasium 61, 1964, S. 173.

[82] Hist. 3 prol. 1f.: *nec omnia nec per omnia posse quae gesta et sicut gesta sunt explicari, quoniam magna atque innumera copiosissime et a plurimis scripta sunt, scriptores autem etsi non easdem causas, easdem tamen res habuere propositas: (2) quippe cum illi bella, nos bellorum miserias euoluamus.*

[83] Vgl. Hist. 4, 6, 37f.: *de quorum numero sunt isti, sed multo miseriores quia inimici Dei ac perinde inimici ueritatis — de quibus flentes haec dicimus et quos misericorditer, si patiantur, arguimus, ut sanemus — (38) qui uitioso oculo haec uident atque ideo duplicia illis uidentur quae uident et confusi caligine nequitiae in id cadunt, ut minus uidendo plus uideant, cum tamen id quod est ita ut est uidere non possint.* Vgl. Lacroix S. 121.

[84] Hist. 4, 6, 41: *quamquam contemptus miseriarum possunt etiam a suis discere, apud quos summa mala pro summis bonis aestimata sunt, tantum ut gloriam famae celebrem atque inlustrem consequerentur.*

[85] Hist. 7, 26, 9: *Quibus humiliter responderim, me plurima cura pietatis accinctum commonere de ueris, non terrere de falsis.* — Zum Wahrheitsbegriff vgl. Lacroix S. 52. — Nach Pöschl (S. 195) verpflichtet die römische *fides* den Geschichtsschreiber, die Wahrheit zu sagen. Dagegen bezweifelt allerdings Knoche (S. 251), daß die Erforschung der Wahrheit ein Motiv römischer Geschichtsschreibung bildet.

„bessere Wahrheit" zu kennen, die die Irrtümer der Heiden beseitigen kann.

In dieser Hinsicht hebt sich Orosius schließlich bewußt auch inhaltlich von der heidnischen Tradition ab, indem er sein Werk mit dem Sündenfall einsetzen läßt, das heißt für ihn 3184 Jahre vor Ninus, mit dem die bisherige Historiographie unter, wie er betont, ungerechtfertigter Vernachlässigung der Frühzeit beginnt.[86] Diese gehört aber in sein Werk, weil die Lehre von der *origo mundi* eine allen, das heißt Christen wie Heiden, gemeinsame Vorstellung wiedergibt,[87] weil das wechselnde Geschick des Menschen *(per bona malaque alternantia)* schon von Anfang an einsetzte, weil mit dem ersten Menschen auch die Sünde und damit das Unglück begann:[88] Zu dem Körper, den *media tempora* der heidnischen Geschichtsschreiber, gehört also auch der Kopf der Frühgeschichte mit dem gleichen, unglückseligen Charakter. Trotz dieser programmatischen Polemik beschränkt Orosius sich tatsächlich zwar auf die Erwähnung der beiden größten *miseriae* dieser Vorgeschichte,

[86] Hist. 1, 1, 1 ff. (vgl. dazu Lacroix S. 54 f. und Mommsen S. 331): *et quoniam omnes propemodum tam apud Graecos quam apud Latinos studiosi ad scribendum uiri, qui res gestas regum populorumque ob diuturnam memoriam uerbis propagauerunt, initium scribendi a Nino Beli filio, rege Assyriorum, fecere* — (2) *qui cum opinione caeca mundi originem creaturamque hominum sine initio credi uelint, coepisse tamen ab hoc regna bellaque definiunt,* (3) *quasi uero eatenus humanum genus ritu pecudum uixerit et tunc primum ueluti ad nouam prouidentiam concussum suscitatumque uigilarit* —: (4) *ego initium miseriae hominum ab initio peccati hominis ducere institui, paucis dumtaxat isdemque breuiter delibatis.* (5) *Sunt autem ab Adam primo homine usque ad Ninum 'magnum' ut dicunt regem, quando natus est Abraham, anni III CLXXXIIII, qui ab omnibus historiographis uel omissi uel ignorati sunt.*
— Von Ninus bis Christus vergingen dann 2015 Jahre. — Zu den Zahlen vgl. Corsini S. 70; über die Neuartigkeit der von Orosius geschaffenen Historiographie gerade wegen des zurückverlegten Beginns der Geschichte ebda. S. 53 ff. — Orosius läßt sich bei seiner Feststellung zweifellos auch von der mit Abraham beginnenden Chronik des Hieronymus leiten; frühere Chroniken, die mit der Schöpfung beginnen (Afrikanos, Hippolytos, Hilarian, Sulpicius), waren ihm wohl nicht bekannt.

[87] Hist. 1, 1, 8: *non quo auctoritatem eorum cuiquam uideamur ingerere, sed quo operae pretium sit de opinione uulgata quae nobis cum omnibus communis est commonere.*

[88] Hist. 1, 1, 9 ff.: *primum quia si diuina prouidentia, quae sicut bona ita et iusta est, agitur mundus et homo, hominem autem, qui conuertibilitate naturae et libertate licentiae et infirmus et contumax est, sicut pie gubernari egenum opis oportet ita iuste corripi inmoderatum libertatis necesse est,* (10) *iure ab initio hominis per bona malaque alternantia, exerceri hunc mundum sentit quisquis per se atque in se humanum genus uidet;* (11) *deinde cum ab ipso primo homine peccatum punitionemque peccati coepisse doceamur.*

eben des Sündenfalls und der Sintflut (Hist. 1, 3);[89] dennoch behält der Ansatz entscheidenden Wert, denn er bedeutet nicht bloß eine Erweiterung der Geschichte nach hinten, sondern erklärt den Charakter der gesamten Geschichte als einer ununterbrochenen Kette von Unglücken aus den Folgen dieses einen Sündenfalls, eine Begründung, die der heidnischen Geschichtsschreibung, die mit Ninus beginnt, naturgemäß verborgen bleiben mußte.[90] Orosius unterscheidet sich andererseits gerade damit aber auch von Eusebius; nicht die Aufnahme der Geburt Christi in das Faktengerüst der historischen Ereignisse sprengt den traditionellen Rahmen, sondern die Tatsache, daß Orosius hier den entscheidenden Einschnitt setzt, indem er ständig vor- und nachchristliche Ereignisse und Zeiten miteinander vergleicht: Die eigenwillige Wertung der Fakten durch den Christen bewirkt den eigentlichen Gegensatz zur heidnischen Tradition und bildet den Ansatz zu einer spezifisch christlichen Historiographie;[91] in den Händen des Orosius wird die Geschichtsschreibung zur Geschichtsdeutung.

Wie Augustin[92] sieht wohl auch Orosius trotz seiner bewußten Beschränkung auf irdische Zustände in dem unterschiedlichen Verständnis von der Zeit bei Christen und Heiden einen Angelpunkt für die gegensätzliche Geschichtsauffassung: Christliche Geschichtsbetrachtung, die traditionell Vergangenheitsbeschreibung bleibt, erhält ihren eigentlichen Sinn erst in der Ausrichtung auf die Zukunft,[93] weil die Geschichte einem Ziel zustrebt. Zugleich wird schon bei Orosius das vergangene Ereignis zur *figura* der künftigen Geschichte; das deutlichste Beispiel dafür bildet der Vergleich der zehn ägyptischen Plagen mit den zehn Christenverfolgungen.[94] Nicht zuletzt in

---

[89] Wenn Orosius bereits davon wußte, daß Augustin diese Zeit selbst ausführlich in den Büchern 15 und 16 von *De civitate Dei* beschreiben würde, erübrigte sich deren Darstellung in den Historien. Man darf also aus dieser eventuell bewußten Beschränkung noch keine Folgerungen für das Geschichtsbild des Spaniers ziehen. Vgl. auch Gerhard Hingst, Zu offenen Quellenfragen bei Orosius, Diss. Wien 1973, S. 20, und von den Brincken S. 82.
[90] Vgl. M. de Castro S. 208 f.
[91] Zu den Unterschieden zwischen der christlichen und der heidnischen Geschichtsauffassung vgl. vor allem Friedrich Vittinghoff, Zum geschichtlichen Selbstverständnis der Spätantike, HZ 198, 1964, S. 529—74.
[92] Vgl. civ. Dei 7, 7 (S. 283, 12 ff.).
[93] Vgl. Hist. 1, 1, 7: *quapropter res ipsa exigit ex his libris quam breuissime uel pauca contingere, qui originem mundi loquentes praeteritorum fidem adnuntiatione futurorum et post subsequa probatione fecerunt.* — Zur Zeitbetrachtung der Heiden vgl. 1 prol. 9 (unten S. 21) und 4 praef. 2 (unten Anm. 109).
[94] Vgl. Hist. 7, 27, 2: *quod ego nunc refero ac renuntio, etsi forte fide non acceptatum, exitu tamen probandum, quia haec in figura nostri facta sunt.* — Vgl. dazu auch Schöndorf S. 52 f. Zur Typologie vgl. Corsini S. 135 ff. und Marrou S. 77.

einer solchen — im übrigen vor allem (jahres-) zahlenmäßig faßbaren[95] — Parallelität spiegelt sich eine wohlgeordnete Planung der Geschichte wider.[96] Die dargestellten Unterschiede der Historien zur heidnischen Geschichtsschreibung reichen freilich zur Charakterisierung der orosianischen Historiographie noch nicht aus, da Orosius, wie gesagt, den Blick in die Zukunft, den das christliche Geschichtsbewußtsein neben dem Rückblick auf die Ursprünge verlangt, noch vermeidet; er richtet seine Geschichtsschreibung so weit mehr nach der eigenen Gegenwart aus als der zukunftsorientierte Augustin. Orosius greift mit seiner Deutung deshalb nicht über die irdische Geschichte hinaus, weil er seine Geschichtsschreibung in den Dienst einer Aufgabe stellt, die ihr erst das ihr eigene Gepräge gibt, nämlich der an die Adresse der Heiden gerichteten Verteidigung des christlichen Glaubens, von der die Darstellungsweise[97] und die Quellenauswahl, die in diesem Abschnitt noch ausgespart blieben, erst abhängen. Über den Gegenwartsbezug, der die Historien mit der heidnischen Geschichtsbetrachtung verbindet, hinaus bemüht sich der Christ, die eigene Zeit in eine heilsgeschichtliche Entwicklung einzugliedern. Hier liegt der Ansatzpunkt für die Polemik gegen die Heiden.

3. Apologetische Geschichtsschreibung

Wenn Orosius sich also einerseits an die Tradition anlehnt, andererseits aber bewußt von ihr abweicht, so ist das nur teilweise aus seinem Christentum an sich zu erklären, hatten sich doch die christlichen Vorläufer unter den Historiographen mit der bloßen Einarbeitung der Geschichte des Gottesvolkes in die griechisch-römische Tradition begnügt. Entscheidend ist vielmehr, daß diese neue Weltchronik in ihrer Darstellung von einer ganz

---

[95] Auf der Grundlage des Hieronymus liebt Orosius grundsätzlich genaue Zahlen- und Jahresangaben. Über das Siebenerschema vgl. Corsini S. 135 ff. (zusammenfassend S. 154).

[96] Bezeichnend dafür sind die Parallelen zwischen Rom und Babylon und die Dauer der vier Weltreiche (unten S. 71 ff.).

[97] Vgl. Lacroix S. 45 ff.: Orosius bringe nur Fakten, weil die Heiden an der Realität und nicht an Ideen interessiert seien, und er zitiere ihre großen Autoren wegen ihrer Kritiksucht. Über den Stil fällt Lacroix (S. 70 ff.) ein gemischtes, im ganzen jedoch positives Urteil: Der Stil sei flüchtig, doch die Zitate seien gut gewählt; Orosius liefere fast poetische Bilder und vor allem treffende Persönlichkeitsschilderungen. — Zu den einzelnen Stilfiguren vgl. Bartalucci, Studi classici e orientali 25, 1976, S. 243 ff., der abschließend (S. 253) feststellt, Orosius übertreffe in der Vielfalt der Ausdrücke die Gewohnheit der Zeit.

bestimmten Absicht getragen ist und sich, dem Auftrag gemäß, als eine — wie der Titel *Historiæ adversum paganos* bereits aussagt — historisch argumentierende Apologie versteht:[98] sie richtet sich gegen die Heiden, *qui alieni a ciuitate Dei*[99] *ex locorum agrestium conpitis et pagis pagani uocantur siue gentiles quia terrena sapiunt,* die — im Gegensatz zu den Christen — ganz für die Gegenwart leben und diese dennoch kritisieren (Hist. 1 prol. 9).:[100]

qui cum futura non quaerant, praeterita autem aut obliuiscantur aut nesciant, praesentia tamen tempora ueluti malis extra solitum infestatissima ob hoc solum quod creditur Christus et colitur Deus, idola autem minus coluntur, infamant.

Ziel der Arbeit ist in erster Linie die Widerlegung der heidnischen Vorwürfe, die Übel der Gegenwart seien eine Folge der Christianisierung. Erst dadurch erklären sich die Besonderheiten dieser Historiographie, zugleich aber erhält diese einen anderen, gerade für die Frage des Geschichtsbildes wichtigen Stellenwert, indem sie Orosius eine scheinbar merkwürdige Zwitterfunktion verleiht, wie der Forschung längst bewußt geworden ist: Von seinem Beweisziel her Apologet, erweist sich Orosius von der ganzen Anlage der Schrift her als Historiker.[101] Wer seine Berichte auswertet, wird folglich fragen müssen, inwieweit seine Geschichtsschreibung apologetisch verfärbt und daher tendenziös wird. Man hat versucht, Mängel oder Unstimmigkeiten seines Geschichtswerks mit der apologetischen Tendenz zu erklären (so LIPPOLD, Rom S. 63ff./79f.) oder zwischen dem Apologeten und dem Historiker Orosius zu unterscheiden (so SCHÖNDORF S. 110f.). Wer dem orosianischen Denken gerecht werden will, muß allerdings den inneren Zusammenhang beider Funktionen beachten: Allein die apologetische Zielsetzung liefert den Anlaß zur Entstehung des Werks, für das die Geschichte dann das Material, aber auch die Methode bereitstellt: Orosius schreibt eine «storiografia ad probandum», wie MARROU (S. 76) es ausdrückt, die erst durch die heidnischen Angriffe auf die christliche Religion hervorgerufen ist: Diese

---

[98] Vgl. Lacroix S. 70 und Lippold, Orosius S. 95f.: Die *Historiae* sind nicht als Historiographie, sondern „als Streitschrift in einer aktuellen Diskussion" verfaßt. — Zum Charakter der heidnischen und christlichen Historiographie dieser Zeit vgl. Momigliano.

[99] Einzig an dieser Stelle verwendet Orosius den augustinischen *ciuitas-Dei*-Begriff.

[100] Nach Lacroix S 45 wendet sich das Werk an die „bornierte Mehrheit der Heiden"; zugleich aber sei es als christliches Lehrbuch für diejenigen gedacht, die die Heiden öfter aufsuchen (ebda. S. 48). Zu Lacroix' These eines ungelehrten Publikums vgl. korrigierend die Besprechung von M. A. Wes, Vigiliae Christianae 22, 1968, S. 155f.

[101] Vgl. Green S. 138: Orosius „schwebt" zwischen christlicher Apologetik und traditioneller historiographischer Methode.

verlangen nach einer Antwort, die den Heiden die Argumente nimmt; weil deren Vorwurf aber auf den Wandel der Zeiten anspielt und Orosius überhaupt ihre Ausrichtung auf die Gegenwart auf ihre Unwissenheit über die Vergangenheit zurückführt, greift er zwangsläufig zu einer historischen Betrachtungsweise, die darüber hinaus dem christlichen Apologeten, der das Vorbild Augustins vor Augen hat, ohnehin selbstverständlich ist.[102] Werkspezifisch ist also nicht die historische Argumentation an sich, die schon für Augustin charakteristisch ist, sondern der Versuch, den apologetischen Beweis in Form einer einigermaßen lückenlosen Geschichtsschreibung zu liefern.

Nach MOMIGLIANO (S. 98) bedeutet die Apologie auf historiographischer Ebene eine Ausnahme, da die Christen und auch Orosius sich weniger gegen die kaum antichristliche heidnische Geschichtsschreibung als vielmehr gegen die heidnischen Dichter zu wenden hatten. Mag die apologetische Chronik also eine ungewöhnliche Art der Erwiderung darstellen, so hat sie mit den Schriften der anderen Verteidiger des christlichen Glaubens doch gemeinsam, daß sie den Heiden auf einer historischen Ebene antwortet.

Der innere Zusammenhang zwischen der apologetischen und der historischen Tendenz der Historien enthüllt schließlich einen dritten, bereits (S. 19) angesprochenen Aspekt: Geschichtsschreibung kann überhaupt nur dann einer apologetischen Tendenz dienen, wenn sie zugleich Geschichtsdeutung ist; das Werk an sich setzt also bereits ein bestimmtes Geschichtsbild des Verfassers voraus. Das bedeutet aber: Die apologetische Absicht beeinflußt zwar in hohem Maße die Darstellung, nicht aber die zugrundeliegenden Anschauungen.[103] Mit anderen Worten: Man könnte der apologetischen Tendenz des Orosius wohl, falls sie ihm anzulasten wären, Geschichtsverfälschungen, nicht aber die geschichtstheologischen Argumente zuschreiben, denn er wird nur solche Gedanken verteidigen, mit denen er sich identifiziert. Vor diesem Hintergrund läßt sich nun auch die historische Argumentation genauer untersuchen.

---

[102] Zum Geschichtsbegriff der Patristik vgl. G. Scholtz, Artikel „Geschichte", Historisches Wörterbuch der Philosophie Bd. 3, Spalte 345 ff. — Das Musterbeispiel historischer Betätigung der Christen bietet die Werke des Eusebius von Cäsarea; historisch argumentiert auch Lactanz' *De mortibus persecutorum* (dazu Serafino Prete, Der geschichtliche Hintergrund zu den Werken des Laktanz, Gymnasium 63, 1956, bes. S. 503 ff.), und selbst die Haltung Cyprians gegenüber dem Römischen Reich ist aus (zeit-)geschichtlichen Anschauungen erwachsen (dazu Geza Alföldy, Der heilige Cyprian und die Krise des Römischen Reichs, Historia 22, 1973, S. 479 ff.); zu Tertullian vgl. Richard Klein, Tertullian und das römische Reich, Heidelberg 1968.

[103] Vgl. Corsini S. 111 f.: Die Aussagen des Orosius sind nicht nur polemisch zu verstehen, sondern Teil seiner Theologie.

a. Apologetisches Beweisziel und quellengebundene Darstellung

Nach dem Willen Augustins stellt Orosius eine in eine kurze Form gefaßte Unglücksgeschichte[104] über die großen Kriege, Krankheiten, Hungersnöte, Erdbeben, Überschwemmungen, Vulkanausbrüche, Blitz- und Hagelschläge, Morde und Schandtaten der Vergangenheit aus allen ihm augenblicklich zur Verfügung stehenden Quellen *(fasti historiarum atque annalium)* zusammen,[105] um die heidnischen Vorwürfe zu entkräften. Zu diesem Zweck muß er zunächst seine eigene Methode rechtfertigen, denn sein Vorgehen kann, gerade bei einer unverblümt vorgetragenen apologetischen Absicht, leicht den Vorwurf tendenziöser Auswahl, zu der ihn allein schon die Kürze der Darstellung zwingt, hervorrufen, zumal seine Zusammenstellung, wie erwähnt, von anderen Gesichtspunkten *(miseriae bellorum)* geleitet ist als die früherer, jetzt als Quellen benutzter Geschichtsschreiber *(bella)* (oben Anm. 82). Orosius ist sich dieser Gefahr durchaus bewußt und entschuldigt sich geradezu wegen der Kürze, die allein schon den Vorwurf der Ignoranz oder der Subjektivität nahelegt oder aber den Eindruck erweckt, als ob Übergangenes gar nicht stattgefunden habe; trotzdem rechtfertigt die Eindeutigkeit der Tatsachen seine knappe Auswahl:[106] Tatsächlich habe er in den Quellen eine Unglücksgeschichte vorgefunden, obwohl deren Autoren das Gegenteil beschreiben wollten und von dieser Tendenz her noch viele *mise-*

---

[104] Vgl. Hist. 3 prol. 1: *de anteactis conflictationibus saeculi.* —Vgl. dazu Lacroix S. 87 ff. mit einer zutreffenden Aufzählung.

[105] Hist. 1 prol. 10: *praeceperas ergo, ut ex omnibus qui haberi ad praesens possunt historiarum atque annalium fastis, quaecumque aut bellis grauia aut corrupta morbis aut fame tristia aut terrarum motibus terribilia aut inundationibus aquarum insolita aut eruptionibus ignium metuenda aut ictibus fulminum plagisque gradinum saeua uel etiam parricidiis flagitiisque misera per transacta retro saecula repperissem, ordinato breuiter uoluminis textu applicarem.* — Ein solches Vorhaben wirkt natürlich auf die Darstellung zurück; vgl. Lippold, Punischer Krieg S. 285: Im Gegensatz zu Eutrop und Florus, die die gleiche Quelle benutzen, spricht Orosius nicht von römischen Siegen, sondern von Kämpfen und Niederlagen.

[106] Hist. 3 prol. 2 f.: *praeterea ex hac ipsa de qua queror abundantia angustia oritur mihi et concludit me sollicitudo nodosior. si enim aliqua studio breuitatis omitto, putabuntur aut mihi nunc defuisse aut in illo tunc tempore non fuisse; si uero significare cuncta nec exprimere studens conpendiosa breuitate succingo, obscura faciam et ita apud plerosque erunt dicta, ut nec dicta uideantur: (3) maxime cum e contrario nos uim rerum, non imaginem commendare curemus; breuitas autem atque obscuritas, immo ut est semper obscura breuitas, etsi cognoscendi imaginem praefert, aufert tamen intellegendi uigorem. sed ego cum utrumque uitandum sciam, utrumque faciam ut quocumque modo alterutra temperentur, si nec multa praetermissa nec multum constricta uideantur.* — Vgl. auch Lacroix S. 48ff.

riae verschwiegen haben, während er selbst im Gegensatz dazu mit seiner Darstellung bei aller Belehrung auch auf das Abschrecken *(terror)* nicht verzichten, sondern gerade das Grauen *(horror)* vor der heidnischen Vergangenheit wecken wolle.[107] So könnte man trotz der entgegengesetzten Tendenz ebensogut aus heidnischen Schriften lernen, die *miseriae* zu verachten;[108] es ist lediglich nötig — und hier rechtfertigt sich sein eigenes Werk — an die Übel der Vergangenheit zu erinnern (Hist. 4 prol.). Das Unglück der Vergangenheit aber wiegt um so schwerer, als auch unser Empfinden relativ ist und uns das Gegenwärtige stets mehr berührt als das Vergangene oder Zukünftige,[109] oder, um das Bild des Orosius zu verwenden, das durch das Jucken von Flohstichen verursachte nächtliche Wachen scheinbar schwerer zu ertragen ist als die Erinnerung an ein heftiges, aber längere Zeit zurückliegendes Fieber (Hist. 4 praef. 4).[110]

[107] Hist. 4, 5, 10 ff.: *Ecce continuatim quae et quanta numeramus accidisse annis singulis plurima, inter quos certe raro aut paene nullo nihil triste gestum, et hoc, cum idem scriptores proposito sibi magis laudandi negotio cauerent numerositates miseriarum,* (11) *ne eosdem quibus haec et de quibus scribebantur offenderent auditoresque suos exemplis praeteritorum terrere potius quam instituere uiderentur.* (12) *porro autem nos in ultimo temporum positi mala Romanorum scire non possumus nisi per eos, qui laudauere Romanos.* (13) *ex quo intellegi datur, quanta illa fuerit quae studio propter horrorem repressa sunt, cum tanta inueniuntur quae tenuiter inter laudes emanare potuerunt.* — Diese an sich logische Überlegung läßt freilich unberücksichtigt, daß die heidnischen Quellen die wichtigste seiner *miseriae,* den Krieg, im Gegensatz zu Orosius nicht um ihrer selbst willen, sondern zur Herausstellung großer Feldherren beschreiben. Orosius hat auch das erkannt (vgl. Anm. 82), aber aufgrund seines unterschiedlichen Geschichtsbildes nicht eigentlich „verstanden" oder verstehen wollen.

[108] Hist. 4, 6, 41 (oben Anm. 84).

[109] Hist. 4 praef. 2 f.: *haec sententia* (nämlich ein Vergilspruch), *semel apte ficta, semper uim sui triplicem diuersissimis effectibus refert, cum et praeterita tanto gratiora habentur in uerbis quanto grauiora referuntur in gestis et futura dum desiderabilia fastidio praesentium fiunt semper meliora creduntur,* (3) *ipsis autem praesentibus ob hoc nulla in parte miseriarum iusta conparatio adhiberi potest, quia multo maiore molestia adficiunt, quantulacumque sint ista quae sunt quam illa quae siue transacta siue uentura, etsi magna dicuntur, interim omnino tunc non sunt.* — Vgl. Karl Löwith, Weltgeschichte und Heilsgeschehen, Stuttgart 1953, S. 163 f.

[110] Orosius schließt einen Vergleich über das ungleichmäßige Empfinden von Kälte an. Vgl. auch seinen Kommentar zu einem Friedensjahr nach dem Ersten Punischen Krieg (Hist. 4, 12, 10 f.). Die Beispiele erhärten selbstverständlich die These des Orosius und stellen keineswegs seine „vergleichende Geschichtsbetrachtung" in Frage, wie Schöndorf (S. 109) meint, der in Orosius, natürlich vergeblich, den modernen kritischen Historiker sucht.

Orosius reflektiert hier selbst die oben festgestellte Tatsache, daß der christliche Geschichtsschreiber sich auf heidnische Quellen stützt: Einmal liefern ihm diese nämlich das Material, das auch seiner Fragestellung dient (weil nämlich die Geschichte so und nicht anders abgelaufen ist), zum andern will er den Heiden die Schriften ihrer eigenen Vorfahren als Spiegel entgegenhalten; deshalb zitiert er — wie schon Augustin — nur die heidnischen Quellen namentlich;[111] überhaupt werden, selbst in den Kommentaren, kaum Bibelzitate benutzt, ganz im Gegensatz zu seinem *Apologeticus*, der sich ja an ein rein christliches Publikum wendet. Für unseren Zusammenhang ist es noch wichtig, zu wissen, wie zuverlässig Orosius seine Quellen tatsächlich ausschreibt oder ob ihn die apologetische Tendenz vielleicht zu Fälschungen verleitet.

Exkurs: Die Quellen[112]

Tatsächlich scheint Orosius sich im allgemeinen bemüht zu haben, möglichst objektiv vorzugehen[113] und trotz seiner apologetischen Tendenz die Quellen recht sinngemäß wiederzugeben.[114] Der Beweis ist freilich nicht leicht, denn die Quellenfrage selbst ist heftig umstritten: Orosius benutzt nach ZANGEMEISTER (S. XXIVss.) an historiographischen Quellen vornehmlich Iustins Auszug aus Pompeius Trogus (vgl. dazu LIPPOLD, Griechisch-makedonische Geschichte S. 439), (verlorene) Livius-Epitome, Florus, die Chronik des Hieronymus und — vor allem in jüngerer Zeit — das Breviarium des Eutrop. Ob er daneben für einzelne Epochen noch weitere Quellen wie Suetons Kaisergeschichten, die Annalen des Tacitus[115] und Cäsars *Bellum Gallicum* herangezogen hat, ist fraglich, obwohl er sie selbst gelegentlich nennt: Nach KARRER (S. 119) hat Orosius für die römische Geschichte nur Livius benutzt, jedenfalls hat

---

[111] So Lacroix S. 58ff. (vgl. Anm. 97). — Auffällig wird das zum Beispiel bei eigentlich biblischen Berichten: Orosius zitiert Tacitus über Sodom (Hist. 1, 5, 2ff.), und Iustin über Moses und die ägyptischen Plagen (Hist. 1, 8, 2ff.), doch hält er den heidnischen Geschichtsschreibern hier die Bibel immerhin als wahrhafteste Offenbarung entgegen; vgl. dazu Lacroix S. 66f., nach dem Orosius hier beweisen will, daß die Bibel Recht hat, und Corsini S. 90f.

[112] Zu den Quellen (einschließlich der mündlichen Tradition) vgl. auch Lacroix S. 58ff. und Fink-Errera S. 500ff.

[113] Vgl. Lacroix S. 190: «L'*Historia adversus paganos* est, du commencement à la fin, une vraie narration du passé.»

[114] Lacroix S. 59 nennt sein Werk eine ehrliche Zusammenstellung aus seinen Handbüchern und Quellen. Grundsätzlich anderer Ansicht ist Suzanne Karrer, Der Gallische Krieg bei Orosius (Geist und Werk der Zeiten 23), Zürich 1969, S. 8ff., die feststellen will, daß Orosius seine Quellen absolut unzuverlässig zitiert. Zu der nur in beschränktem Maß ausgebildeten Quellenkritik vgl. Lacroix S. 63ff.

[115] Bejahend zuletzt Andreas Mehl, Orosius über die Amnestie des Kaisers Claudius: Ein Quellenproblem, Rheinisches Museum für Philologie 121, 1978, S. 185—94.

ihm Cäsars Buch über den Gallischen Krieg nicht vorgelegen. Dagegen erblickt FINK-ERRERA (S. 530) den Quellenwert der *Historiae* gerade in der kritischen Koordinierung vieler, darunter auch griechischer[116] Quellen wie Polybios, Appian und Herodot, eine Beobachtung, die auch von HINGST, der allerdings Herodot als Quelle ausschließt, gestützt (S. 68 und S. 159 ff.), von LIPPOLD (Griechisch-makedonische Geschichte S. 443 f.) aber wiederum bestritten wird. Häufig sind auch Vergilverse eingestreut[117] und manche Äußerung schließt sich sprachlich an Cicero an,[118] und auch Ovid (ebda. S. 159 ff.) und Claudian (ebda. S. 110 ff.) sind benutzt.

Nicht unerheblich ist auch das Verhältnis der Historien zum Werk Augustins. FINK-ERRERA (S. 515 f.), der eine frühe Abfassung der Historien annimmt, schließt eine Benutzung von *De civitate Dei* aus (danach auch LACROIX S. 60 ff.); CORSINI (S. 196 ff.) macht dagegen auf die zahlreichen inhaltlichen und stilistischen Übereinstimmungen aufmerksam.[119] Den engen inhaltlichen (S. 73 ff.), aber auch strukturellen (S. 83) und begrifflichen (S. 119 ff.) Bezug zum Augustintext unterstreicht jetzt auch HINGST, der die Abhängigkeit sogar auf die späteren Bücher von *De civitate Dei* ausdehnen will, und daraus schließt, daß Orosius Einblick in Notizen oder gar Manuskripte Augustins genommen haben muß (S. 33 ff., 42 ff., 67 f., 83). Diese letzte Annahme ist freilich keineswegs zwingend, denn sehr zu Unrecht schließt HINGST die Möglichkeit aus, daß Augustin seinerseits die *Historiae* benutzt haben könnte, weil der große Kirchenvater doch niemals von seinem Schüler abgeschrieben hätte (S. 56 und S. 68)! Die Quellenuntersuchung stellt nur eine Abhängigkeit, nicht aber deren Richtung fest. Tatsächlich hat Orosius nach seinen eigenen Worten sein Werk dem Bischof zugesandt; es liegt also nahe, daß Augustin diese Kompilation als Quelle für seine historischen Beispiele herangezogen, sie dann aber, wie HINGSTS Beobachtungen wahrscheinlich machen,[120] kritisch aufgrund von deren Vorlagen und anderer Zeugnisse ergänzt hat, besonders dann, wenn er sich von seinem Schüler abheben wollte (CORSINI) und deshalb wieder enger auf den Wortlaut der Quelle zurückgriff (vgl. HINGST S. 68).[121] HINGSTS

---

[116] Fink-Errera S. 507 ff.; vgl. auch Diesner S. 93.
[117] Dazu Lacroix S. 60 f. und 74 f. und Harrison C. Coffin, Vergil and Orosius, Classical Journal 31, 1935/36, S. 235—41, sowie Pierre Courcelle, Les lecteurs de l'Enéide devant les grandes invasions germaniques, Romanobarbaria 1, 1976, S. 25—56, der hervorhebt, wie situationsbezogen die Schreiber ihre Vergilkenntnisse angewandt haben.
[118] Darüber Hingst S. 235 ff. Vgl. auch Louis Laurand, Une réminiscence de Cicéron dans Orose, Recherches de science religieuse 8, 1918, S. 252.
[119] Zum Beispiel den Hinweis auf die heidnischen Autoren Hist. 1, 18, 1 ff. nach civ. Dei 1, 3; die Parallele der beiden größten Reiche Hist. 2, 3, 1 nach civ. Dei 4, 6; den Raub der Sabinerinnen Hist. 2, 4, 2 nach civ. Dei 3, 13; den Brennuseinfall Hist. 2, 19, 8 f. nach civ. Dei 3, 29; die Zerstörung Trojas Hist. 6, 2, 11 nach civ. Dei 3, 7; den Gottesbeweis Hist. 7, 1, 1 ff. nach civ. Dei 5, 1; vgl. auch Corsini S. 198 Anm. 18.
[120] Hingst stellt S. 44 ff. (im Sinne seiner These) ein bewußtes Abweichen des Orosius gegenüber dem Augustintext fest.
[121] Vgl. etwa zu Ninus (Hingst S. 33 ff.) und Semiramis (ebda. S. 53 ff.) oder zur Weltreichslehre (ebda. S. 74 ff.).

Untersuchung gibt zugleich der von CORSINI bestrittenen Auftragstheorie ein stärkeres Gewicht, wenn sich andererseits auch nicht abstreiten läßt, daß Augustin manche Gedanken seines Schülers kritisiert hat. HINGST stellt schließlich noch eine sprachliche Abhängigkeit des Orosius von Hieronymus fest und äußert die Vermutung (S. 29), daß bereits die Reise nach Bethlehem mit der Quellenbeschaffung für die *Historiae* zusammenhing; in diesem Umfeld verweist er außerdem auf die Entlehnungen aus der von Hieronymus übersetzten Vulgata (S. 173 ff.: um des gehobenen Tones willen). PRETE[122] deutet auch die Wundergeschichte während des Romeinfalls von 410 als Ausschmückung eines Hieronymusbriefs (ep. 127, 13).

Bei einer derartig verwickelten Quellenlage ist die Zuverlässigkeit der Quellenbenutzung nicht leicht herauszuarbeiten. LIPPOLD (Punischer Krieg) hat die Stellung des Orosius innerhalb der Livius-Tradition anhand des Berichts über den 1. Punischen Krieg untersucht: Er bescheinigt Orosius eine geschickte Auswahl des Wesentlichen, die ihn mangels anderer Zeugnisse selbst für diesen entlegenen Zeitraum zu einer wertvollen Quelle mache (S. 285 f.). Dagegen zeigt freilich ENSSLIN,[123] daß Orosius seine Quellen (in diesem Fall: Eusebius) mitunter recht flüchtig gelesen hat.[124]

Die sichersten Einblicke in die Quellenverwertung bietet immer noch ein Vergleich mit Iustin, wenngleich auch hier erschwerend hinzutritt, daß Orosius einer Klasse der Iustinhandschriften (γ) nahesteht, die ihrerseits weitgehend von ihm abhängig ist.[125] Trotz enger Anlehnung an die Vorlage scheinen Auswahl und Abänderungen des Wortlauts bezeichnend für die Tendenz des Orosius. LIPPOLD (Griechisch-makedonische Geschichte) hat sie hinsichtlich der griechischen Geschichte herausgearbeitet: Danach geht es Orosius in erster Linie darum, seinen Zeitgenossen das Grauen der Vergangenheit vor Augen zu führen (S. 440 f.); deshalb überspringt er *exempla*

---

[122] Serafino Prete, Un episodio del sacco gotico di Roma del 410 (Hieron., Ep. 127, 13 — Oros., Histor. VII. 39), in: Storiografia e storia. Studi in onore di Eugenio Dupré Theseider Bd. 2, Rom 1974, S. 529 ff.

[123] Wilhelm Ensslin, Zu Orosius VII, 25, 9 und zum Perserfeldzug des Cäsars Maximianus Galerius, Philologische Wochenschrift 60, 1940, S. 669 ff.

[124] So gleichzeitig auch Laistner S. 252. Wenn Laistner allerdings viele Beispiele anführt, um die Fehler des Orosius gegenüber Livius aufzuzeigen, so bleiben diese Bemühungen so lange wertlos, wie wir die Vorlage des Orosius aus der Liviustradition nicht genauer kennen.

[125] Vgl. dazu Harald Hagendahl, Orosius und Iustinus. Ein Beitrag zur iustinischen Textgeschichte, Göteborgs Høgskolas Arsskrift 47, 1941, S. 46 f. und Otto Seel, Die iustinischen Handschriftenklassen und ihr Verhältnis zu Orosius, Studi italiani di filologia classica 11, 1934, S. 255—88; 12, 1935, S. 5—40: Orosius hat wohl unleserliche Stellen seiner Vorlage eigenmächtig ausgebessert (S. 27 ff.); zur Benutzung Iustins ebda. S. 18 ff. — Für eine direkte Abhängigkeit von Pompeius Trogus spricht sich schließlich Luigi Piccirilli, Una notizia di Trogo in Giustino e in Orosio, Annali della Scuola Normale Superiore di Pisa. Classe di Lettere e Filosofia, ser. III, 1, 1971, S. 301—6 (zu Hist. 3, 12, 22) aus.

für die Tapferkeit einzelner Athener[126] und verschärft die Aussagen Iustins;[127] er läßt ferner die Kommentare Iustins über das Wirken der Götter aus, denn er will gerade zeigen, wie unreligiös jene Zeit eigentlich war (S. 442). Philipp und Alexander werden (in Zusätzen zu Iustin) negativ verzeichnet (S. 448 ff.): Gerade die griechisch-makedonische Geschichte, so faßt LIPPOLD (S. 454) zusammen, war in den Augen mancher Zeitgenossen eine Idealepoche, die es zu zerstören galt.

Orosius trifft seine Auswahl also einmal nach seinem Plan, die Unglücke zusammenzustellen, das heißt, er kann Schilderungen über Friedensregelungen übergehen und muß Verherrlichungen kriegerischer Tapferkeit umwerten; zum andern will er die Macht Gottes beweisen und übersieht bewußt die Taten der heidnischen Götter. Häufig sind seine nicht unbeträchtlichen Eingriffe in den Wortlaut der Quelle jedoch rein stilistischer Natur;[128] gern fügt er verstärkende und verdoppelnde[129] oder auch erweiternde Begriffe,[130] Ausdrücke des Staunens[131] oder das Geschehen dramatisierende Wendungen hinzu.[132]

Orosius dramatisiert sicherlich, er wählt aus, aber er ändert nicht die Fakten; eine echte Geschichtsverfälschung ist ihm deshalb nicht nachzuweisen;[133] entscheidende inhaltliche Eingriffe in den Wortlaut der Quellen finden sich

[126] Entsprechend verzichtet Orosius — ganz im Gegensatz zu Augustin — auf ein Lob der Tugenden einzelner Heiden wie der von Augustin (civ. Dei 1, 15) so hervorgehobenen Aufopferung des Regulus (vgl. Hist. 4, 10, 1); so auch Lippold, Punischer Krieg S. 273.

[127] Orosius ist dabei nicht ganz frei von Sympathien für die Athener und Antipathien gegenüber Sparta (Lippold, Griechisch-makedonische Geschichte S. 446 f.); ausgenommen davon ist nur Alkibiades, der im Gegensatz zu Iustin hier kaum beachtet wird.

[128] So auch Hagendahl S. 12 ff.: Die Umarbeitung erfolgte teilweise in rhythmischer Form.

[129] Vgl. Hist. 2, 9, 4: *'cognati' et commanipulares* (gegenüber Iustin 2, 11, 2).

[130] Nach Hist. 3, 12, 28 sind nicht nur wie bei Iustin (8, 5, 1) die Phoker, sondern ist auch *omnis Graecia* gefangen worden.

[131] Vgl. Hist. 2, 9, 8 *(mirum dictu)* zur Betonung der großen Zahl der Kämpfer.

[132] Zum Beispiel Hist. 2, 9, 5, um die Ausweglosigkeit der Griechen zu zeigen: *cum iam neque ad procurrendum libera neque ad pugnandum expedita neque ad fugiendum prompta solis mortibus subrigeretur;* oder Hist. 2, 9, 8: *tamquam ipsi interitum suum et exigerent et uindicarent;* oder Hist. 2, 9, 7: *de gloria plurimum, de uita nihil sperandum.*

[133] Vgl. Lippold, Punischer Krieg S. 285 f. Über chronologische und Strukturschwächen vgl. Lacroix S. 55 f. — Dagegen will Prete (S. 538 ff.) selbst gegenüber christlichen Schriftstellern wie Hieronymus eine apologetisch bedingte, rhetorische Ausschmückung der Berichte bei Orosius feststellen, die sich weit von der historischen Wahrheit entfernt, ohne daß der Spanier, der die höhere Wahrheit zu erkennen glaubt, sich allerdings der Illegitimität eines solchen Vorgehens bewußt wäre.

aber dort, wo diese ihrerseits die Ereignisse deuten;[134] hier übergeht oder ändert Orosius die Erklärungen der Vorlage,[135] um den Berichten einen anderen Sinn zu geben, und er liefert durch seine Auswahl, seine Kommentare und die Bezüge, die er zwischen einzelnen Ereignissen herstellt, eine Geschichtsinterpretation, die nicht mehr mit der seiner Quellen übereinstimmt und um deretwillen er gelegentlich chronologische Umordnungen vornimmt.[136] Man wird darin nicht von vornherein tendenzbezogene Eingriffe sehen dürfen, sondern auch im Sinne seiner Selbsteinschätzung (oben S. 17f.) annehmen müssen, daß Orosius sich in seinem Wissen um das Wirken Gottes in der Lage fühlt, die Ereignisse, die er als Fakten der traditionellheidnischen Geschichtsschreibung entnehmen kann, besser und wahrer zu deuten, als diese es je vermochte.

b. Ergebnis und Struktur des historischen Überblicks: Der Alarich-Einfall als Beispiel für den Wandel der Zeiten durch das Christentum

Wenn die heidnischen Vorwürfe durch die Zusammenstellung der historischen Fakten widerlegt werden sollen, so muß diese eine bestimmte Deutung zulassen, die Orosius durch eine gezielte Auswahl herstellt: Bereits zu Beginn seiner historischen Übersicht verkündet er — sozusagen als „Leitgedanken"[137] — das Ergebnis seines Geschichtswerks, das über den eigentlichen Auftrag weit hinausgeht:[138] Die *miseriae* der Gegenwart sind nicht nur nicht größer als in der Vergangenheit (was zu beweisen war) und können folglich dem Christentum nicht zur Last gelegt werden, entkräften also den heidnischen Vorwurf, sondern sie sind in den christlichen Zeiten sogar weit

[134] Orosius läßt zum Beispiel das delphische Orakel über den Untergang des Leonidas weg. In Kap. 3, 1 erwähnt er nur die Wahl des Agesilaos, ohne auf deren Vorgeschichte (Forderung der Fürsten und Orakel) einzugehen (vgl. Iustin 6, 2, 4ff.).

[135] So begründet er den Abbruch einer Schlacht im Krieg der Spartaner gegen Persien (Ende 4. Jh. v. Chr.) nicht wie Iustin (6, 2, 9): *(Quibus) cum paria omnia fortuna dederit,* sondern (Hist. 3, 1, 9): *qui acerbissimis inuicem proeliis fatigati et multo sanguine obliti.*

[136] Vgl. Lippold, Rom S. 55 mit Anm. 205 zum Frieden zur Zeit der Geburt Christi. Orosius verschweigt ferner, daß zwischen der Aufwiegelung der Germanen und dem Tod Stilichos oder zwischen Gratians Tod und der Vertreibung Valentinians II. jeweils ein längerer Zeitraum lag (ebda. S. 10); immerhin hat im ersten Fall ein Zusammenhang bestanden, denn Stilicho wurde das Opfer einer antigermanischen Reaktion.

[137] So Straub, Geschichtsapologetik S. 263.
[138] So auch Vittinghoff S. 569f.

geringer und schwächer geworden: Der neuen Religion ist gerade eine Milderung der Zeiten zu verdanken.[139] Diesem historischen Befund ordnet sich die Struktur des Werkes unter: Fünf der sieben Bücher,[140] die recht unterschiedliche Zeiträume abdecken,[141] schließen jeweils mit einem der größten Unglücke der Weltgeschichte: Das erste Buch endet mit den Messenierkriegen zur Zeit der Gründung Roms, das zweite mit dem besonders wichtigen Galliereinfall in Rom, das dritte mit den verabscheuungswürdigen Diadochenkriegen, das vierte mit der Zerstörung Karthagos, das fünfte mit dem Spartakusaufstand. Das sechste Buch aber schließt mit der Geburt Christi, so daß das umfangreichere siebte Buch dann einheitlich das bessere christliche Zeitalter beschreiben kann: Die These eines Umschlagens der Unglücksgeschichte in eine „Glücksgeschichte" in christlicher Zeit, die Theorie einer vergleichsweise glücklichen Gegenwart, die sich bereits in der Struktur der Historien widerspiegelt, bildet das eigentliche und ständig wiederholte Motiv des Werks. In den Prologen, aber auch in zahlreichen Kommentaren, in denen man ein Charakteristikum des Werks erblicken muß,[142] stellt Orosius an Höhepunkten der Weltgeschichte das Unglück der Vergangenheit in aller Deutlichkeit heraus, oder er vergleicht[143] bestimmte Ereignisse der Vergangenheit mit entsprechenden, aber weitaus milderen Begebenheiten der Gegenwart:[144]

[139] Hist. 1 prol. 14: *nanctus sum enim praeteritos dies non solum aeque ut hos graues, uerum etiam tanto atrocius miseros quanto longius a remedio uerae religionis alienos: ut merito hac scrutatione claruerit regnasse mortem auidam sanguinis, dum ignoratur religio quae prohibet a sanguine; ista inlucescente, illam constupuisse; illam concludi, cum ista iam praeualet; illam penitus nullam futuram, cum haec sola regnabit.* — Näheres dazu unten S. 56 f.

[140] Die Siebenzahl spielt eine große Rolle bei Orosius und ist wohl als allegorische Anspielung (etwa auf die Schöpfungswoche) aufzufassen; zu ihrer Bedeutung vgl. Corsini S. 153 f. und Lacroix S. 81 f.

[141] Das erste Buch umfaßt noch weit über 3000 Jahre, das zweite dann rund 360, das dritte nur noch 100, das vierte knapp 140, das fünfte und sechste jeweils rund 70 und das siebte wieder gut 420 Jahre.

[142] Vgl. Lippold, Orosius S. 96 mit Anm. 4, und Lacroix S. 79 ff.

[143] Schöndorf S. 106 ff. spricht (modernisierend) von einer „vergleichenden Geschichtsbetrachtung".

[144] Vgl. die Liste bei Lippold, Rom S. 92 f. Anm. 13. — An dieser Stelle mögen vorerst zwei Beispiele genügen:
— Hist. 2, 3, 8 ff.: *quapropter desinant religionem lacerare et lacessere patientiam Dei propter quam habent, uti et hoc quoque inpunitum habeant, si aliquando desistant. (9) recolant sane mecum maiorum suorum tempora, bellis inquietissima, sceleribus exsecrabilia, dissensionibus foeda, miseriis continuatissima, quae et merito possunt horrere, quia fuerunt, et necessario debent rogare, ne sint: (10) eum sane rogare*

Apologetische Geschichtsschreibung 31

1, 6, 1:	Vergleich zwischen Sodom und Rom;
1, 8, 14:	Vortäuschung des christlichen Glaubens um der Schonung willen (Anm. 527);
1, 16, 2ff.:	Vergleich der Geten und Goten (Anm. 439);
1, 17, 3:	Vergleich der Gegenwart mit der trojanischen Belagerung;
1, 20, 6:	Vergleich der Gegenwart mit den *Latini* und *Siculi* (Anm. 424);
2, 3, 2ff.:	Vergleich zwischen Babylon und Rom (Anm. 310);
2, 6, 13:	Kommentar zum Untergang Babylons (Anm. 315);
2, 11, 8ff.:	Kommentar zu den Perserkriegen (Anm. 450);
2, 18, 4f.:	Kommentar zu persischen Bürgerkriegen (Anm. 144);
2, 19, 12ff.:	Vergleich zwischen Gallier- und Goteneinfall in Rom (Anm. 155);
3, 2, 9ff.:	Kommentar zum Untergang des Epaminondas (Anm. 442);
3, 3, 2f.:	Vergleich der Erdbeben in Achaia und Konstantinopel (Anm. 441);
3, 8, 5ff.:	Kommentar über den Weltfrieden nach dem 1. Punischen Krieg (Anm. 350);
3, 20, 5ff.:	Vergleich der Barbaren mit Alexander (Anm. 561);
3, 23, 65ff.:	Vergleich der Diadochenkriege mit der Gegenwart (Anm. 523);
4, 5, 10ff.:	Kommentar zur römischen Frühgeschichte (Anm. 107);
4, 6, 34ff.:	Kommentar zum 2. Punischen Krieg (Anm. 170);
4, 11, 4:	Vergleich der Punischen Kriege mit der Gegenwart (Anm. 470);
4, 12, 5ff.:	Kommentar zur Kürze eines einzigen Friedenstages in der vorchristlichen römischen Geschichte (Anm. 469);
4, 16, 18ff.:	Kommentar zu den Kriegen der Römer;
4, 17, 8ff.:	Kommentar zur Schonung Roms durch Hannibal (Anm. 336);
4, 21, 5ff.:	Kommentar zu Theaterspielen;
4, 23, 8ff.:	Kommentar zur Zerstörung Karthagos;
5, 5, 1ff.:	Kommentar zum Krieg gegen Numantia;
5, 11, 6:	Vergleich der Heuschreckeneinfälle (Anm. 440);
5, 19, 14ff.:	Kommentar zum Bürgerkrieg des Marius und Sulla;
5, 22, 5ff.:	Kommentar zu den römischen Bürgerkriegen (Anm. 463);
5, 24, 9ff.:	Kommentar zu den römischen Kriegen;

solum Deum, qui et tunc occulta iustitia permisit, ut fierent, et nunc aperta misericordia praestat, ut non sint.

— Vgl. die *auersatio Dei* als Grund für das Unglück (Hist. 2, 18, 4f.): *Ecce paruissima pagina uerbisque paucissimis quantos de tot prouinciis populis atque urbibus non magis explicui actus operum, quam inplicui globos miseriarum. quis enim cladem illius temporis, quis fando funera explicet aut aequare lacrimis possit dolores? (5) uerumtamen haec ipsa, quia multo interiectu saeculorum exoleuerunt, facta sunt nobis exercitia ingeniorum et oblectamenta fabularum. quamquam si quis intentius adhibeat animum seseque toto mentis adfectu ipsis paene causis bellisque permisceat ac rursus uelut in arce spectaculi constitutus utrumque in suis qualitatibus tempus permetiatur, facile dixerim eum iudicaturum, neque illa nisi irato atque auersato Deo posse tam infeliciter perturbari ac permisceri neque ista sic nisi propitio et miserante conponi.*

6, 12, 2 ff.:	Kommentar zum Gallischen Krieg;
6, 14, 1 ff.:	Kommentar zur wechselhaften Geschichte Roms in heidnischer Zeit (Anm. 354);
6, 15, 12 f.:	Kommentar zum Pythischen Orakel (Anm. 167);
6, 17, 4 ff.:	Kommentar zum Tod Cäsars (Anm. 377);
6, 22:	Kommentar zu Christus;
7, 3:	Kommentar zu Christus;
7, 6, 11:	Vergleich der Zeiten, Kriege und Kaiser (Anm. 254);
7, 26:	Kommentar zu den zehn Christenverfolgungen (S. 62 ff.);
7, 27:	Vergleich der ägyptischen Plagen mit den Christenverfolgungen (S. 64 f.);
7, 33, 16 ff.:	Kommentar zum Tod des Valens (Anm. 285);
7, 34, 2 ff.:	Vergleich zwischen Trajan und Theodosius (Anm. 389);
7, 37:	Kommentar zum Alaricheinfall in Rom (S. 34);
7, 39, 11 ff.:	Kommentar zu Alarichs wunderbarer Schonung der Christen (Anm. 238).

In solchen Kommentaren läßt Orosius noch einmal erkennen, daß seine Geschichtsschreibung bestimmten Zwecken dient und überhaupt erst durch sein Beweisziel begründet worden ist. Orosius gelangt zu seiner Deutung, indem er (voneinander unabhängige) Ereignisse zueinander in Beziehung setzt;[145] wo er keine Gründe finden kann, beschränkt er sich auf eine kurze, rein deskriptive Darstellung.[146] Dem heutigen Historiker bieten gerade diese Kommentare den deutlichsten Einblick in das Geschichtsbild des Orosius.

Hier spielt der eigentliche Anlaß des Werks, der auch schon Augustins Schrift *De civitate Dei* hervorgerufen hat, eine besondere Rolle: Der Goteneinfall Alarichs in Rom[147] scheint die an den festen Glauben an eine *Roma aeterna* gewöhnte Zeit in besonderem Maß erschüttert[148] und den heidnischen Vorwürfen gegen das Christentum im Westen — gleichbedeutend der

---

[145] Vgl. etwa Hist. 7, 3, 4 ff. (unten Anm. 333 und Anm. 271).

[146] So Green S. 168.

[147] Über die Vorgänge von 410 handelt ausführlich (mit Quellenzeugnissen in französischer Übersetzung) André Piganiol, Le sac de Rome (Le Mémorial des Siècles. Les Evènements. Cinquième siècle), Paris 1964, S. 87 ff.

[148] Zum *Roma-aeterna*-Gedanken vgl. Vittinghoff S. 548 ff.; Manfred Fuhrmann, Die Romidee der Spätantike, HZ 207, 1968, S. 547 ff. und Paschoud (passim); zur Situation um 410 und zur Aufnahme des Goteneinfalls im Reich Lacroix S. 14 ff.; Lippold, Orosius S. 93 f.; ders., Rom S. 16 ff.; Corsini S. 35 ff. und vor allem Straub, Geschichtsapologetik S. 249 ff. — Lippold, Rom S. 12 ff., sieht die Erschütterung um eine Bedrohung des ewigen Rom allerdings übertrieben, da die Stadt Rom weithin nicht mehr mit dem Römischen Reich identifiziert wurde. Zum Topos-Charakter des „wankenden Erdkreises" vgl. auch Straub, a.a.O. S. 245 f.

Diskussion im Osten nach der Niederlage von Adrianopel (378)[149] — überhaupt erst das nötige Gewicht verliehen zu haben: Da der Verfall des Reichs mit der Christianisierung zusammenfiel, machten die Heiden die christliche Religion dafür verantwortlich.[150] Bereits Augustin hatte deshalb die relative Sensationslosigkeit und Milde dieses Ereignisses hervorgehoben.[151] Indem Orosius nun mehrmals entsprechend dazu Stellung nimmt,[152] macht er deutlich, daß der Vorfall im Mittelpunkt seiner Diskussion steht; diese Kommentare vermitteln deshalb einen exemplarischen Einblick in die gesamte Argumentation: Danach ist Alarichs Romeinfall, der ohnehin nichts weiter als eine Unruhe in einer Friedenszeit bedeutet (Hist. 1, 6, 5)[153] nicht als *miseria* dem Christentum anzulasten, vielmehr hat Gottes Barmherzigkeit gerade um der Christen willen zu einer unverhältnismäßigen Milde dieser kurzen Aktion geführt:

— Das zeigt sich einmal in der direkten Konfrontation mit einem vergleichbaren Ereignis der heidnischen Vergangenheit, dem ungleich grausameren und längeren Galliereinfall in Rom unter Brenno,[154] und Orosius führt diesen Vergleich bei der Erzählung sowohl des Galliereinfalls[155] wie des

---

[149] Darüber Johannes Straub, Die Wirkung der Niederlage bei Adrianopel auf die Diskussion über das Germanenproblem in der spätrömischen Literatur (1943), in: Ders., Regeneratio imperii, Darmstadt 1973, S. 218f.

[150] So de Tejada S. 193. Nach Straub, Geschichtsapologetik S. 253f., war der Zweifel der Christen an ihrer eigenen Glaubensgewißheit noch kritischer als der nicht zu entkräftende Vorwurf der Heiden. Zur christlichen Romidee vgl. Schöndorf S. 17f. Zur andauernden und in den Krisen immer wieder auflodernden heidnischen Reaktion vgl. Ferdinand Heinzberger, Heidnische und christliche Reaktion auf die Krisen des Weströmischen Reiches in den Jahren 395—410 n. Chr., Diss. Bonn 1976; zur heidnischen Reaktion auf den Alaricheinfall von 410 ebda. S. 144ff..

[151] Besonders civ. Dei 1, 7.

[152] Vgl. dazu Lippold, Rom S. 12ff., nach dem Orosius im großen und ganzen doch ein zutreffendes Bild des Einfalls gibt, dessen Grausamkeit unter dem ersten Eindruck übertrieben worden ist. Vgl. auch Schöndorf S. 80ff.; Lacroix S. 174ff.; Corsini S. 116ff.; Pierre Courcelle, Histoire littéraire des grandes invasions germaniques, Paris ³1964, S. 107ff.

[153] Vgl. Johannes Straub, Romanus et Christianus ... (1939), in: Ders., Regeneratio imperii S. 299.

[154] Hist. 2, 19, 4: *ciu cladi audeat quisquam, si potest, aliquos motus huius temporis conparare: quamuis non aeque pendat praeteriti mali fabulam praesentis iniuria.*

[155] Hist. 2, 19, 12ff.: *En tempora, quorum conparatione praesentia ponderantur; en, de quibus recordatio suspirat; en, quae incutiunt de electa uel potius de neglecta religione paenitentiam. (13) reuera pares sunt et conferuntur inter se hae duae captiuitates: illa sex mensibus desaeuiens et tribus diebus ista transcurrens; Galli exstincto populo Vrbe deleta ipsum quoque Romae nomen in extremis cineribus persequentes et*

Goteneinfalls[156] aus: Jene sechs Monate während Plünderung forderte viele Opfer, während bei der nur dreitägigen Besetzung im Jahre 410 die Kirchen allen Hilfesuchenden Schutz gewährten und daher kaum Tote, auch nicht unter den Senatoren, zu beklagen waren;
— zum andern gelang dem Christen Alarich die Eroberung Roms, während der blutrünstige, barbarische Heide Radagais, der um des Mordens willen tötete, kurz zuvor dank göttlicher Hilfe gescheitert war,[157] ein Vergleich, den schon Augustin (civ. Dei 5, 23) anwandte.[158]

Gothi relicta intentione praedandi ad confugia salutis, hoc est sanctorum locorum, agmina ignara cogentes; ibi uix quemquam inuentum senatorem, qui uel absens euaserit, hic uix quemquam requiri, qui forte ut latens perierit. (14) *recte sane conpararim, hunc fuisse ibi seruatorum numerum, qui hic fuerit perditorum. plane, quod re proditur, et fatendum est: in hac clade praesenti plus Deum saeuisse, homines minus, cum, peragendo ipse quod illi non inpleuissent, cur eos miserit demonstrauit.* (15) *quippe cum supra humanas uires esset, incendere aeneas trabes et subruere magnarum moles structurarum, ictu fulminum forum cum imaginibus uanis, quae superstitione miserabili uel Deum uel hominem mentiuntur, abiectum est: horumque omnium abominamentorum, quod inmissa per hostem flamma non adiit, missus e caelo ignis euertit.*

[156] Hist. 7, 39, 17 f.: *neque uero Gallorum meminisse in huiusmodi conlatione debeo, qui continuo paene anni spatio incensae euersaeque Vrbis adtritos cineres possederunt.* (18) *et ne quisquam forte dubitaret ad correptionem superbae lasciuae et blasphemae ciuitatis hostibus fuisse permissum, eodem tempore clarissima Vrbis loca fulminibus diruta sunt, quae inflammari ab hostibus nequiuerunt.*

[157] Hist. 7, 37, 8 ff.: *itaque ineffabili iudicio Dei factum est, uti, quoniam in permixto populo piis gratia, poena impiis debebatur oportebatque permitti hostes, qui insuadibilem in plurimis et contradicentem ciuitatem seuerioribus solito flagris coarguerent, non tamen eos, qui indiscrete cunctos intemperata caede delerent — duo tunc Gothorum populi cum duobus potentissimis regibus suis per Romanas prouincias bacchabantur:* (9) *quorum unus Christianus propiorque Romano et, ut res docuit, timore Dei mitis in caede, alius paganus barbarus et uere Scytha, qui non tantum gloriam aut praedam quantum inexsaturabili crudelitate ipsam caedem amaret in caede, et hic iam sinu receptus Italiae Romam e proximo trementem terrore quassabat.* (10) *itaque si huic ultionis potestas permitteretur, quem Romani ob hoc praecipue timendum arbitrabantur, quia fauorem deorum sacrificiorum obsequiis inuitaret, et immoderatior caedes sine fructu emendationis arsisset et error nouissimus peior priore creuisset; quandoquidem in pagani et idololatrae manus incidisse, non solum paganis residuis de instaurando cultu idolorum esset indubitata persuasio sed etiam Christianis periculosa confusio, cum et hi terrerentur praeiudicio et illi confirmarentur exemplo.* (11) *quamobrem iustus dispensator humani generis Deus perire paganum hostem uoluit et Christianum praeualere permisit, ut pagani blasphemantesque Romani et illo confunderentur perdito et hoc punirentur immisso.*

[158] Dazu Corsini, S. 122 f. — Zum Kommentar vgl. Heinzberger S. 98 ff.; zum Ereignis Geza Alföldy, Barbareneinfälle und religiöse Krisen in Italien (Bonner Historia

— Und schließlich ist die Brandschatzung Alarichs nicht einmal mit dem von Nero gelegten Feuer in Rom zu vergleichen.[159] Der Alaricheinfall ist denn auch nahezu ohne bleibende Folgen für die Römer geblieben.[160] Alarichs erster Befehl galt außerdem der Schonung all derer, die sich in die Kirchen flüchteten, und der Vermeidung jeglichen Blutvergießens,[161] und dieser Tatsache verdankten viele Menschen — und auch Heiden, die einen Glauben vortäuschten — ihr Leben.[162] Beweisen schon diese Begebenheiten, daß Gottes Wirken und nicht das Handeln der Menschen entscheidend für den Geschichtsverlauf ist, so muß jene übermenschliche Naturkatastrophe, das Feuer, das mit dem Goteneinfall zeitlich zusammenfiel, jedoch nicht von den Germanen verursacht war, und das die heidnischen Relikte zerstörte (Anm. 155/156), jeden Zweifel daran vollständig beseitigen. Im Willen Gottes, der durch ein- und dasselbe Ereignis den Bösen Strafe und den Guten Gnade bringen (Hist. 7, 37, 8), die Heiden strafen und die Christen schützen, die Menschheit aber vor einem Rückfall in das Heidentum, wie er unter Radagais drohte, bewahren wollte, und nicht in der Abkehr der Christen vom römischen Götterglauben ist der Grund für die angebliche Katastrophe zu suchen.[163] Orosius kann hier die Vorwürfe der Heiden gegenüber den Christen abwehren: Gott hat in der Milde des Goten-

Augusta-Colloquium 1964/65 = Antiquitas 4, 3), Bonn 1966, S. 1—19, und (kritisch dazu) Adolf Lippold, Der Einfall des Radagais im Jahre 405/06 und die Vita Aureliani der Historia Augusta (ebda. 1970: Antiquitas 4, 10), Bonn 1972, S. 149—65.

[159] Hist. 7, 39, 15f.: *Tertia die barbari quam ingressi Vrbem fuerant sponte discedunt, facto quidem aliquantarum aedium incendio sed ne tanto quidem quantum septingentesimo conditionis eius anno casus effecerat. (16) nam si exhibitam Neronis imperatoris sui spectaculis inflammationem recenseam, procul dubio nulla conparatione aequiperabitur secundum id, quod excitauerat lasciuia principis, hoc, quod nunc intulit ira uictoris.*

[160] Hist. 7, 40, 1: *Anno itaque ab Vrbe condita MCLXIIII inruptio Vrbis per Alaricum facta est: cuius rei quamuis recens memoria sit, tamen si quis ipsius populi Romani et multitudinem uideat et uocem audiat, nihil factum, sicut etiam ipsi fatentur, arbitrabitur, nisi aliquantis adhuc existentibus ex incendio ruinis forte doceatur.* — Vgl. dazu Piganiol S. 107 und Lippold, Rom S. 13 und S. 31f. (die Nachricht wird von Rutilius Namatianus, *De reditu suo* 1, 131ff., bestätigt).

[161] Hist. 7, 39, 1: *adest Alaricus, trepidam Romam obsidet turbat inrumpit, dato tamen praecepto prius, ut si qui in sancta loca praecipueque in sanctorum apostolorum Petri et Pauli basilicas confugissent, hos inprimis inuiolatos securosque esse sinerent, tum deinde in quantum possent praedae inhiantes a sanguine temperarent.*

[162] Hist. 1, 8, 14 (Anm. 527).

[163] Das betont besonders Lacroix S. 182: 410 war nicht ein Sieg der Barbaren, sondern eine deutliche Warnung Gottes. Vgl. auch Courcelle S. 108f. und Lippold (wie Anm. 158) S. 153f.

einfalls bewiesen, daß dieses Ereignis kein der Christianisierung zuzuschreibendes Unglück bedeutet; er hat darüber hinaus in der Schonung der Christen offenbart, daß diese Milde überhaupt erst den christlichen Zeiten zu verdanken ist (Anm. 155) und daß der Einfall des christlichen Westgoten geradezu die Rettung des Christentums und auch Roms bedeutete, weil ein erfolgreicher Radagais-Vorstoß die Wiederbelebung des heidnischen Kultes bedeutet hätte (Anm. 157).[164]

Von der Darstellung her Apologie, die die heidnischen Vorwürfe hier erfolgreich widerlegt, indem sie die Macht des Christengottes in der Geschichte beweist, entfalten sich die *Historiae* dank solcher Argumentation tatsächlich zu einer Geschichtsinterpretation, die die Überzeugung des christlichen Apologeten vom göttlichen Heilsplan offenlegt. Orosius steigt über den engen Horizont des apologetischen Publizisten hinaus, weil seine Geschichtsdarstellung mit der Entkräftung der heidnischen Vorwürfe zugleich den eigentlichen Sinn der Ereignisse begründet. Ein erster, aber bereits entscheidender Einblick wird möglich, wenn Orosius das Wirken Gottes in der Geschichte vor Augen führt.

4. Die Historiae adversum paganos *zwischen Verteidigung und Angriff: Invektiven gegen die heidnische Lehre als Ausfluß des christlichen Missionsgedankens*

Die tiefschürfenden Erklärungsversuche des Geschichtstheologen haben zur Folge, daß Orosius auch als Apologet nicht an der Oberfläche einer bloßen Darstellung historischer Ereignisse stehen bleiben kann, sondern die heidnische Geschichtsdeutung und somit — in einer Zeit, in der man auf beiden Seiten „vom rechten Glauben an den rechten Gott allein schon die Bereinigung aller politischen Probleme erwartete"[165] — den heidnischen Glauben überhaupt angreifen muß.

Mit STRAUB scheint mir aus der Argumentation des Orosius tatsächlich eine Gleichheit der Denkstrukturen auf heidnischer wie auf christlicher Seite zu sprechen und

---

[164] Vgl. darüber Lippold, Rom S. 18 ff. und Lacroix S. 180 ff. Nach Lippold, Orosius S. 100, spricht aus den Kommentaren sowohl der Apologet wie der besorgte Mitbürger: Grund des Einfalls war nämlich die Verworfenheit der Staatsbevölkerung, die für Orosius mit der Einführung der Spiele und der Zerstörung Karthagos begann (vgl. Ders., Rom S. 21 f.).

[165] So Straub, Geschichtsapologetik S. 252. Auch Vittinghoff S. 570 betont, Orosius habe auf diese Weise argumentieren können, weil Christen und Nichtchristen Unglücke stets als Verfehlung gegen die Gottheit auslegten. — Vgl. auch Heinzberger S. 207.

nicht, wie MÜLLER[166] meint, die Tatsache, daß Orosius von den Fragestellungen der Heiden („Wo ist euer Gott?") angezogen wurde. Wir haben es hier also mit einem typischen Zug der ausgehenden Antike zu tun: Es gibt keine konkreten Vorschläge für politische Lösungen; man verlagert die Frage vielmehr auf die grundsätzliche Ebene des Religiösen.

Wie schon Augustin sich in den ersten zehn Büchern von *De civitate Dei* nicht mit einer Widerlegung der heidnischen Vorwürfe begnügt, sondern den Glauben der Heiden insgesamt in Frage zu stellen sucht und diesem Ergebnis in den restlichen zwölf Büchern dann eine geschlossene, christliche Geschichtstheologie entgegensetzt, so trägt auch die apologetische Tendenz des Orosius nicht allein einen Verteidigungscharakter, sondern sie greift ihrerseits die heidnischen Traditionen und Anschauungen an.

LACROIX (S. 118 ff.) bespricht ausführlich die Argumente, die Orosius gegen die Heiden vorbringt: Immer wieder spricht er ihnen ein historisches Verständnis ab.
1. Die Heiden kennen die Vergangenheit nicht oder interpretieren sie (wissentlich) falsch (S. 118).
2. Sie vergleichen Vergangenheit und Gegenwart nicht objektiv, sondern mißachten durch Überbetonung der Gegenwart die Wahrheit und durch unangebrachte Vorurteile das Christentum (S. 121).
3. Ihr Mangel an Universalismus führt zu einem unhistorischen, vom römischen Standpunkt aus gesehenen Bild der Vergangenheit, das eine Mißdeutung der eigenen Gegenwart zur Folge hat (S. 122 ff.).
4. Ihre Idealisierung der Vergangenheit widerspricht durchaus der egoistischen römischen Politik; auch hier fehlt denen, die die Vergangenheit nicht kennen, der Wirklichkeitssinn (S. 129 ff.).
5. Die wahren Übel, die tatsächlich zu beklagen sind, liegen dagegen in Muße, Spiel und Vergnügen der Gegenwart (S. 131 ff.).
6. Zuletzt wendet sich Orosius gegen die falschen heidnischen Götter, die nichts vermögen (S. 134 ff.).

Die einzelnen Argumente, die LACROIX um des besseren Verständnisses willen auseinandergepflückt hat, hängen tatsächlich eng miteinander zusammen und werden von Orosius nicht etwa in dieser Reihenfolge vorgebracht: Das mangelnde Geschichtsverständnis der Heiden, das, wie wir (oben S. 21 f.) gesehen haben, Orosius bereits zu einer historischen Argumentation und zu einer chronographischen Darstellung veranlaßt hat, nimmt ihnen den Blick auch für den richtigen Glauben. Orosius sucht in seinen Kommentaren (oben S. 31 f.) die direkte Diskussion mit den Heiden, die er immer wieder daran erinnert, daß ihre Vorwürfe durch die Geschichte entkräftet werden,

---

[166] Heinz Müller, Die Hand Gottes in der Geschichte. Zum Geschichtsverständnis von Augustinus bis Otto von Freising. Diss. (masch.) Hamburg 1949, S. 33.

da sie sich gar nicht gegen typisch Christliches richten, sondern Erscheinungen kritisieren, die lange vor der christlichen Zeit von den Heiden selbst als unwirksam erkannt und bekämpft wurden: So gleicht das christliche Verbot der heidnischen Auspizien, das die Gegner angreifen, der eigenen Abschaffung des delphischen Orakels.[167] Der Blick in eine goldene Vergangenheit, dessen Ungerechtfertigtheit die vorliegende Unglücksgeschichte beweist, erscheint um so sinnloser, als die früheren Menschen, mit ihrer eigenen Zeit unzufrieden, hoffnungsvoll in eine bessere Zukunft geblickt haben.[168] Die apologetischen Anreden an die Widersacher, die *obtrectatores,*[169] sollen nicht nur zeigen, wie absolut unberechtigt die aus einer unangemessenen (wenngleich mitunter menschlichen) Voreingenommenheit gegenüber allem Christlichen entstandenen Vorwürfe sind, die der Tendenz entspringen, dem Andersdenkenden alles mögliche Böse anzuhängen, während man Ähnliches und von eigenen Schriftstellern Bezeugtes (wie das Unglück des Punischen Krieges) nicht in gleicher Weise betrachtet, sondern eifersüchtig *(aemulatione)* auslegt:[170] Die Heiden benutzen die Vorwürfe also nur als

[167] Hist. 6, 15, 12f.: *Admonet nos aliquid ab obtrectatoribus nostris consultor iste consulere. queruntur utique fide Christianorum sibi sacra interdicta caerimoniasque sublatas et ob hoc ideo maxime, quod extis uaticiniisque cessantibus futurae clades, quia sciri nequeunt, non uitantur.* (13) *cur ergo longe ante imperium Caesaris natiuitatemque Christi, sicut ipsorum auctores adtestantur, abolita fuerat Pythici oraculi fides? abolita autem ideo, quia contempta. porro autem quare contempta, nisi quia uel falsa uel uana uel dubia? unde prudenter poeta praemonuit: 'Inconsulti abeunt sedemque odere Sibyllae'.* — Vgl. Lacroix S. 138f.

[168] Vgl. den Kommentar zu den Perserkriegen Hist. 2, 11, 10: *ecce cum ille* (nämlich Leonidas) *promisit futura meliora, isti adserunt meliora praeterita, quid aliud colligi datur utroque in suis detestante praesentia, nisi aut semper bona esse sed ingrata aut numquam omnino meliora?* — Vgl. auch den ironischen Kommentar zur Zerstörung Karthagos Hist. 4, 23, 8ff. (dazu Giorgio Bonamente, Il *metus Punicus* e la decadenza di Roma in Sallustio, Agostino ed Orosio, Giornale italiano di filologia 27, 1975, S. 161ff.).

[169] Orosius spricht sehr häufig seine *obtrectatores* an; vgl. Hist. 6, 15, 12 (Anm. 167); 3, 4, 4; 4, 12, 5 (Anm. 469); 4, 17, 8 (Anm. 336); 7, 35, 20 (Anm. 468); 7, 43, 18 (Anm. 188).

[170] Vgl. Hist. 4, 6, 34ff.: *Pro dolor, leguntne ista de ueteribus, qui de recentibus conqueruntur? immo legunt et ea non aequitate sed aemulatione coniciunt.* (35) *maximo enim illo et ineffabili quem nec ipsi discernunt stimulo conpunguntur non propter tempora mala sed propter tempora Christiana; et deriuatio est inuidi ulceris, ut, quidquid sub exsecrabili agitur, atrocius esse uideatur:* (36) *sicut etiam inter nos saepe inimicorum oculis uideri solet, eos, quos exsecrantur, nihil non prauum, nihil non subsiciuum, nihil non in uulnus suum dicto factoue agere, et hoc tamen plane simpliciter, in tantum enim captum cor obliquat inuidia, ut rectum natura non uideat.*

Vorwand, um überhaupt etwas gegen die Christen vorbringen zu können. Jene Anreden wollen darüber hinaus den Heiden beweisen, wie es sich wirklich verhält, wie milde also die Gegenwart ist, um damit ihrerseits die wahren Gründe für die Unglücke offenzulegen und die Heiden zum rechten Glauben zu bekehren: Mit seiner Argumentation kehrt Orosius die Anklagen der Heiden völlig um: Daß es überhaupt zu einer Eroberung Roms gekommen ist, ist allein als — lange aufgeschobene[171] — Strafaktion gegenüber den heidnischen Relikten zu verstehen (Hist. 7, 37, 11):[172] Gott wollte auch den letzten Heiden klarmachen, daß ihr Glaube falsch ist, daß nur die christliche Religion die Wahrheit verkündet (vgl. unten S. 56f.).

Nicht zuletzt deshalb bemüht sich Orosius mehrmals, aus der Geschichte die Existenz des einen Gottes zu beweisen und zugleich zu bestreiten, daß es noch andere Götter gibt;[173] die Geschichtsschreibung als Geschichtsdeutung kann nicht ohne Rückgriff auf ihre theologischen Grundlagen auskommen, und eben darin ist ein entscheidender Wesenszug des christlichen Geschichtsbildes zu sehen: Ausgehend von der Annahme, daß kein rationaler Geist die Existenz göttlicher Wesen grundsätzlich abstreitet,[174] sondern jeder Mensch, wenn auch in unterschiedlicher Form,[175] ein Wissen um das Göttliche besitzt, gelangt Orosius mit der Feststellung, daß selbst die heidnischen Philosophen eine Vielzahl von Göttern ablehnen und die Heiden zumindest einen höchsten Gott als den Urheber aller anderen annehmen,[176] zur Exi-

---

[171] Hist. 7, 38, 7: *itaque post haec tanta augmenta blasphemiarum nullamque paenitentiam ultima illa diuque suspensa Vrbem poena consequitur.*
[172] Vgl. auch Hist. 7, 37, 17: *igitur ingrata Roma, quae sicut nunc sensit non ad remittendam sed ad reprimendam idololatriae praesumptionem iudicis Dei obliquam misericordiam, ita continuo propter uiuorum mortuorumque sanctorum piam recordationem Dei iram passura non plenam, si forte confusa paeniteat et per experientiam fidem discat, ab incursu Alarici regis et hostis sed Christiani aliquantulo ad tempus spatio differtur.*
[173] Vgl. dazu Schöndorf S. 111ff. und Lacroix S. 134ff.
[174] Hist. 6, 1, 1f.: *quae mens, ratione duce inlustrata, in medio uirtutum, quibus genuino fauore, quamuis uitiis inclinetur, adsurgit, scientiam Dei quasi arcem prospicit. (2) Deum enim quilibet hominum contemnere ad tempus potest, nescire in totum non potest. unde quidam dum in multis Deum credunt, multos deos indiscreto timore finxerunt.*
[175] Hist. 7, 1, 6: *itaque, quantum ad conscientiam humanarum mentium pertinet, utrique sub reuerentia religionis et confessione cultuque supernae potentiae uiuimus, distante dumtaxat fide; quia nostrum est, fateri ex uno et per unum Deum constare omnia, illorum, tam multos deos putare quam multa sunt.*
[176] Hist. 6, 1, 3: *quippe cum et philosophi eorum, ut de nostris sanctis sileam, dum intento mentis studio quaerunt scrutanturque omnia, unum Deum auctorem omnium reppererunt, ad quem unum omnia referrentur; unde etiam nunc pagani, quos iam*

stenz des einen wahren Gottes, der sich selbst in der Geschichte offenbart.[177] Orosius ist freilich weit davon entfernt, die Existenz der Götter, an die die Heiden glauben, überhaupt zu leugnen; er sieht in ihnen vielmehr — wie Augustin — Dämonen, die den Erfolg des Christentums vergeblich zu verhindern suchen und deren Ohnmacht damit bewiesen ist. Den heidnischen Vorwurf, der Christengott habe wenig Macht *(potentia)* und viel verderbliche Geduld *(perniciosa patientia)* gezeigt, da er so viele Katastrophen *(clades)* zuließ, ehe das Römische Reich seinen Höhepunkt erreichte und sein Kult sich durchsetzte,[178] gibt Orosius nahezu wörtlich zurück:[179] Die römi-

declarata ueritas de contumacia magis quam de ignorantia conuincit, cum a nobis discutiuntur, non se plures deos sequi sed sub uno deo magno plures ministros uenerari fatentur (vgl. Aug. civ. Dei 8,8f.). — Vgl. auch Hist. 6, 5, 8f.: Auch Mithridates zweifelte an den Göttern: *'Si estis, inquit, di patrii.' ita ille diu colendo ac diu quaerendo persenserat hos non esse certos deos, qui esse putabantur. rex multae experientiae atque aeuo grauis uerum Deum, ad cuius notitiam non nisi auditu per fidem uenitur, non intellegebat. hos autem falsos esse rationis ipsius luce peruiderat, aliud consuetudini aliud menti suae tribuens.* (9) *'Si estis, inquit, di,' hoc est dicere: ego sentiens esse super hominem potentiorem ipso homine potestatem, precandi necessitate motus commendo diligentiam et excuso ignorantiam meam; inuoco qui est, dum conuenio qui non est.* — Vgl. dazu Lacroix S. 137.

[177] Es ist bezeichnend, daß Orosius einen Atheismus des Mithridates gar nicht erst in Betracht zieht; der Glaube an die Gottheit ist der Zeit fest eingewurzelt. Die Auseinandersetzung mit den Heiden ist — von daher gesehen — nicht eigentlich ein Kampf zwischen absolutem Glauben und absolutem Unglauben, sondern noch deutlich eine Frage des Kultes, der Verehrung des richtigen Gottes, des *uerus Deus*.

[178] Hist. 7, 1, 2: *in quo quidem angustas deiectasque mentes offendi paulisper intellego, quod tantae potentiae patientia tanta miscetur. si enim potens erat, inquiunt, creare mundum, componere pacem mundi, insinuare mundo cultum ac notitiam sui, quid opus fuit tanta uel, ut ipsi sentiunt, tam perniciosa patientia, ut in ultimo erroribus cladibus laboribusque hominum fieret, quod a principio uirtute eius, quem praedicas, Dei sic potius coepisse potuisset?* — Vgl. dazu Lacroix S. 139 ff. und S. 171 ff.

[179] Hist. 7, 1, 7 ff.: *quibus sub eodem uerbo respondebitur: si potentiae deorum, quos praedicatis, fuit, ut Romanum imperium tam amplum ac tam sublime fieret, cur igitur patientia eorundem obfuit, ut ante non fieret? (8) an ipsi dii nondum erant? an adhuc Roma ipsa non erat? an illi non colebantur? an haec necdum idonea imperio uidebatur? si nondum erant dii, cessat intentio; in quid enim iam ibi eorum discutio moram, ubi ne ipsam quidem inuenio naturam? si autem erant dii, aut potentia eorum, ut ipsi iudicant, aut patientia in culpa est: uel patientia, si fuit, uel potentia, si defuit. (9) aut, si magis suadibile uidetur fuisse tunc quidem deos, qui prouehere potuissent, sed nondum exstitisse Romanos, qui prouehi iure possent, nos auctorem rerum potentiam, non artificem scientiam quaerimus. de diis quippe, ut putant, magnis, non de fabris uilissimis quaestio est, quibus nisi materia accedat, ars cessat. (10) si enim praescisse illis ac uoluisse praesto semper fuit, immo etiam subiacente praescien-*

schen Götter haben keinen Grund, das Römische Reich erst so spät emporzuführen, es sei denn, es gab sie noch gar nicht oder ihnen fehlte die Macht oder sie zeigten zuviel Geduld oder aber es gab noch keine Römer; dann aber fehlte den Göttern ein Vorherwissen über ihr eigenes Wollen, da sie abwarteten, statt zu schaffen. In jedem Fall wären sie recht unvollkommene und keineswegs allmächtige Götter, da ihnen entweder die Macht, zu schaffen, oder das Vorherwissen abging. Sollte ihnen aber der Zeitpunkt nicht geeignet erschienen sein, so ist es doch erstaunlich, daß der Höhepunkt des Römischen Reichs gerade mit der Geburt Christi zusammenfiel! Denn dann ließen die Götter, denen man ein Vorherwissen zuschreibt, weil sie einst Romulus begünstigten, der in dem neugegründeten Rom, also in dem Staat, der später zum Weltreich wurde, ihren Kult durchsetzte, die Geburt Christi, dessen Religion ihren Kult verdrängen sollte, zu einer Zeit zu, in der sie überall verehrt wurden (Hist. 6, 1, 13 ff.)! Dagegen besitzt der wahre Gott einen gerechten Grund für das späte Kommen Christi in dem menschlichen Ungehorsam als dem Mißbrauch der göttlichen Güte, also im Sündenfall (mit dem die Chronik beginnt!).[180] Indem er aber die Ankunft seines Sohnes auf einen Zeitpunkt festlegte, an dem das Römische Reich seinen Höhepunkt erreicht hatte (womit allein schon Gottes Existenz bewiesen wurde) (Hist. 7, 1, 11), offenbarte er vollends die Ohnmacht der Dämonen.[181] Alle ihre grausamen Bemühungen um eine Abschaffung des christlichen Glaubens durch Gesetze, Morde und Kreuzigungen blieben erfolglos; das Christentum erreichte vielmehr mit der Bekehrung des Kaisers (Konstantin) die Staatsspitze *(ipsum regium culmen)*:[182] Die Durchsetzung der christlichen Religion trotz all der Bedrohungen und das folgenlose Verbot des ohnehin schon sinkenden heidnischen Kultes, das von keinem Gott gerächt wurde, beweisen, wer der wahre Gott ist.[183]

tia, quia apud omnipotentiam de operibus dumtaxat suis hoc est praescire quod uelle: quodcumque illud praesciebatur, cui uoluntas adstipularetur, non exspectari oportuit sed creari; maxime cum et Iouem illum suum aceruos formicarum in populos hominum ludo uertere solitum ferant.
[180] Hist. 7, 1, 3, — Vgl. unten S. 49 ff.
[181] Hist. 6, 1, 7: *sub hoc imperatore, quem omnes fere gentes amore et timore permixto iuste honorarent, Deus uerus, qui superstitione sollicita ab ignorantibus colebatur, magnum illum intellegentiae suae fontem aperuit promptiusque per hominem docturus homines filium suum misit operantem uirtutes, quae praecellerent hominem, coarguentemque daemonas, quos aliqui deos putauissent, ut qui ipsi tamquam homini non credidissent, operibus tamquam Dei crederent.*
[182] Hist. 6, 1, 20 ff. — Vgl. Lacroix S. 141 f.
[183] Hist. 6, 1, 24 f.: *o quanta et quam inoffensa lux ueritatis est, si non aduersus eam ultro sese offerentem imbecilli infeliciter oculi clauderentur! si Christiana fides per*

So dient das apologetische Werk nicht nur der Festigung des rechten Glaubens[184] und der Widerlegung der Gegner, sondern es verfolgt, als logische Konsequenz aus dem historischen Beweis, zugleich die Absicht, auch den letzten Un- und Irrgläubigen zu beweisen, daß ihre Götter Dämonen sind, und sie auf diese Weise zum Christentum zu bekehren.[185] Am Ende des Werks sieht Orosius seine Aufgabe erfüllt und den mildernden Einfluß des Christentums auf die Geschichte bewiesen. In diesem Bewußtsein wiederholt er mit ähnlichen Worten den eingangs beschriebenen, aber jetzt um die Erklärung der göttlichen Lenkung erweiterten Auftrag.[186] Die *miseriae* erscheinen im Rückblick als gottgewollte Strafen für die Sünden der Menschen und besonders für den Starrsinn der Heiden.[187] Unter dieser Beweislast bleibt diesen nur noch der Schritt der Bekehrung,[188] der den Unglücken auch den letzten Grund nehmen würde.

multa retro tempora saeuientibus undique aduersum se gentibus regibus legibus caedibus crucibus ac mortibus reprimi nullo modo potuit, immo, ut dixi, inter haec et per haec creuit, cultus autem idolorum iam quodammodo ex se deficiens ac sibi erubescens ad unam clementissimam iussionem sine ullo poenali terrore cessauit: (25) cui dubium est hoc per istius intellegentiae demonstrationem de creatore suo tandem innotuisse creaturae, quod illa eatenus per uarias ratiocinationes mentis, intentae quamlibet, aliis offuscata quaesierit ac per hoc statim amori eius, quem etiam ignorans dilexerat, inhaesisse?

[184] Orosius polemisiert nicht nur gegen die Heiden, sondern ebenso heftig auch gegen die häretischen Christen; vgl. unten S. 67.

[185] Vgl. das Bedauern über das blinde Festhalten am Heidentum im Kommentar zu den Amazonen Hist. 1, 16, 4: *et tamen caeca gentilitas cum haec Romana uirtute gesta non uideat, fide Romanorum inpetrata non credit nec adquiescit, cum intellegat, confiteri, beneficio Christianae religionis — quae cognatam per omnes populos fidem iungit — eos uiros sine proelio sibi esse subiectos, quorum feminae maiorem terrarum partem inmensis caedibus deleuerunt.* — Vgl. auch die inhaltlich an Augustin (civ. Dei 1, 31 f.) angelehnte Schmährede gegen das von den Göttern begünstigte Theater (Hist. 4, 21, 5 ff.).

[186] Hist. 7, 43, 19: *Explicui adiuuante Christo secundum praeceptum tuum, beatissime pater Augustine, ab initio mundi usque in praesentem diem, hoc est per annos quinque milia sescentos decem et octo, cupiditates et punitiones hominum peccatorum, conflictationes saeculi et iudicia Dei quam breuissime et quam simplicissime potui, Christianis tamen temporibus propter praesentem magis Christi gratiam ab illa incredulitatis confusione discretis.*

[187] Das betont immer wieder auch Corsini; vgl. dazu unten S. 50 f.

[188] Hist. 7, 43, 18: *superest ut obtrectatores nostros molitionum suarum paeniteat ueritatique erubescant Deumque uerum et solum, qui potest omnia, credant timeant diligant et sequantur, cuius omnia, et quae mala putant, bona esse didicerunt.*

Der Apologet Orosius liefert einen historisch argumentierenden Gottesbeweis; im Grunde betrachtet er seine gesamte Chronik als eine Sammlung von Zeugnissen *(documenta)* zum Beweis des einen und wahren Gottes (Hist. 7, 1, 1),[189] der sich in der Geschichte *ex parte* (nämlich: soweit es für den Menschen einsehbar ist) offenbart[190] und seine Existenz unwiderlegbar in der Entwicklung der Welt zum Christentum bewiesen hat.[191]

Daß die Historiographie des Orosius unter dem Gesichtspunkt der apologetischen Tendenz zu beurteilen ist, ist selbstverständlich; man kann ihr aber kaum wie SCHÖNDORF (S. 111) zwar die Widerlegung des Polytheismus zugestehen, jedoch das Recht zum Beweis des Monotheismus absprechen. Wenn SCHÖNDORF als ein Ergebnis formuliert: „Dort aber, wo er (= Orosius) aus der Historie einen Beweis für die Wahrheit des Christentums herauszieht, wie aus der Einheit des Imperiums oder aus der Monarchie des Augustus einen Beweis für den christlichen Monotheismus, dort ist sein Ansatz verfehlt," so verkennt er gerade das Charakteristische der orosianischen Geschichtsauffassung, die Gottes Existenz dank ihrer Offenbarung in der Geschichte erweist. SCHÖNDORF verfehlt seinerseits den einzig möglichen Ansatz, das Geschichtsbild des Spaniers zu verstehen, weil er dem Geschichtstheologen Orosius Fesseln anlegen will, die einem modernen Geschichtsverständnis entnommen sind, anstatt das Selbstverständnis des Priesters zu untersuchen.

Der heidnische Vorwurf hatte die Grundlagen des Glaubens angegriffen, die der Apologet Orosius mit dem Beweis, daß Gott existiert und alleiniger Herr der Welt ist, verteidigt. Indem er historisch argumentiert, wird sein Werk zur Geschichtschronik; indem aber Gott sich darin als Herr der Geschichte erweist, wird es zum Erzeugnis einer bestimmten Geschichtsinterpretation, wird Orosius zum Geschichtstheologen.

Sehr zu Unrecht bestreitet MÜLLER, Hand Gottes S. 29, daß das Werk des Orosius eine christliche Geschichtsdeutung darstellt, weil die Fakten ihren natürlichen Zusammenhang zugunsten ideologischer Momente verlieren: Tatsächlich glaubt Orosius, den „natürlichen" Zusammenhang der Fakten erst durch den Bezug auf Gottes Lenkung erkennen zu können; MÜLLER faßt den Begriff „Geschichtsdeutung" also zu modern. Orosius will, wie MÜLLER richtig sieht, zeigen, daß Gott mehr für Rom geleistet hat als die heidnischen Götter, doch er geht diese Frage auf breiter Grundlage an und führt ähnlich wie Augustin ein entwickeltes Geschichtsbild vor. Deshalb kehrt Orosius gegenüber den heidnischen Vorwürfen nicht nur, wie MÜLLER (S. 26) meint, einfach „den Spieß um" und zeigt seinerseits, daß die Gegenwart glücklicher ist als die Vergangenheit: Tatsächlich leistet er nach eigener Überzeugung eben mit diesem Argument weit mehr, denn die glückliche Gegenwart ist Gottesbeweis und Ausgangspunkt

---

[189] Vgl. Corsini S. 88.
[190] Hist. 2, 3, 5: *tanto arcano ineffabilium iudiciorum Dei ex parte patefacto* (unten Anm. 212).
[191] Hist. 2, 3, 8 ff. (oben Anm. 144).

für eine Missionsidee, die den Heiden auf historischer Ebene Gott nahebringen will: Orosius ist zweifellos Geschichtstheologe, und das ist, soweit ich sehe, seither auch nicht mehr bestritten worden; LACROIX (S. 191) bezeichnet ihn als den ersten christlichen Philosophen und zugleich als den ersten Verfasser einer christlichen, vom römischen Standpunkt aus geschriebenen Universalgeschichte. Orosius ist die wichtigste Figur des spanischen politischen Denkens und der providentialistischen Geschichtsphilosophie im 5. Jahrhundert:[192] DE TEJADA (S. 197) sieht in der historischen Ausrichtung der theologischen und politischen Philosophie ein typisch spanisches Merkmal.

Das Anliegen des christlichen Geschichtsschreibers ist notwendigerweise die Geschichtsdeutung. Nur der Christ hat überhaupt Aussicht, die Wahrheit zu erkennen, selbst ihm bleibt jedoch manche Entwicklung rätselhaft, eben weil Gott sich nur *ex parte* offenbart (Anm. 190).[193] Die Deutung bleibt deshalb eine individuelle Leistung, die dem Werk des Orosius noch während des ganzen Mittelalters Überzeugungskraft und Wirkung erhielt, obwohl die apologetische Tendenz sich längst erübrigt hatte.

Geschichtsschreiber, Geschichtsapologet und Geschichtsinterpret vereinigen sich nicht zufällig in einer Person, sie sind vielmehr, soviel dürfte deutlich geworden sein, funktional aufeinander bezogen. Der Geschichtsschreibung des Orosius liegt also ein ganz bestimmtes und bewußtes Geschichtsbild zugrunde, das in seinen Grundzügen vorhanden sein mußte, bevor der Priester ein apologetisches Geschichtswerk schreiben konnte, weil Orosius stets als Christ dachte und weil die apologetische Tendenz ohne dieses Geschichtsdenken gar nicht erst verständlich würde, das uns andererseits aber nur deshalb zugänglich wird, weil Orosius sich gezwungen sieht, seinen Glauben mit historischen Argumenten zu verteidigen; deshalb siegt in der Darstellung die apologetische Tendenz, die sich zu einem missionarischen Überzeugungsversuch steigert, während von dem Geschichtsbild vornehmlich die Teile an die Oberfläche treten, die der Apologet für seine Argumentation benötigt.

Mit diesem Verständnis scheinen mir die Grundlagen geschaffen, um das Geschichtsbild des Orosius im einzelnen zu untersuchen, wenngleich vorerst auch eine Reihe offener Fragen aufgetaucht ist; die Geschichtstheologie des Apologeten wird dann ihrerseits die hier erst vordergründig festgestellten Tendenzen „von innen heraus" erklären.

---

[192] So J. A. Maravall, El pensamiento politico en España del año 400 al 1300, Cahiers d'histoire mondiale 4, 1957/58, S. 818f.
[193] Zur Methode der Geschichtsdeutung vgl. unten S. 59f.

II. DIE GRUNDLAGEN DES GESCHICHTSABLAUFS: DIE GESCHICHTE ALS WERK GOTTES

1. Das Gottesbild

Eine Geschichtsschreibung aus christlicher Sicht, die selbst „theologische" Ziele, nämlich den Beweis des wahren Gottes aus der Geschichte heraus, verfolgt, setzt die Existenz und das Wirken Gottes in der Geschichte, setzt bereits ein ausgeprägtes Gottesbild voraus, das als Grundlage der Geschichtstheologie die historischen Vorstellungen des Orosius maßgeblich bestimmt.[194]

Das christliche Gottesbild, das ursprünglich aus der Bibel erwachsen ist, hat sich erst in der apologetischen Auseinandersetzung mit den Heiden systematisch ausgebildet, da man nun gezwungen war, den heidnisch-philosophischen Vorstellungen eine christliche Lehre entgegenzusetzen, die nicht allein auf der Glaubenstradition beruhte, und man nahm, da die biblische Überlieferung hier nicht ausreichte, dazu philosophische, vor allem neuplatonische Elemente auf: Gott, so wird definiert, ist das höchste Sein (Tertullian steigert: *summum magnum*) in einer hierarchisch gestuften, von Gott selbst geschaffenen Ordnung, sein Wesen andersartig, nämlich rein geistig und transzendent, notwendig einfach, das heißt nicht abgeleitet, weil ursprünglich. Es ist das Werk der frühen, besonders der griechischen Apologeten (Clemens, Origines, dann auch Tertullian), auf der Grundlage der gemeinsamen monotheistischen Tendenz die philosophische Gotteslehre, die Gott als den Urgrund der Welt betrachtet, dem alles Sein seine Existenz erst durch Partizipation verdankt, mit dem biblischen Gott der Offenbarung als dem Herrn der Geschichte zu einem einheitlichen Gottesbild zu verbinden und zugleich die philosophische Bindung Gottes an die Welt als Voraussetzung für seine Existenz durch die Lehre von der voraussetzungslosen Wirklichkeit Gottes, der die Welt in einem freien Willensakt geschaffen hat, zu ersetzen, ohne freilich den dauernden Bezug Gottes zu seiner Schöpfung zu leugnen. Die späteren Theologen bauten auf dieser Lehre auf und noch Augustin bleibt stark vom

---

[194] Vgl. dazu Lacroix S. 102 ff., der die Frage unter dem Aspekt der Erklärung des Unglücks angeht, und Corsini S. 85 ff. (besonders S. 89), der auf die paulinischen Grundlagen des Gottesbildes hinweist (S. 105). Ältere Arbeiten (Schöndorf) behandeln zwar Gottes Wirken in der Geschichte, erkennen jedoch noch nicht den inneren Zusammenhang mit dem ontologischen Gottesbild. Corsini S. 86 bezeichnet zu Recht den unbegrenzten Gott als die eigentliche Quelle für den räumlichen und zeitlichen Universalismus des Orosius.

Neuplatonismus bestimmt.[195] Orosius allerdings scheint von diesen Tendenzen unberührt: Sein Gott ist der Gott der Offenbarung, der Herr der Geschichte. In seiner historischen Argumentation war es nicht nötig, sich mit dem göttlichen Wesen zu beschäftigen,[196] zumal die Unterschiede zu den Heiden hier nicht allzu groß waren; ihm ging es nicht darum, die Existenz des Göttlichen, sondern die alleinige Existenz des wahren Gottes aus der Geschichte zu beweisen. Nur gelegentlich (und zwar bezeichnenderweise im *Liber apologeticus*) geht auch Orosius auf Charakterzüge des Göttlichen wie die Unwandelbarkeit ein (vgl. unten).

In seiner Auseinandersetzung mit den Heiden hebt Orosius das Wirken des Christengottes hervor. Gegen seine polytheistischen Gegner betont er immer wieder, daß es nur einen einzigen, wirklichen Gott, den *unus et uerus Deus* (Hist. 6, 1, 5), gibt,[197] *qui potest omnia* (Hist. 7, 43, 18); seine *potentia*, die uns schon oben begegnet ist und die ihn von der Ohnmacht heidnischer Dämonengötter abhebt, ist noch relativ; die *omnipotentia* aber macht ihn zu einem absoluten Wesen. Orosius faßt die wichtigsten Elemente des göttlichen Geschichtswirkens schlüssig an einer Stelle seines Geschichtswerkes zusammen, wobei er erneut das Handeln Gottes bereits als Argument seines Beweises voraussetzt (ein göttliches Wirken wird ja von allen Menschen anerkannt!) (Hist. 2, 1, 1 f.):[198]

(1) *Neminem iam esse hominum arbitror, quem latere possit, quia hominem in hoc mundo Deus fecerit. unde etiam peccante homine mundus arguitur ac propter nostram intemperantiam conprimendam terra haec, in qua uiuimus, defectu ceterorum animalium et sterilitate suorum fructuum castigatur.* (2) *itaque si creatura Dei, merito et dispensatio Dei sumus;*
— *quis enim magis diligit, quam ille qui fecit?*
— *quis autem ordinatius regit, quam is qui et fecit et diligit?*

---

[195] Zu dieser Übernahme philosophischer Lehren durch die Apologeten vgl. B. Kötting, Artikel „Gott" (Patristik) in: Historisches Wörterbuch der Philosophie Bd. 3, Sp. 735—41; Wolfhart Pannenberg, Die Aufnahme des philosophischen Gottesbegriffs als dogmatisches Problem der frühchristlichen Theologie, in: Ders., Grundfragen systematischer Theologie, Göttingen ²1971, S. 296—346; E. P. Meijering, God Being History. Studies in Patristic Philosophy, Amsterdam-Oxford-New York 1975.
[196] Nur an einer Stelle (Hist. 7, 1, 10 — oben Anm. 179) erwähnt er, daß einem allmächtigen Wesen Vorherwissen und Wollen identisch sind.
[197] Die Formel vom *unus et uerus Deus* kehrt oft genug wieder; vgl. Hist. 1, 8, 8; 4, 17, 8; 4, 21, 6; 6, 1, 4/7; 6, 5, 8 (oben Anm. 176); 7, 1, 6 (oben Anm. 175); 7, 29, 2; 7, 33, 17.
[198] Vgl. auch Hist. 7, 1, 2 (oben Anm. 178). — Zum *omnipotens Deus* vgl. Hist. 4, 5, 8; 5, 11, 6 und 7, 43, 18 (oben Anm. 188); Lib. apol. 26, 3. Vgl. auch Lib. apol. 9, 4 zur Bereinigung des gegen ihn vorgebrachten Vorwurfs der Häresie: *Deus omnia potest et quae uult semper potest, quam potens in faciendo de nihilo tam facilis in perficiendo de facto.*

Das Gottesbild 47

— *quis uero sapientius et fortius ordinare et regere facta potest, quam qui et facienda prouidit et prouisa perfecit?*

Gott tritt den Menschen danach in dreifacher Funktion und Handlungsweise gegenüber: als Schöpfer, als planender Lenker und als starker und weiser Ordner seiner Schöpfung, das heißt auch als Richter, der den sündigen Menschen zur Rechenschaft ruft. In allem aber handelt er aus Liebe zu seiner eigenen Schöpfung.

(1) Als *auctor omnium* (Hist. 6, 1, 3), als Schöpfer der Welt und der Kreatur hat Gott der Geschichte des Menschen einen Anfangspunkt gesetzt und überhaupt erst die Voraussetzungen für eine historische Entwicklung bereitgestellt, denn er selbst ist keinerlei Veränderung unterworfen, vielmehr garantiert seine Wandellosigkeit, daß der Mensch sich an seine gleichbleibenden Gebote halten kann.[199] Der Schöpfungsakt macht Gott zugleich zum Herrn über das Geschöpf: Als Kreatur Gottes ist der Mensch der göttlichen Verfügungsgewalt *(dispensatio)*, seinem „Verwaltungsplan", unterworfen.

(2) Gott, der seine Schöpfung liebt, lenkt sie auch weiterhin: Die Verfügung über die Kreatur geschieht — wie schon der Begriff *dispensatio* impliziert — keineswegs planlos; vielmehr stellt Gottes Regierung eine geplante und geordnete *(ordinatius regit)* und, da Gott alles vorherweiß und vorherbestimmt *(et facienda prouidit et prouisa perfecit)*, eine von Anfang an (im göttlichen Willen) vorhergewußte und nach diesem Vorherwissen ablaufende Lenkung des Menschen und der Welt dar, deren leitende Kraft die göttliche Vorsehung, die *diuina prouidentia*, bildet, die stets gut und gerecht ist.[200] Nicht zufällig spricht ein großer Teil der Forschung von der Auffassung des Orosius über das göttliche Wirken als einem „Providentialismus".[201]

Gottes Lenkung bezieht sich auf alle Bereiche; wenn Orosius aber in Gott vor allem den Herrn über Zeit, Herrschaft und Raum erblickt,[202] so spricht er wiederum eminent historische Kategorien an: Gott ist Lenker der Geschichte, in deren Mittelpunkt für den antiken Menschen die Reiche *(regna)* als Träger der Herrschaftsgewalt stehen: Orosius sieht gerade hier Gott *mutans regna* wirken (vgl. unten S. 71ff.).

---

[199] Lib. apol. 26, 3: *si enim esset apud creatorem mutatio operum, qualiter a creatura expectari posset obseruatio mandatorum?*
[200] Hist. 1, 1, 9f. (oben Anm. 88). Vgl. Hist. 7, 3, 12: *hoc autem diuina prouidentia docens et credentes praemonendo firmauit et incredulos praedicendo confudit.* — Vgl. auch Hist. 7, 6, 11 (unten Anm. 254); 7, 15, 7; 7, 32, 13 (unten Anm. 571); 7, 39, 2.
[201] Vgl. Corsini S. 85; De Tejada S. 197; Torres Rodriguez S. 33; Marrou S. 79.
[202] Hist. 7, 2, 8: *Nunc autem his illud adicio, quo magis clareat unum esse arbitrum saeculorum regnorum locorumque omnium Deum.* Vgl. Hist. 1, 3, 4: Gott als *auctor temporum*.

(3) Gottes Liebe und Gottes Vorherwissen legen nahe, daß seine Lenkung in einer ganz bestimmten, auf die Bewahrung der Schöpfung ausgerichteten Weise erfolgt; so hat er die Sünde des ersten Menschen mit der Aussetzung auf diese Erde mit all ihren Unannehmlichkeiten geahndet (Hist. 2, 1, 1 — oben S. 46f.): In der Welt des sündigen Menschen wird Gott zum Richter, der die Sünden bestraft und dadurch wiederum entscheidend in den Geschichtsablauf eingreift; Gott erfaßt also wirklich alle Lebensbereiche; neben den Herrn über Zeit und Herrschaft tritt der Richter über die Sünden; Gott ist *unus et uerus Deus, in quem omnis, ut diximus, etsi ex diuersis opinionibus secta concurrit, mutans regna et disponens tempora, peccata quoque puniens, quae infirma sunt mundi elegit, ut confundat fortia* (Hist. 6, 1, 5f. nach 1. Kor. 1, 27); Gottes Gericht begann mit dem Sündenfall und dauert an, solange Menschen die Erde bevölkern.[203] Entsprechend häufig ist vom *iudicium Dei* die Rede.[204] Dabei läßt Gott in seinen Strafen keineswegs Willkür, sondern Gerechtigkeit walten:[205] Der *iustus dispensator humani generis* (Hist. 7, 37, 11) bestraft als Rächer der Widerspenstigen *(ultor contumacium)* zu Recht die Sünder, wie er gleichzeitig als Beschützer der Bedrängten *(protector depressorum)* (Hist. 1, 10, 15) die Schwachen — auch in der Geschichte! — beschützt *(quae infirma sunt mundi elegit, ut confundat fortia)*.[206] Orosius zieht nicht einen Augenblick lang in Zweifel, daß Gottes Wirken gerecht ist und einen bestimmten, dem Menschen günstigen Plan verfolgt; er setzt das selbst da voraus, wo er — wie bei den germanischen Invasionen in das Römerreich — den Sinn der Ereignisse nicht mehr recht einsehen kann.[207]

Neben die Gerechtigkeit als einem hervorstechenden Merkmal der göttlichen Richtertätigkeit aber tritt eine zweite Eigenschaft: Gott, der nur Gutes vollbringen kann, so daß scheinbar Böses einen guten Sinn erhält,[208] herrscht mit Milde und Barmherzigkeit *(clementia, misericordia, gratia)*.[209]

---

[203] Hist. 1, 3, 2: *sententiam creatoris Dei et iudicis peccanti homini ac terrae propter hominem destinatam semperque dum homines terram habitauerint duraturam omnes inuiti licet aut probamus negando aut confitendo toleramus, obstinatisque mentibus testis sibi infirmitas sua inurit, quibus fideliter scriptura non suaserit.* — Vgl. auch Hist. 6, 22, 11 (unten Anm. 274).

[204] Corsini S. 96 Anm. 31 stellt die *iudicium*-Belege zusammen; vgl. ebda. S. 97f.

[205] Die Gerechtigkeit stand vor allem im Mittelpunkt des Gottesbildes Tertullians.

[206] Hist. 6, 1, 5 (vgl. oben). Mit diesem Zitat begründet Orosius, daß das Römische Reich durch Gott gestützt wird! Vgl. auch Hist. 3, 3, 2 (unten Anm. 441): *et conseruator humilium et punitor malorum.*

[207] Hist. 7, 41, 8ff. (unten Anm. 568). Dazu unten S. 130.

[208] Hist. 7, 43, 18 (oben Anm. 188).

[209] *Dei misericordia* Hist. 1, 17, 3; 7, 41, 8. Vgl. auch Hist. 5, 11, 6: *Verumtamen pace et gratia omnipotentis Dei dixerim, de cuius misericordia et in cuius fiducia haec*

CORSINI (S. 96 ff.) unterscheidet deshalb zu Recht zwei Grundzüge des göttlichen Handelns:
— das (an Lactanz erinnernde und) mit dem *ira-Dei*-Motiv verbundene *iudicium* des Richters, das der Bestrafung der Sünder dient,[210] und
— die Restitution des Sünders in den privilegierten, ursprünglichen Zustand dank der *misericordia Dei*, die sich nicht zuletzt in Gottes Geduld zeigt (ebda. S. 102).
Beide Motive wirken freilich zusammen.[211]

Gott ist also der eigentlich Handelnde in der von ihm begründeten Geschichte, und er wirkt stets zugunsten seines vorherbestimmten Geschichtsplans, eine Feststellung, die für das Geschichtsbild des Orosius von entscheidender Bedeutung ist; in seinen Strafen ist er barmherzig, aber gerecht, und er handelt stets gut, während der Mensch, dessen Leben allein schon eine unverdiente Gnade bedeutet, sich alles Böse — als Sündenstrafe — selbst zuzuschreiben hat.[212]

Das Gottesbild ist unverzichtbarer Teil der Geschichtstheologie, denn ohne die Vorstellung des Orosius vom göttlichen Wirken ist der historische Ablauf gar nicht zu verstehen; so erklärt es sich auch, weshalb Orosius den Beweis der Existenz des einzigen Gottes in seine Geschichtsschreibung einfügen muß, denn ohne ihn würde der apologetische Zweck der Historien, der ganz auf der Geschichtstheologie, auf dem Wirken Gottes in der Geschichte, beruht, nicht erreicht. Orosius sieht dabei das Handeln Gottes stets in Bezug zum Menschen, so daß er das irdische Geschehen als solches nie aus den Augen verliert. Der eigentliche Geschichtsablauf spielt sich aber vor dem Hintergrund eines allgegenwärtigen, zielgerichteten göttlichen Wirkens ab.

2. Der Geschichtsablauf

Im Geschichtsablauf fließen göttliches Heilswirken und menschliches Sündenwirken zusammen. Wenn Sünden und Sündenstrafen den Heilsplan bestimmen, obwohl Gott den Menschen doch aus Liebe geschaffen hat, so

---

loquor. — *Clementia Dei* auch Hist. 6, 1, 27; 7, 36, 5; 7, 41, 4; *Dei gratia* Hist. 7, 9, 2; vgl. auch Hist. 7, 1, 4; 7, 5, 11.

[210] Zur *ira Dei* vgl. Hist. 1, 9, 4; 1, 10, 18; 7, 22, 3; 7, 28, 13.

[211] Vgl. Hist. 1, 8, 7: *euidentem iram misericordiamque ueri Dei memoriae subtrahere conati sunt*. Zur Wechselwirkung vgl. auch Hist. 7, 22, 9 (unten Anm. 385), 7, 34, 5 (unten Anm. 291), 7, 37, 17 (oben Anm. 172).

[212] Hist. 2, 3, 5: *Itaque haec ob hoc praecipue commemoranda credidi, ut tanto arcano ineffabilium iudiciorum Dei ex parte patefacto intellegant hi, qui insipienter utique de temporibus Christianis murmurant, unum Deum disposuisse tempora et in principio Babyloniis et in fine Romanis, illius clementiae esse, quod uiuimus, quod autem misere uiuimus, intemperantiae nostrae.*

liegt das daran, daß der Mensch als Teil der *dispensatio Dei* zwar Gottes Herrschaft unterworfen ist, dennoch aber auch seinerseits als Geschöpf an sich und als Sünder im besonderen zum Geschichtsablauf beiträgt, indem er sich für oder gegen den göttlichen Geschichtsplan entscheidet: Von Natur aus veränderlich,[213] mißbraucht er bei seiner Schwäche und seinem Trotz das Privileg der Freiheit *(licentia libertatis)*[214] und provoziert damit die Strafen.[215] Orosius will zweifellos auch die menschliche Natur als eine Grundlage für den tatsächlichen Geschichtsablauf verstanden wissen, denn sein Kommentar (Hist. 1, 1, 9) soll gerade begründen, weshalb er seinen historischen Abriß so programmatisch mit dem Sündenfall beginnen läßt,[216] eine Konzeption, die, wie wir (oben S. 18f.) gesehen haben, für die Zeitgenossen des Orosius noch keineswegs selbstverständlich ist. In diesem Anfang aller irdischen Geschichte findet der Christ Orosius die Erklärung für deren Charakter: Mit dem Sündenfall brachte der rechtschaffen und unbefleckt erschaffene Mensch die Sünden in die Welt, denen wiederum die Strafen folgten.[217] Alle *miseriae* dieser Geschichte, die Orosius ja in seinen Historien zusammenstellen will, sind die Folge dieses einen ursprünglichen Vergehens, des menschlichen Ungehorsams gegenüber Gott.[218] Die Sünden erst veranlassen Gott, richtend in den Geschichtsablauf einzugreifen.

Diese Beziehung zwischen dem sündigen Menschen und dem zur Bestrafung direkt in die Geschichte eingreifenden Gott stellt eine Grundvorstellung der orosianischen Geschichtsbetrachtung dar, ohne die sich die gesamte Argumentation in den Historien nicht verstehen läßt: CORSINI (S. 101ff.) bezeichnet die Sündenlehre des Orosius

[213] Orosius deutet hier kurz den bei Augustin für den Geschichtsablauf so wichtigen Unterschied zwischen Schöpfer und Geschöpf an.
[214] Das ist als Anspielung auf den freien Willen *(liberum arbitrium)* zu verstehen. Deutlicher wird Orosius Lib. apol. 26, 5: *'fecit Deus hominem de limo terrae'* (Gen. 2, 7) *et uitalis spiritus insufflatione uiuentem posuit in paradiso deliciarum, libero insuper donauit arbitrio uinxitque mandato medio inmortalitatis et mortis.*
[215] Hist. 1, 1, 9 (oben Anm. 88). Vgl. auch Lacroix S. 99ff..
[216] Vgl. Green S. 105: Auch für den christlichen Historiker spielt der Mensch eine entscheidende Rolle im Geschichtsplan, da Gottlosigkeit Unglück hervorruft.
[217] Hist. 1, 3, 1: *Cum post fabricam ornatumque mundi huius homo, quem rectum atque inmaculatum fecerat Deus, ac perinde humanum genus libidinibus deprauatum peccatis obsorduisset, continuo iniustam licentiam iusta punitio consecuta est.* — Vgl. Hist. 1, 1, 9f. (oben Anm. 88). Einen ähnlichen Überblick über die Anfänge der menschlichen Sündengeschichte gibt Orosius Lib. apol. 26, 5 (oben Anm. 214). — Lacroix (S. 99ff.) sucht die Übel der Menschen konkret zu fassen und findet sie vor allem in der Zwietracht.
[218] Über die Bedeutung der Ursünde für die gesamte Geschichtskonzeption des Orosius und die „neue Geographie" des Universalismus vgl. Corsini S. 79ff.

geradezu als den Schlüssel für dessen gesamtes Geschichtsverständnis. Man kann sie deshalb nicht als einen unerträglichen, gewaltsamen und lediglich der apologetischen Zielsetzung dienenden Versuch abwerten, die geschichtlichen Ereignisse in ein Sünde-Strafe-Schema zu pressen (so SCHÖNDORF S. 104 ff.). Gerade solche Gedanken, die bei SCHÖNDORF eher beiläufig und häufig entschuldigend einfließen, stehen im Mittelpunkt der Geschichtstheologie. Die moralischen Kommentare zu den Unglücken, über die Orosius berichtet, mögen im Laufe der Darstellung zwar eine stereotype Form annehmen, sie verflachen deshalb aber nicht zu Topoi für die Leiden der Zeit, so daß sie eines besonderen Sinnes entbehren, wie BONAMENTE (S. 169) aufgrund seiner Untersuchung des Berichtes über die Zerstörung Karthagos meint.

Wenn nun — wie CORSINI so nachdrücklich betont[219] — alle Übel, der menschlichen Natur gemäß (siehe oben S. 50), entweder selbst Sünden oder aber Sündenstrafen sind,[220] konnte Orosius bei seinem historischen Überblick gar nichts anderes als eine Unglücksgeschichte vorfinden.[221] Seine „Tendenz", scheinbar bewußt die Übel aus seinen Quellen herauszusuchen (oben S. 23 f.), erweist sich hier als zwangsläufige Konsequenz aus seinem Geschichtsbild.

Der aus dem Gottesbild des schöpfenden, lenkenden und richtenden Gottes erwachsende Geschichtsablauf wird sowohl von dem Gesamtplan (etwa in der Abfolge der Reiche: *mutans regna*) als auch durch die konkrete Bestrafung menschlicher Sünden in der Geschichte (und nicht erst im Jüngsten Gericht) bestimmt, vollzieht sich also in einer Spannung zwischen ewig-vorherbestimmter Planung auf der einen und scheinbarer Spontaneität göttlicher Eingriffe auf der anderen Seite. Es ist nun gerade ein Charakteristikum der orosianischen Geschichtsvorstellung, daß die Sünden den göttlichen Geschichtsplan nicht stören, sondern von dem vorherwissenden Gott zusammen mit der Strafe gleichsam in diesen einbezogen werden, so daß sich die einzelnen Elemente organisch zu einem einheitlichen Heilsgeschehen verbinden. Der Geschichtsablauf erscheint auf diese Weise geradezu als ein Wechsel zwischen den (vom Teufel inspirierten) menschlichen Übertretungen und dem göttlichen Gericht; Orosius spricht einmal sogar von einem immerwährenden Kampf des Teufels gegen Gott, ohne daß dadurch Gottes Plan in Gefahr gerät,[222] denn weder der Teufel noch die Dämonen — zu

---

[219] Corsini S. 69 und S. 98 (die ganze Geschichte als Folge von Sünden seitens des Menschen und Strafen seitens Gottes). Vgl. auch schon G. de Castro S. 20.

[220] Die Unterscheidung zwischen Sünde (Mensch) und Sündenstrafe (Gott) findet sich häufig schon bei Augustin; vgl. dazu Corsini S. 79 Anm. 17.

[221] Vgl. Löwith S. 160 f.

[222] Hist. 7, 29, 2: *interea maligna semper aduersus Deum uerum diaboli insectatio, quae ab initio mundi usque ad nunc a sincero fidei religionisque tramite offusis erro-*

denen ja auch die römischen Götter zählen[223] — vermögen etwas ohne die Entscheidung des allmächtigen Gottes.[224] Sie bringen das Unglück, das ja Sündenstrafe ist, gleichsam im Auftrag des göttlichen Richters. In der gesamten historischen Zeit vom Beginn der Geschichte bis zum Endgericht (und folglich auch in der christlichen Zeit) verfolgen die Gegner des Gottesvolkes, die in den Ägyptern, die das Volk Israel bei seinem Auszug aus der Knechtschaft verfolgt haben, vorfiguriert sind, die Christen mit ausdrücklicher Zustimmung Gottes.[225] Teuflisches und menschliches Sündenwirken vereinigen sich also deshalb zu einem einheitlichen Geschichtsablauf, weil auch die bösen Elemente als Werkzeuge Gottes handeln.

Die Feststellung einer ununterbrochenen Kette von Sünden und Unglücken führt Orosius nun nicht zu einer pessimistischen Geschichtsanschauung, zur Verachtung des ewig sündigen Menschen.[226] Selbst dieses elende Leben ist noch Gnade für das Geschöpf, das absolute Verdammung durch Gott verdient hätte (vgl. Anm. 212), denn es erhält ihm die entscheidende Aussicht auf die Zukunft.[227] Damit führt Orosius das zweite Element ein, das die spezifisch christliche Vorstellung vom Geschichtsablauf ausmacht: Die Geschichte hat nicht nur einen Anfang, nämlich als Heilsprozeß in der Schöpfung (oben S. 47), als irdischer Ereignisablauf im Sündenfall (oben

rum nebulis lubrica hominum corda perturbat, postquam Christianis imperatoribus summam regiae potestatis in meliora uertentibus Ecclesiam Christi zelo idolatriae persequi destitit, aliud machinamentum, quo per eosdem Christianos imperatores Christi Ecclesiam uexaret, inuenit. — Der neue Irrtum ist der Arianismus. Vgl. Schöndorf S. 54f. Diesen Gedanken greift im 9. Jahrhundert Frechulf von Lisieux (Migne PL 106, Sp. 1202) wieder auf (vgl. Löwe S. 361).

[223] Hist. 6, 1, 7f. (oben Anm. 181).

[224] Hist. 4, 5, 8: *sed, ne quemquam quasi temptatio cauillationis offendat, quod, cum Sibylla iratos deos dixerit, nos iram caelestem dixisse uideamur, audiat et intellegat, quia haec, etsi plerumque per aerias potestates fiunt, tamen sine arbitrio omnipotentis Dei omnino non fiunt.* — Vgl. Aug. civ. Dei 2, 23 (S. 86, 33ff.), 18, 18 (S. 278, 16ff.).

[225] Hist. 7, 27, 15f.: *sane illud, ut dixi, denuntiandum puto, quia, sicut Aegyptiis post has decem plagas dimissos Hebraeos persequi molientibus inruit per superductum mare aeterna perditio, ita et nos quidem libere peregrinantes superuentura quandoque persecutio gentilium manet, donec mare Rubrum, hoc est ignem iudicii, ipso domino nostro Iesu Christo duce et iudice transeamus.* (16) *hi uero, in quos Aegyptiorum forma transfunditur, permissa ad tempus potestate saeuientes grauissimis quidem permissu Dei Christianos cruciatibus persequentur.* — Orosius handelt hier von den Christenverfolgungen der römischen Kaiser (dazu unten S. 62ff.).

[226] Vgl. Lacroix S. 101f.: Die Wendung zum Guten kann das Unglück abwenden; vgl. auch Corsini S. 101.

[227] Vgl. Löwith S. 161f.

S. 50.), sondern auch ein Ende, auf das sie zustrebt, denn der Mensch ist dazu erschaffen, „im Glauben, in Frieden und ohne Arbeit zu leben" (Hist. 7, 1, 3f.):

(3) *quibus quidem ueraciter respondere possem, ad hoc ab initio creatum et institutum humanum genus, ut sub religione cum pace sine labore uiuens fructu oboedientiae aeternitatem promereretur, sed abusum bonitate creatoris libertatem indulgentis in contumaciam uertisse licentiam atque ex contemptu in obliuionem defluxisse, (4) iustamque nunc esse patientiam Dei et iustam in utramque partem, ut nec contemptus disperdat in totum cui misereri uelit et affici laboribus dum uelit sinat contemptus potens; deinde subsequens esse, iuste semper adhibere quamuis ignoranti gubernationem, cui aliquando pie restituturus sit paenitenti antiquae gratiae facultatem.*

Der gesamte Geschichtsablauf hat also ein Ziel, das Heil, dem die Menschheit, wenngleich unter Umwegen, zustrebt.[228] Obwohl Orosius sich — anders als Augustin — auf die Darstellung irdischer Ereignisse beschränkt, läßt auch er keinen Zweifel daran, daß das zeitliche Geschehen als Teil eines übergreifenden Heilsprozesses zu sehen ist: Seine Darstellung mit dem bewußten Rückgriff auf den Schöpfungsakt einerseits und der Ausrichtung auf das Ziel der Ewigkeit andererseits setzt diese Gesamtheit des Geschichtsablaufs voraus.[229] Bezeichnenderweise erwähnt Orosius deshalb, obwohl er seinen Geschichtsbericht mit der eigenen Zeit abschließt, mehrmals den Antichristen als eine historische Figur, die zugleich Höhe- und Endpunkt der Christenverfolgungen darstellt[230] und direkt zum Jüngsten Gericht überleitet:[231] Die Endzeit gilt Orosius also als Teil des gesamten historischen Prozesses.

[228] Vgl. Fink-Errera S. 534. Zum „Streckencharakter" des christlichen Geschichtsablaufs im Gegensatz zur „linearen" Geschichte der Heiden vgl. Vittinghoff S. 571 ff.

[229] Insofern ist Corsini S. 67 f. zu berichtigen: Orosius interessiert sich — im Gegensatz zu Augustin — nicht ausschließlich für die Menschen nach dem Sündenfall in irdischem Zustand; er beschränkt seine Darstellung vielmehr infolge seiner begrenzten Aufgabenstellung auf die irdische Zeit.

[230] Vgl. Hist. 7, 27, 16 (vgl. Anm. 225): *uerumtamen idem omnes inimici Christi cum rege suo Antichristo accepti stagno ignis aeterni, quod magna impediente caligine dum non uidetur intratur, perpetuam perditionem immortalibus arsuri suppliciis sortientur.*

[231] Hist. 1 prol. 15 f.: Das Blutvergießen hat keine Zukunft; *exceptis uidelicet semotisque illis diebus nouissimis sub fine saeculi et sub apparitione Antichristi uel etiam sub conclusione iudicii, quibus futuras angustias, quales ante non fuerint, dominus Christus per scripturas sanctas sua etiam contestatione praedixit, cum secundum ipsum quidem qui et nunc et semper est modum uerum apertiore ac grauiore discrimine, per intolerabiles tribulationes temporum illorum sanctos probatio, impios perditio consequetur.*

Das Ziel der Seligkeit ist durch den Sündenfall vorläufig verwirkt, jedoch nicht unwiderruflich verloren, weil Gott dem bereuenden Menschen seine Gnade nicht entzieht und ihn einst in den ursprünglich geplanten Zustand zurückführen wird: Seine *gubernatio*, die sich ja wesentlich als Sündenstrafe erwiesen hat, ist von daher als Korrektur menschlicher Fehlhandlungen aufzufassen, um das Ziel aufrechtzuerhalten.[232] Der Mensch in seiner Schwäche kann und soll Gott unaufhörlich um Hilfe bitten.[233] Zugleich erhält er in seinem geschichtlichen Dasein eine Aufgabe, indem er jenes Ziel als höchstes Gut erstrebt, das heißt für Orosius aber, indem er den einzig richtigen Weg zum Heil sucht: Als Wunsch nach rationaler Gotteserkenntnis ist ein solches Streben allen Menschen gemeinsam;[234] es gilt aber, den wahren Gott und damit zugleich die Ursachen für den wechselvollen Ablauf der Geschichte als einer gerechten göttlichen Lenkung zu erkennen und das Unglück — als Buße — anzunehmen,[235] um die Ewigkeit zu erreichen, ihr gegenüber also das irdische Leben — anders als die Heiden — gering zu achten, da darin letztlich kein Gewinn liegen kann.[236]

Zum vollen Gottesverständnis freilich reicht dieses *naturale bonum ad prospectum prudentiae* nicht aus: An der Grenze des Verstandes *(ratiocinatio)* tritt der Glaube in Funktion, der allein die wahre Gotteserkenntnis vermitteln kann.[237] Der Geschichtsablauf beweist, daß die Annahme des christlichen Glaubens ebenso unabänderlich für das irdische wie notwendig für das künftige Heil ist. Gerade das Beispiel des von den Heiden propagan-

---

[232] So Corsini S. 102f.

[233] Vgl. Lib. apol. 32, 5: *peculiare opus infirmitatis est in omni loco semper orare, ut omnipotens Deus, qui se spopondit non deserere, etiam iuuare non cesset.*

[234] Hist. 6, 1, 1: *Omnes homines cuiuslibet uel sectae uel uitae uel patriae ita semper ad prospectum prudentiae naturali bono eriguntur, ut oblectamento corporis rationale mentis etsi non actu praeferant, iudicio tamen praeferendum sciant* (vgl. dann oben Anm. 174).

[235] Im Hinblick auf ein geduldiges Ertragen vieler Unannehmlichkeiten zugunsten eines künftigen Ziels können selbst die Heiden als Vorbild gelten, auch wenn sie das falsche Ziel erstreben; vgl. Hist. 4, 6, 42: *per quos colligi datur, quanta nobis, quibus aeternitas beata promittitur, sint toleranda pro uita, cum illi tanta potuerint tolerare pro fama.* — Vgl. Aug. civ. Dei 5, 16 (S. 221, 17ff.).

[236] Hist. 7, 41, 9 (unten Anm. 568): *quid enim damni est Christiano ad uitam aeternam inhianti, huic saeculo quolibet tempore et quoquo pacto abstrahi?*

[237] Hist. 6, 1, 4f.: *hucusque humana scrutatio, etsi cum labore, potuit. at ubi ratiocinatio deficit, fides subuenit. (5) nisi enim crediderimus, non intellegemus: ab ipso audias ipsique Deo credas, quod uerum uelis scire de Deo.* — Damit gibt Orosius zu, daß auch die eigene Argumentation ohne den Glauben noch nicht als Beweis ausreicht. Zum Zitat vgl. Schöndorf S. 112.

distisch ausgenutzten Alaricheinfalls in Rom liefert, das Jüngste Gericht gleichsam vorwegnehmend, den Beweis dafür, daß im Christentum die einzige Zukunft der Menschheit liegt, denn bei diesem Ereignis mußten alle sterben, die nicht glaubten.[238] Noch gewisser werden alle Christenverfolger schließlich dem ewigen Feuer übereignet.[239] Die „Missionsbestrebungen" des Orosius (oben S. 37 ff.) werden folglich zu einer für das Heil der Menschen besonders dringlichen Aufgabe! Wenn der Glaube eine so große Bedeutung im geschichtlichen Heilsprozeß gewinnt, erklärt sich wieder einmal, weshalb Orosius seine Chronik um theologische Fragen anreichert.

Kernstück dieses christlichen Glaubens ist natürlich die Christologie.[240] Der Glaube an Christus ist unbedingte Voraussetzung für den Weg zur Seligkeit.[241] Orosius hebt vor allem die Erlöserfunktion Christi hervor, der als *saluator mundi* (Hist. 7, 1, 11) und *redemptor mundi* (Hist. 7, 3, 4) im Mittelpunkt der Geschichte steht, weil er Voraussetzung für die Erfüllung des Geschichtsablaufs, für die Erlösung, ist (soteriologischer Aspekt), weil er durch seine *humilitas* selbst das Beispiel für den Weg zur Ewigkeit abgibt und den Menschen fortan in Leben und Lehre den richtigen Weg weist (ethischer Aspekt)[242] und weil er schließlich, in einer historischen Glanzzeit geboren,[243] den Höhe- und Wendepunkt des Geschichtsablaufs symbolisiert (historischer Aspekt), um zugleich — in seiner göttlichen Natur — über das Irdische hinauszuweisen und selbst als Lenker und Richter aufzutreten. So ist Christus *Christianorum caput, saluator bonorum, malorum punitor, iudex omnium* (Hist. 7, 3, 2); als *punitor malorum* richtet er im irdischen Geschichtsprozeß ebenso wie im Jüngsten Gericht; als

---

[238] Hist. 7, 39, 12 ff.: *o praeclara illa Christianae militiae tuba, quae generaliter cunctos dulcissimo ad uitam modulamine inuitans, quos ad salutem inoboedientes non suscitauit, inexcusabiles reliquit ad mortem. ... (14) omnia tamen de praesenti salute credentia ex horreo dominicae praeparationis accepta sunt, reliqua uero uelut stercora et uelut paleae, ipsa uel incredulitate uel inoboedientia praeiudicata, ad exterminium atque incendium remanserunt.* — Vgl. Schöndorf S. 81 f.

[239] Hist. 7, 27, 16 (oben Anm. 225); vgl. unten S. 66.

[240] Vgl. dazu Corsini S. 106 ff., auch Schöndorf S. 50.

[241] Hist. 7, 3, 1: *Igitur anno ab Vrbe condita DCCLII natus est Christus salutarem mundo adferens fidem, uere petra medio rerum posita, ubi comminueretur qui offenderet, qui crederet saluaretur; uere ignis ardens, quem qui sequitur inluminatur, qui temptat exuritur.* — Vgl. auch Lib. apol. 33, 4: *primum hominem peccantem de paradiso eiecit Deus, deinde primum in cruce credentem in paradisum Christus induxit.*

[242] Hist. 6, 17, 10: *sed ad tam salubrem humilitatis doctrinam magistro opus est. itaque opportune conpositis rebus Augusti Caesaris natus est Dominus Christus, qui cum in forma Dei esset, formam serui humiliter adsumpsit, ut tunc demum aptior fieret humilitatis institutio, quando iam per totum mundum poena superbiae omnibus esset exemplo.* — Vgl. auch Hist. 7, 3, 2.

[243] Hist. 6, 1, 7 (oben Anm. 181). Über Christi Geburt Hist. 6, 22, 5 und Hist. 7, 3; über sein Verhältnis zu Rom unten S. 80 ff.

iudex saeculorum ist er Herr über die Zeiten (Hist. 1, 6, 1). An der Gestalt Christi zeigt sich die enge Verknüpfung von Irdischem und Himmlischem in der Vorstellung des Orosius.

Die Geschichte hat also, wie TORRES (S. 123 f.) feststellt, drei Höhepunkte: Schöpfung, Erlösung und Auferstehung. Die Geburt Christi als entscheidender Einschnitt in dieser Geschichte hat auch das Heil wieder in greifbare Nähe gerückt; die folgende Christianisierung wandelte den Charakter der Zeit gründlich und ließ die gesamte Weltgeschichte in eine neue Phase eintreten. Nach CORSINI (S. 109) trennt Orosius strikt zwischen dem „Altertum" als der Zeit der Sünde und den *tempora Christiana* als der Zeit der Gnade.[244] In diesen christlichen Zeiten wirkt sich nämlich die Gnade Christi aus,[245] die über der Kirche liegt, der damit notwendig eine besondere Rolle zufällt als der *taberna* der Christen, der in Christus Gesalbten:[246] Der rechte Glaube erfüllt als gemeinschaftsbildendes Element zugleich eine irdische Funktion, indem er die Menschen (in der Kirche) mehr als selbst alle natürlichen Bande miteinander vereint.[247] Die einzelnen Faktoren wirken hier zusammen, um die „neue Zeit" zu begründen: Die Ankunft Christi schafft die Voraussetzung für die gemeinschaftsbildende Kraft des Christentums, das, wie wir noch sehen werden, unter Gottes besonderem Schutz steht. Der geschichtliche Heilsplan Gottes nimmt hier konkrete Gestalt an und macht in der Geschichte eine Entwicklung sichtbar: Eine Abfolge von Weltreichen (unten S. 71 ff.), die auf das Römische Reich zustreben,[248] und ein etappenhaft gestufter historischer Ablauf von der Schöpfung über die Befriedung der Welt zur Verkündigung und allmählichen Ausbreitung des christlichen Glaubens[249] erweisen die gesamte Geschichte als eine Entwicklung zum Christentum hin; der göttliche Geschichtsplan zielt also auf die allmähliche Ausbreitung des wahren Glaubens, der sich, wie Orosius von seiner Gegenwart aus rückblickend feststellen kann, tatsächlich gegen alle Gefahren und Bedrohungen und trotz der zahlreichen Verfolgungen durchgesetzt hat,

---

[244] Diese Sicht geht bereits auf Tertullian (Ad nat. 9, 4 ff.) und Arnobius (Adv. nat. 1, 13) zurück (vgl. Corsini S. 112); vgl. auch Straub, Geschichtsapologetik S. 263.

[245] Hist. 7, 43, 19 (oben Anm. 186). Dabei handelt es sich offensichtlich um ein verstärktes Einsetzen der Gnadenwirkung, die grundsätzlich schon vorher und selbst unter den Heiden nachweisbar ist (vgl. Lib. apol. 20 f.).

[246] Hist. 6, 20, 7 (unten Anm. 344). Über den *ecclesia*-Begriff des Orosius, nämlich als die konkret-irdische und christliche Kirche, vgl. Schöndorf S. 57 ff.; vgl. auch Lacroix S. 149 f.

[247] Hist. 3, 23, 67 (unten Anm. 523).

[248] Vgl. Hist. 2, 1, 4 und 6, 1, 5 f. (unten S. 80).

[249] Hist. 7, 1, 2 (oben Anm. 178).

während der Götzenkult schließlich ganz verboten werden konnte.[250] Mit dem vollständigen Sieg der christlichen Religion scheint dieses Ziel erreicht zu sein, so daß Orosius die eigene Gegenwart vor dem Hintergrund der abgelaufenen Geschichte und unter der Voraussetzung, daß Gott auch den zeitlichen Rahmen des Geschichtsablaufs längst festgelegt hat,[251] als „Endzeit" *(in ultimo temporum)* bezeichnen kann.[252] Gott könnte sich nicht deutlicher als Herr der Geschichte erweisen.

Die orosianischen Vorstellungen vom Geschichtsablauf zeigen erneut den engen Zusammenhang zwischen Apologie und Geschichtsbild, dessen Schwerpunkte hier sichtbar werden. Das Ergebnis des apologetischen Beweises, die These vom Glück der Gegenwart, die weniger Unglücke kennt als jede Vergangenheit, findet ihre Erklärung in der Entwicklung der Geschichte zum Christentum, die von der politischen Entwicklung der Weltreiche vorbereitet worden ist und sich erneut mit einem politischen Element, der römischen Herrschaft, verbunden hat. Der Geschichtsablauf als eine geplante und gezielte Entwicklung steht ganz im Zeichen der göttlichen Lenkung, die in richtenden Eingriffen die Sünden der Menschen zu einem heilsgeschichtlichen Ablauf harmonisiert, die damit aber nicht nur in diesem langfristigen Geschehen, das zunächst zur Christianisierung und schließlich zur Erlösung führt, sondern in jedem einzelnen historischen Ereignis ablesbar wird. Ein Blick auf die aktuellen göttlichen Eingriffe in den Geschichtsablauf wird konkreter erkennen lassen, in welchen Begebenheiten Orosius die Ansatzpunkte des göttlichen Wirkens erblickt, das heißt, nach welchen Gesichtspunkten sein Geschichtsbild sich eigentlich ausrichtet.

[250] Hist. 6, 1, 24f. (oben Anm. 183). Vgl. auch Hist. 7, 28, 3: *haec est lenta illa paganorum poena sed certa; hinc sani insaniunt, hinc non uulnerati conpunguntur, hinc ridentes gemunt, hinc uiuentes deficiunt, hinc secreto excrucientur, quos nemo persequitur, hinc iam paucissimi remanserunt, qui numquam aliquo persequente puniti sunt.* — Vgl. auch Hist. 6, 22, 10: Orosius wird im 7. Buch berichten, *ut germinantia tempora Christiana magisque inter reprimentum manus crescentia et quae adhuc in prouectu posita horum ipsorum, quibus haec respondere cogimur, insectatione mordentur.*
[251] Im Lib. apol. 28, 12 spricht Orosius von der *praefinitio temporum;* vgl. auch ebda. 28, 9: *tanta uis est decreti Dei et tam inreuolubilis status constitutorum in suis quibusque causis temporum, ut propter electos suos dies saeculi adbreuiari dixerit Dominus non auferri.*
[252] Hist. 4, 5, 12 (oben Anm. 107); in diesem Zusammenhang scheint Orosius mit der Wendung allerdings eher den Endpunkt der bisherigen als den aller Geschichte anzusprechen.

3. *Gottes Eingriffe in den aktuellen Geschichtsablauf*[253]

Gott entscheidet über den Geschichtsablauf im großen ebenso wie über den Erfolg oder Mißerfolg einzelner historischer Aktionen, die zusammen erst den gesamten Heilsplan ergeben.[254] Das heißt: Der Gesamtplan löst sich scheinbar in eine Kette von Einzelereignissen auf, die ihrerseits wohl innerhalb der göttlichen Vorherbestimmung liegen, aber durch die Kreatur, die das Unglück mit ihren Sünden provoziert und damit die historische Abfolge wesentlich mitbestimmt, begründet sind. Orosius scheint sich die göttlichen Eingriffe (zumindest aus menschlicher Sicht) sehr kurzfristig und spontan vorzustellen.[255] Einerseits veranlassen die Bitten der Gläubigen Gott zur Intervention, andererseits fordern die Sünden der Ungläubigen Gottes Strafgerichte heraus, so daß er das Gebet einzelner Christen erhört[256] und spontan auf die Bedrängnis seines Volkes antwortet wie in den Markomannenkriegen Mark Aurels[257] oder im Kampf des Theodosius gegen Eugenius und Arbogast.[258] Das

---

[253] Vgl. dazu Müller, Hand Gottes S. 21 ff.

[254] So entscheidet weder der Kaiser noch die einzelne Schlacht noch die Zeit, sondern Gott allein über Sieg und *felicitas* des Römischen Reichs; vgl. Hist. 7, 6, 11 zur Eroberung Britanniens durch Claudius: *Conferatur nunc, si cuiquam placet, sub una insula tempus et tempus, bellum et bellum, Caesar et Caesar — nam de fine nil confero, quoniam hoc felicissima uictoria, illud acerbissima clades fuit — et sic demum Roma cognoscat, per eius latentem prouidentiam in agendis rebus antea se partem felicitatis habuisse, cuius agnitione suscepta plenissima felicitate perfruitur, in quantum non tamen blasphemiarum offendiculis deprauatur.*

[255] Vgl. auch Müller, Hand Gottes S. 30.

[256] Vgl. dazu Lacroix S. 170 f.

[257] Hist. 7, 15, 9 ff.: *ad inuocationem nominis Christi, quam subito magna fidei constantia quidam milites effusi in preces palam fecerunt, tanta uis pluuiae effusa est, ut Romanos quidem largissime ac sine iniuria refecerit, barbaros autem crebris fulminum ictibus perterritos, praesertim cum plurimi eorum occiderentur, in fugam coegerit. (10) quorum terga Romani usque ad internecionem caedentes gloriosissimam uictoriam et omnibus paene antiquorum titulis praeferendam rudi paruoque militum numero sed potentissimo Christi auxilio reportarunt. (11) exstare etiam nunc apud plerosque dicuntur litterae imperatoris Antonini, ubi inuocatione nominis Christi per milites Christianos et sitim illam depulsam et conlatam fatetur fuisse uictoriam. —* Orosius schmückt hier die Wirkung des Gebets gegenüber den Berichten des Hieronymus (Chr. 2189) und Rufin (Hist. eccl. 5, 5) aus.

[258] Hist. 7, 35, 14 f.: (Theodosius)... *sciens quod destitutus suis, nesciens quod clausus alienis, Dominum Christum solus solum, qui posset omnia, corpore humi fusus, mente caelo fixus orabat. —* Nach einer im Gebet verbrachten Nacht gelingt ihm allein die siegreiche Schlacht: (15) *signo crucis signum proelio dedit ac se in bellum, etiamsi nemo sequeretur, uictor futurus, inmisit. —* Vgl. dazu Schöndorf S. 70 ff.

Vertrauen auf Gott, nicht die Zahl der Soldaten entscheidet die Schlacht,[259] weil Gott den Gläubigen durch ein Wunder, meist ein Naturereignis, zu Hilfe kommt, einmal, indem Regen und Gewitter den Feind (die Markomannen) in die Flucht treiben (Anm. 257),[260] ein anderes Mal, indem ein unmäßiger Wind die Feinde zur Kapitulation zwingt (Anm. 258). Dem Afrikaner Mascezel gibt der Heilige Ambrosius im Traum Tag und Ort der Schlacht an, in der er seinen Bruder Gildo besiegen wird.[261] Als Wunder *(miraculum)* wertet Orosius auch die Schonung der römischen Christen durch Alarich,[262] und ein Wunder *(grande miraculum tempore praesentis gratiae Dei)* hat schon unter Claudius die Erhebung eines dalmatischen Legaten zum imperator verhindert.[263]

Hier beginnt nun die eigentliche Aufgabe des christlichen Geschichtsinterpreten, denn Gott offenbart sich dem Menschen überhaupt nur im Einzelereignis, durch sein Eingreifen in den aktuellen Geschichtsablauf; der Geschichtsinterpret kann also — abgesehen von den Aussagen biblischer Prophetie — erst durch die Deutung der Fakten den übergreifenden Plan und den göttlichen Willen erfassen,[264] und auch hier fällt eine Interpretation nicht immer leicht, da der Mensch zwar das Ereignis wahrzunehmen, nicht aber ohne weiteres auch die göttliche Absicht darin zu erkennen vermag (vgl. oben S. 44). Nicht zufällig spricht Orosius so häufig von der *occulta iustitia Dei* oder von der *latens prouidentia*.[265] Von dieser Seite her betrachtet, ist

---

[259] Vgl. Lacroix S. 169f., der in diesem Zusammenhang von einer neuen Kausalordnung in der Weltgeschichte spricht.

[260] Ein Regen entscheidet auch den Punischen Krieg und rettet Rom vor Hannibal; vgl. Hist. 4, 17, 9 (unten Anm. 336).

[261] Hist. 7, 36, 5 ff. Vgl. Lacroix S. 151 f. und Schöndorf S. 73 ff.

[262] Hist. 7, 39, 14: *quis haec perpendere plenis miraculis, quis praedicare dignis laudibus queat?* — Vgl. Green S. 262: Rom wird durch dieses Wunder zur Gottesstadt. — Prete betrachtet die Erzählung von den Kirchenschätzen des heiligen Petrus als bloße Ausschmückung eines Hieronymusbriefs (ep. 127, 13), der von dem Eindringen eines Goten in das Haus der Marcella berichtet. Zumindest scheinen mir dann aber zwei Traditionen zusammenzufließen, da Hieronymus nichts von dem anschließenden Zug durch Rom weiß, den Orosius schlecht frei erfinden konnte.

[263] Hist. 7, 6, 6f.: Es gelang weder, Adler und Standarten zu schmücken, noch sie zu bewegen.

[264] Vgl. Torres S. 124: Der Historiker muß den symbolischen Sinn der Daten ergründen.

[265] Vgl. Hist. 7, 6, 11 (Anm. 254). *Occulta prouidentia Dei:* Hist. 7, 39, 2; *occulta iustitia:* Hist. 2, 3, 10 (oben Anm. 144); *occultus ordo gestarum:* Hist. 6, 20, 8; *occulta misericordia Dei:* Hist. 1, 17, 3. — Vgl. auch Hist. 7, 26, 3: *utpote homines ignari diuinorum secretorum.* — Vgl. Lacroix S. 108 ff., der besonders die *ineffabilitas* des göttlichen Handelns herausstellt: Der Mensch kann das göttliche Wirken im Grunde nur bestaunen, nicht aber beschreiben oder gar erklären.

die Chronik des Orosius wiederum nicht die einseitige Tendenzschrift, als die sie uns heute erscheinen mag. Denn es gilt zunächst auch für den Apologeten, die „verborgene Vorsehung Gottes" aus dem Geschichtsverlauf herauszulesen. Erst die Fülle seiner Belege — und deshalb rechtfertigt sich der chronographische Überblick über die gesamte Geschichte ebenso wie die ständige Wiederholung seines Beweisziels in den Kommentaren zu einzelnen Ereignissen — erlaubt die Deutung, die den lückenlosen Beweis für die apologetische Aufgabenstellung liefert.[266] Außer Zweifel steht aber, daß die Geschichte überhaupt einen Offenbarungscharakter trägt: Jedes Ereignis hat also seine bestimmte Funktion oder sogar mehrere Funktionen im göttlichen Heilsplan, die es zu finden gilt: So belegt der Romeinfall Alarichs (oben S. 32ff.) mit seiner unvorstellbaren Milde einmal die orosianische These von der Milderung christlicher Zeiten; zum andern drückt dasselbe Ereignis aber eine Mahnung an die verbliebenen, gotteslästerlichen Heiden aus, ihren Unglauben, der das Unglück verschuldet hat,[267] aufzugeben; es zeigt damit, wie berechtigt die missionarische Tendenz des Orosius ist. Drittens schließlich hat der Einfall der Barbarenvölker noch einen drohenden Königsplan Stilichos zugunsten seines Sohnes Eucherius vereitelt und auf diese Weise sowohl die geplante Rückkehr zum Heidentum verhindert als auch das römische Kaisertum gerettet![268] Der innere Zusammenhang all dieser Faktoren kann dem christlichen Geschichtsdenker, der fest von dem planmäßigen Ablauf einer gottgelenkten Geschichte überzeugt ist, nie fraglich werden. Wenn uns diese Deutungen manchmal spekulativ und unhistorisch anmuten, weil Orosius zeitlich auseinanderliegende Ereignisse miteinander in Bezug setzt (oben S. 28f.), so wird er damit doch nicht zum Geschichtsfälscher: Gottes Zeit ist schließlich eine andere als des Menschen Zeit, und so kann selbst ein Ereignis der fernen Vergangenheit wie der Brenno-Einfall in Rom durchaus zur aussagekräftigen Figur der eigenen Gegenwart werden (vgl. oben S. 19f.).

[266] Wenn Müller, Hand Gottes S. 23, einen Gegensatz zwischen der Wendung vom „unaussprechlichen Gott" und der laufend vollzogenen Aussprechbarkeit in den Historien feststellt, so übersieht er, daß Orosius selbst den Sinn der Ereignisse oft erst noch suchen muß.

[267] Vgl. Hist. 7, 38, 7 (oben Anm. 171) und Hist. 7, 39, 2: *accidit quoque, quo magis illa Vrbis inruptio indignatione Dei acta quam hostis fortitudine probaretur:* Der Papst war gerade abwesend.

[268] Vgl. Hist. 7, 38, besonders 7, 38, 6: *occisus Eucherius, qui ad conciliandum sibi fauorem paganorum restitutione templorum et euersione ecclesiarum inbuturum se regni primordia minabatur, paucique cum isdem satellites tantarum militionum puniti sunt. ita minimo negotio paucorumque poena ecclesiae Christi cum imperatore religioso et liberatae sunt et uindicatae.*

In einer Unglücksgeschichte stehen die göttlichen Strafgerichte über menschliche Sünden im Vordergrund, deren Reihe bereits mit dem Sündenfall (Hist. 1, 3, 1f.) beginnt und sich mit der Sintflut (Hist. 1, 3, 3) und der Vernichtung Sodoms und Gomorras (Hist. 1, 5, 9) fortsetzt und bis zur Gegenwart nicht abreißt. Als Strafgerichte des barmherzigen Gottes, der seine Schöpfung liebt (oben S. 47), wollen sie aber nicht zerstören, sondern sie sind von einer erzieherischen Tendenz getragen: Der Mensch soll lernen, daß seine Sünden bestraft werden,[269] damit er sie meidet, und er soll gleichzeitig lernen, Gott (nämlich den wahren und einzigen Gott) zu verehren, damit er erlöst werden kann. Gott, der sich selbst in der Geschichte als einziger Gott erweisen will, um die Menschen zu seiner Verehrung zu führen, bestraft diejenigen, die seinem Geschichtsplan im Wege stehen; deshalb richtet sich sein Zorn in erster Linie gegen die Heiden, die sich seinem Kult widersetzen:[270] Als Augustus zum Beispiel seinen Neffen Gaius lobte, weil dieser nicht im Tempel Gottes in Jerusalem beten wollte, trat eine schwere Hungersnot ein,[271] und das Öffnen des Janustores zeigte an, daß Rom sich nach der augusteischen Friedenszeit erneut im Krieg befand; dieser Zustand hielt an, bis Titus die Juden vernichtet und so den Tod Christi gerächt hatte.[272] Der extreme Charakterwandel des Tiberius von einem gemäßigten zu einem willkürlichen Herrscher erscheint Orosius sodann als göttliche Strafe dafür, daß der Senat den Versuch des Kaisers, Christus als Gott anzuerkennen, ablehnte, während Tiberius selbst die Christen zu schützen suchte:[273] Das göttliche Eingreifen soll offensichtlich den christlichen Kult,

---

[269] Orosius hebt das besonders in seinem Kommentar zur Zerstörung Sodoms und Gomorras (Hist. 1, 6, 6) hervor: *quos saltem de hoc ipso exitu Sodomorum et Gomorraeorum moneo, ut discere atque intellegere queant, qualiter Deus peccatores punierit, qualiter punire possit, qualiter puniturus sit.*
[270] Beispiele auch bei Lacroix S. 150ff.
[271] Hist. 7, 3, 4ff., besonders 7, 3, 6: *ita peccante principe in sanctum Dei et correpto per famem populo quantitatem offensionis qualitas ultionis ostendit.*
[272] Hist. 7, 3, 7ff. Vgl. dazu Schöndorf S. 47. Über die Juden bei Orosius handelt Lacroix S. 156ff.
[273] Hist. 7, 4, 6f. (nach Hier. 2051 und Rufin. 2, 2, 2): *Tiberius cum suffragio magni fauoris rettulit ad senatum, ut Christus deus haberetur. senatus indignatione motus, cur non sibi prius secundum morem delatum esset, ut de suscipiendo cultu prius ipse decerneret, consecrationem Christi recusauit edictoque constituit, exterminandos esse Vrbe Christianos; praecipue cum et Seianus praefectus Tiberii suscipiendae religioni obstinatissime contradiceret. (7) Tiberius tamen edicto accusatoribus Christianorum mortem comminatus est. itaque paulatim immutata est illa Tiberii Caesaris laudatissima modestia in poenam contradictoris senatus; nam regi, quaecumque uoluntate faciebat, uoluptas erat, atque ex mansuetissimo principe saeuissima bestia exarsit.*

damit aber auch die Christen selbst schützen; die Heiden trifft ein Unglück vor allem dann, wenn sie sich gegen das Christentum wenden, denn überall werden Christenverfolger hart bestraft. Ganz besonderen Wert legt Orosius auf den Nachweis, daß Gott die zehn *persecutiones Christianorum* durch heidnische römische Kaiser, die hier exemplarisch ausgewertet werden sollen, umgehend ahndet, ja er macht die Abfolge von Verfolgung und Strafen gleichsam zum Thema des siebten Buchs seiner Historien,[274] in dessen Verlauf er über die einzelnen Ereignisse berichtet, die hier tabellarisch zusammengestellt seien:

Verfolgung:	Kaiser:	Strafe:
1. Hist. 7,7,10—12	Nero	Pest in Rom (30000 Tote); Zerstörung von zwei britannischen Städten; zwei römische Legionen fallen in parthische Gefangenschaft; Verlust Syriens; Zerstörung von drei asiatischen Städten durch Erdbeben.
2. Hist. 7,10,5/7	Domitian	Ermordung des Kaisers.
3. Hist. 7,12,3—5	Trajan	Abbrennen des Goldenen Hauses des Kaisers Nero; Zerstörung von drei asiatischen, zwei griechischen und drei galatischen Städten und Antiochias durch Erdbeben; Kriege und Rebellionen der Juden; Zerstörung des Pantheon in Rom durch Blitzschlag.
4. Hist. 7,15,4f.	Marc Aurel	Pest und Verödung Italiens; Verlust der Kampfkraft des Heeres.

Der Senat lehnte den Antrag also nur wegen eines Formfehlers ab: Er war nicht zuerst gefragt worden! Orosius verschärft hier ein wenig die Tendenz seiner Vorlagen. Vgl. auch Hist. 7, 4, 12: *dignum sane posteris tantae correptionis exemplum, tunc ad spectandas hominum mortes auidos homines conuenisse, quando pro salute hominum prouidenda Deus homo esse uoluisset.* Zu weiteren Zeugnissen dieser Legende (bei Clemens von Alexandrien, Johannes Chrysostomos, Eusebius und Tertullian) vgl. Straub, Regeneratio S. 183.
[274] Vgl. die Ankündigung in Hist. 6, 22, 10 f. (am Ende des 6. Buchs): ... *septimo libello, si tamen adiuuante Domino suffecero, conprehendam,* (11) *ut, quoniam ab initio et peccare homines et puniri propter peccata non tacui, nunc quoque, quae persecutiones Christianorum actae sint et quae ultiones secutae sint, absque eo quod omnes ad peccandum generaliter proni sunt atque ideo singillatim corripiuntur, expediam.*

5. Hist. 7,17,4—6	Severus		*caelestis ultio e uestigio acta subsequitur:* Bürgerkrieg in Rom, Syrien und Gallien mit großen Verlusten; Loslösung Britanniens vom Reich.
6. Hist. 7,19,1 f.	Maximinus		Ermordung des Kaisers.
7. Hist. 7,21,2—6	Decius		Schlachtentod des Kaisers gegen die Barbaren; schwere Pest im ganzen Reich; Bürgerkriege als *ultio uiolati nominis Christiani* unter dem Nachfolger.
8. Hist. 7,22,3—6	Valerian		Lebenslange persische Gefangenschaft des Kaisers *(nefarii auctor edicti);* Barbareneinfälle *permissu Dei* auch nach der Aufhebung des Edikts durch Gallienus, denn: *sed non conpensat iniuriae ultionisque mensuram unius impii quamuis perpetua et super modum abominanda captiuitas contra tot milia excruciata sanctorum, iustorumque sanguis ad Deum clamans in eadem sese terra, ubi fusus est, uindicari rogat.*
9. Hist. 7,23,6	Aurelian		Blitzschlag: Tod des Kaisers.
10. Hist. 7,25,13	Diocletian		(Erdbeben in Syrien).

Die Unglücke, die sich an die Verfolgungen anschließen, stellen ohne jeden Zweifel für Orosius göttliche Strafen dar, auch wenn der Apologet das nicht mehr in jedem einzelnen Fall wiederholen und ins Bewußtsein rufen muß; oft ist sein Kommentar deutlich genug. Eine Sonderentwicklung glaubt Orosius nur nach der letzten, schwersten und mit ihrer zehnjährigen Dauer auch längsten Christenverfolgung unter Diocletian zu beobachten, denn obwohl er ein Erdbeben erwähnt, betrachtet er das offenbar nicht als Strafe (oder eher: als ausreichende Strafe); dieser *persecutio,* der nach dem Einwand seiner Gegner kein größeres Unglück folgte,[275] schreibt Orosius dann vielmehr alle gegenwärtigen Übel zu.[276] Mit diesem geschickten Schachzug gibt er erneut den Vorwurf an die Heiden zurück.

---

[275] Vgl. Hist. 7, 26, 5: *nulla domi fames, nulla pestilentia, nullum foris bellum nisi uoluntarium.*
[276] Hist. 7, 26, 2ff., besonders 7, 26, 10: *quod cum expositum fuerit, inuiti licet propter ipsam rerum fidem fatebuntur, quia ex illa Maximianae persecutionis maxima punitione ista sunt uulnera, quibus etiam nunc isti dolent et in tantum dolent, ut etiam clament nosque ad reclamandum lacessant: sollicitos fieri, qualiter conticescant.*
— Zu Hist. 7, 26 vgl. Lacroix S. 154f.

Der Wechsel von Christenverfolgung und göttlicher Reaktion, der die Sünde-Strafe-Folge der Geschichte anschaulich exemplifiziert, gewährt auch einen Einblick in den Ordnungsgedanken, den, wie MÜLLER (S. 23) hervorhebt, das göttliche Wirken in die Geschichte hinein trägt, auch wenn Orosius zugesteht, daß es sich in Rom eventuell um zufällige Katastrophen gehandelt haben kann.[277] Der Geschichtsschreiber ordnet die für Christen so unglücklichen Verfolgungen in den göttlichen Geschichtsplan ein, und letztlich betont die häufige Erwähnung der vielen Märtyrer schon hier das positive Element solcher „Unglücke". Im 27. Kapitel des 7. Buches stellt Orosius noch einmal alle Verfolgungen zusammen und vergleicht die Ereignisse im einzelnen mit den zehn ägyptischen Plagen, die dem Auszug des Volkes Israel aus Ägypten vorausgingen.[278]

Ägypten	Christenverfolgung	Vergleichselement
uterque populus unius Dei est, una populi utriusque causa (Hist. 7,27,3)		
subdita fuit Israhelitarum synagoga Aegyptiis,	*subdita est Christianorum ecclesia Romanis*	
1. Blut aus Brunnen und Flüssen (27,4)	Blut der Toten aus Pest und Kriegen	*sanguis*
2. Froschplage in den Tempeln: Exil der Menschen (27,5)	Exil der Römer wegen der Soldaten	*exilium*
3. Ameisenplage (27,6)	Erhebungen der Juden; Erdbeben	—
4. Hundefliegen (27,7)	Pest	Fäulnis *(putredo)* und Würmer *(uermes)*
5. Viehseuche (27,8)	Bürgerkriege	Tiere und Menschen als *uiscera et adiumenta reipublicae*
6. Eitergeschwüre (27,9)	Tod der *principes et potentes*	—
7. Hagelfälle (27,10)	Pest	*coacto aere* bzw. *corrupto aere: exitio* bzw. *nex hominum et pecudum*
8. Heuschreckenplage (27,11)	Einfälle fremder Völker	*excitatae undique locustae* bzw. *gentes*
9. Dunkelheit (27,12)	Blitzschlag; Tod von drei Kaisern	(mehr Warnung als Unglück)

[277] Hist. 7, 26, 9: *nec in uerbo premo, utrum debitae ultiones an fortuitae permutationes fuisse uideantur, quae tamen meo suoque testimonio clades fuerunt.*
[278] Vgl. dazu Schöndorf S. 51 ff. und Corsini S. 128 ff.

| 10. Sterben der Erstgeburten (27,13) | Abschaffung der Götzenbilder | *interfectio — perditio; quos primos genuerant — quae primitus facta in primis amabant* |

rex potentiam Dei sensit probauit et timuit (bzw. *credidit*) *ac per hoc populum Dei liberum abire* (bzw. *esse*) *permisit* (27,14)

ibi numquam postea populus Dei ad seruitutem retractus	*hic numquam postea populus Dei ad idololatriam coactus est* (27,14)
ibi Aegyptiorum uasa pretiosa Hebraeis tradita sunt	*hic in ecclesias Christianorum praecipua paganorum templa cesserunt* (27,14).

Der detaillierte Vergleich der Christenverfolgungen mit den zehn ägyptischen Plagen zeugt von einer eng verstandenen figürlichen Ausdeutung, die Orosius auf eine Beendigung der Bedrohung nach der zehnten *persecutio* festlegt; der Apologet bekräftigt das mit dem abschließenden Kommentar, wie die Israeliten nach den zehn ägyptischen Plagen nicht mehr von der Knechtschaft bedroht worden seien, so seien auch die Christen nach den zehn Verfolgungen vor einem Rückfall in den heidnischen Kult bewahrt worden.

Orosius unterscheidet sich damit wesentlich von Augustin, der (civ. Dei 18, 52) unter ausdrücklicher Erwähnung des Vergleichs mit den ägyptischen Plagen bestreitet, daß mit der zehnten Verfolgung die Zeit der Bedrohung des Christentums notwendig vorüber ist, wie ja überhaupt die Zahl der vergangenen Verfolgungen umstritten ist und es tatsächlich mehr als zehn *persecutiones* gegeben hat. Wahrscheinlich ist das Werk des Orosius erst Anlaß für Augustins Replik gewesen, wie auch SCHÖNDORF (S. 54), LACROIX (S. 205f.) und MOMMSEN (S. 346f.) annehmen. Orosius berichtet selbst später noch von Katholikenverfolgungen (Hist. 7, 33, 4 und 7, 36, 3 ff.), scheint aber diese zum Teil durch (häretische) Christen veranlaßten oder auch örtlich begrenzten Bedrohungen von den großen Verfolgungen durch die heidnischen Kaiser zu unterscheiden.

Die Zehnzahl, die sich dann in der mittelalterlichen Literatur durchsetzt,[279] wie auch den Vergleich mit den ägyptischen Plagen scheint Orosius von dem wohl vor ihm schreibenden Sulpicius Severus übernommen zu haben (wenn man nicht an eine gemeinsame Quelle oder Tradition denken will); zuvor war meist von sechs Verfolgungen die Rede. Während Sulpicius aber unter die zehn *persecutiones* bereits die letzte durch den Antichristen einrechnet, kennt Orosius zehn Verfolgungen durch römische Kaiser, denen er die Bedrohung durch den Antichristen am Ende der Zeiten als elfte hinzufügt.[280]

---

[279] Vgl. Corsini S. 129 Anm. 135.

[280] Vgl. darüber V. Grumel, Du nombre des persécutions paiennes dans les anciennes chroniques, Revue des Études Augustiniennes 2, 1956, S. 59—66.

Die Christenverfolgungen lassen den Charakter des göttlichen Wirkens besonders deutlich erkennen. Gott offenbart die Sündhaftigkeit der *persecutiones* in ihrer strengen Bestrafung; über die Christenverfolger wird außerdem einst im Jüngsten Gericht das „Rote Meer" des Gerichtsfeuers *(ignis iudicii)*, die ewige Verdammung, hereinbrechen,[281] denn sie alle enden, auch wenn sie *permissu Dei* handeln, mit ihrem König, dem Antichristen, im ewigen Feuer.[282] Mit den irdischen Strafen aber weist Gott den Menschen den rechten Weg: Nach dem Ablauf dieser zehn Verfolgungen scheint Orosius die Entwicklung zum Christentum abgeschlossen, und die Christen sind vor einer weiteren heidnischen Bedrohung sicher (Hist. 7, 27, 14 — oben S. 65).

Fortan beendet Gott jede Christenverfolgung schon im Ansatz, wenn er sie nicht von vornherein verhindert: So zieht Galerius die Verbannung der Christen zurück, als ein Arzt ihm seine geheimnisvolle Magenkrankheit als eine von Gottes Zorn getragene Strafe deutet (Hist. 7, 28, 12f.); Julian stirbt noch vor der Ausführung einer geplanten Verfolgung (Hist. 7, 30, 4ff.) ebenso wie Stilichos Sohn Eucherius (Hist. 7, 38, 1ff.),[283] und der Untergang des Radagais vereitelt eine Rückkehr zu Heidentum und Barbarei (oben Anm. 157), als man in Rom bereits die Restitution des heidnischen Kultes forderte, um die Gefahr abzuwenden (Hist. 7, 37, 6). Mascezel siegt zunächst mit göttlicher Hilfe und dem Beistand des heiligen Ambrosius, der ihm im Traum Ort und Tag der Schlacht anzeigt (Hist. 7, 36, 7), über seinen Bruder, den christenverfolgenden Usurpator Gildo in Afrika (Hist. 7, 36, 2ff.), er wird aber selbst ermordet, als er sich seinerseits gegen die Kirche wendet *(secuta est poena sacrilegum)*.[284] Die Katholikenverfolgung durch den Häretiker Valens schließlich, der selbst Mönche zum Kriegsdienst zwingt (Hist. 7, 33, 1ff.), bestraft Gott mit einem Goteneinfall (Hist. 7, 33, 9ff.), der viele Römer und schließlich auch den Kaiser selbst, *testimonium punitionis eius et diuinae indignationis terribili* (Hist. 7, 33, 15), das Leben kostet. Der Tod des Kaisers nimmt den Heiden das Argument, daß auch in christlicher Zeit große Unglücke stattfinden können, denn durch den Feuertod des Häretikers greift Gott wiederum zugunsten seiner einen, katholischen Kirche ein, und es ist nur gerecht, sagt Orosius, daß der Kaiser gerade durch die Hand derer starb, die seinetwegen in Ewigkeit verdammt sein müssen, weil er ihre Bitte um Unterweisung im Christentum mit der Entsendung

---

[281] Hist. 7, 27, 15 (oben Anm. 225).
[282] Hist. 7, 27, 16 (oben Anm. 230). Vgl. auch Corsini S. 130ff.
[283] Hist. 7, 38, 6 (oben Anm. 268).
[284] Hist. 7, 36, 13: *ad utrumque semper diuinum uigilare iudicium, quando et, cum sperauit, adiutus et, cum contempsit, occisus est.* — Vgl. Heinzberger S. 43f.

häretischer Geistlicher beantwortet und sie zum Arianismus bekehrt hat.[285]

Damit beweist Orosius schließlich doch, daß er zwischen Heiden und Häretikern, unter denen sich die Katholikenverfolgungen fortsetzen, keinen allzu großen Unterschied macht, zumal ihm auch der arianische Glaube dem heidnischen verwandt scheint: Der Arianismus ist ein Werk des Teufels, in dem Orosius einen versteckten Rückfall in den Polytheismus sieht (Hist. 7, 29, 2).[286] Wenn LIPPOLD, Rom S. 23, dagegen glaubt, Orosius verschone in den *Historiae* die Häretiker und greife sie lediglich als Begründung des Unglücks in der eigenen Zeit an, so verharmlost er, daß eben in dieser Begründung für Orosius das Urteil Gottes über die Häretiker gefällt ist: Der Kaiser stirbt, die Goten aber sind als Arianer in Ewigkeit verdammt. Ein ähnliches Schicksal erleidet der Arianer Constantius, der sich während seiner ganzen Regierungszeit mit inneren Unruhen auseinanderzusetzen hat.[287] Überall wendet sich Orosius gegen die Häretiker: Sein *Liber apologeticus* verurteilt die neue Häresie des Pelagius und Caelestius,[288] sein *Commonitorium* richtet sich gegen die Irrlehre der Priscil-

---

[285] Hist. 7, 33, 16 ff.: *Consoletur se, sed in hoc solo, peruicacia miseriaque gentilium, quia temporibus et regibus Christianis tantae simul congestae clades pressam reipublicae onerauere ceruicem: euersae prouinciae, deletus exercitus, imperator incensus. magnum reuera hoc est ad nostrum dolorem magisque miserum quo magis nouum.* (17) *sed quid hoc ad consolationem proficit paganorum, qui palam peruident et in his quoque persecutorem ecclesiarum fuisse punitum? unus Deus unam fidem tradidit, unam ecclesiam toto Orbe diffudit: hanc aspicit, hanc diligit, hanc defendit; quolibet se quisquis nomine tegat, si huic non sociatur, alienus, si hanc inpugnat, inimicus est.* (18) *consolentur se gentiles, in quantum uolunt, Iudaeorum haereticorumque suppliciis, tantum et unum Deum esse et eundem personarum acceptorem non esse uel ex hac potissimum Valentis extincti probatione fateantur.* (19) *Gothi antea per legatos supplices poposcerunt, ut illis episcopi, a quibus regulam Christianae fidei discerent, mitterentur. Valens imperator exitiabili prauitate doctores Arriani dogmatis misit. Gothi primae fidei rudimento quod accepere tenuerunt. itaque iusto iudicio Dei ipsi eum uiuum incenderunt, qui propter eum etiam mortui uitio erroris arsuri sunt.* — Vgl. dazu auch Lacroix S. 152.

[286] Vgl. die Charakterisierung Hist. 7, 29, 3: *fit igitur Arrio, noui erroris auctori, ceterisque discipulis ipsius ad familiaritatem Constantii imperatoris promptus aditus et facilis uia. suadetur Constantio, ut quosdam in Deo gradus credat, et qui per ianuam ab errore idololatriae fuerat egressus, rursum in sinum eius, dum in Deo deos quaerit, tamquam per pseudothyrum inducitur.* — Vgl. *Commonitorium* Kap. 1 (S. 152): *Dilacerati grauius a doctoribus prauis quam a cruentissimis hostibus sumus.*

[287] Hist. 7, 29, 18: *ita ille qui discissa pace et unitate fidei catholicae Christianos aduersum Christianos armans ciuili, ut ita dicam, bello Ecclesiae membra dilacerauerat, totum inquieti tempus imperii molestissimumque spatium uitae suae bellis ciuilibus etiam per propinquos et consanguineos excitatis exercuit exegit expendit.*

[288] Vgl. Lib. apol. Kap. 1 f.: die Häretiker als offen in der Kirche fortwirkender Goliath (2,7).

lianisten und Origenisten. Orosius schont die Häretiker also nicht. Allenfalls darf man, zumal in bezug auf die Germanen (dazu unten S. 129), behaupten, er stehe ihnen als Christen noch etwas näher als den Heiden. Gerade die Goten scheint er hier ein wenig entschuldigen zu wollen, da sie mit der Annahme des Irrglaubens der *prauitas* des häretischen Kaisers erlegen sind.

Gott zeigt in all diesen Beispielen durch seine Strafen nicht nur den Verfolgern, daß sie unrecht handeln, er sorgt darüber hinaus für den Erhalt und die Ausbreitung des Christentums und der Kirche. Sind die Heiden am meisten vom Zorn Gottes bedroht, so stehen die Christen und die christliche Kirche unter seinem besonderen Schutz: Obwohl das irdische Unglück die Gläubigen letztlich nicht treffen kann, sorgt Gott bereits auf Erden für ihr Wohlergehen.[289] Bleiben Heiden und Häretiker im Laufe der fortschreitenden Geschichte zunehmend erfolglos, so verhilft Gott christlichen Kaisern wie Gratian, der *fretus Christi potentia* die zahlenmäßig weit stärkeren Alamannen bezwingt (Hist. 7, 33, 8), oder Theodosius, der *Deo procurante* einen leichten und verlustlosen Sieg über die Rebellen Maximus und Andragathius erringt (Hist. 7, 35, 3 ff.) und mit Gottes Hilfe sogar ganz allein das Heer des Eugenius und Arbogast vernichtet (Anm. 258), gegen einen übermächtigen Gegner zum Sieg. Theodosius erringt überhaupt während seiner ganzen Regierungszeit leichte Erfolge über alle Gegner;[290] ihm gelingt wegen seines Glaubens sogar erstmals ein Sieg über die von allen Vorfahren gefürchteten Alanen, Hunnen und Goten (als die Nachkommen der Scythen).[291] Mit dem Schutz des Kaisers erstreckt sich Gottes Eingreifen auf den römischen Staat, der dem Christentum letztlich — trotz aller Verfolgungen —

---

[289] Vgl. den Kommentar zum Kindermord des Herodes, Hist. 7, 3, 3: *hinc malignis inprobe incurrentibus digna punitio est; hinc, in quantum tranquille agitur mundus, credentium gratia, in quantum perniciose inquietatur, blasphemantium poena est, securis per omnia fidelibus Christianis, quibus aut aeternae uitae requies in tuto aut etiam huius in lucro est.*

[290] Hist. 7, 35, 12: *potentia Dei non fiducia hominis uictorem semper extitisse Theodosium, Arbogastes iste praecipuum in utroque documentum est, qui et tunc, cum Theodosio paruit, tantis instructum praesidiis Maximum ipse minimus cepit et nunc, cum aduersus eundem Theodosium collectis Gallorum Francorumque uiribus exundauit, nixus etiam praecipuo culto idolorum, magna tamen facilitate succubuit.* — Vgl. unten S. 102 ff.

[291] Hist. 7, 34, 5: *itaque Theodosius adflictam rempublicam ira Dei reparandam credidit misericordia Dei; omnem fiduciam sui ad opem Christi conferens maximas illas Scythicas gentes formidatasque cunctis maioribus, Alexandro quoque illi Magno, sicut Pompeius Corneliusque testati sunt, euitatas, nunc autem extincto Romano exercitu Romanis equis armisque instructissimas, hoc est Alanos Hunos et Gothos, incunctanter adgressus magnis multisque proeliis uicit.*

Sicherheit gewährt: In der Gegenwart vereinigen sich der Schutz von Kirche und Reich zu jener sprichwörtlichen Milderung der Zeiten. Die Vorstellung des Orosius vom göttlichen Wirken in der Geschichte, die auf den theologischen Grundlagen des Gottesbildes und des planmäßigen Geschichtsablaufs beruht, führt uns zurück zum Beweisziel der Schrift: Wenn Gott Sünden bestraft, um zum Glauben aufzufordern, dann sind diese Strafaktionen, die dem Menschen als Unglücke erscheinen, in der nahezu rein heidnischen Zeit vor der Geburt Christi zwangsläufig weit zahlreicher und härter gewesen als in den christlichen Zeiten, die weniger Unglücke kennen als jede Vergangenheit, weil sie unter dem besonderen Schutz Gottes stehen. Die Milderung der Zeiten ist nicht zuletzt auch der Intervention der Gläubigen in der Kirche zu verdanken,[292] die erst seit christlicher Zeit besteht und sogar das ununterbrochen andauernde Unheilwirken der Heiden besänftigt.[293] Jeder Befehl, der sich gegen den christlichen Glauben richtet, ist Frevel. Selbst ein Sieg der Christen ist für Orosius eine Niederlage, wenn er, von einem heidnischen Heerführer erzwungen, gegen das Gesetz am heiligen Ostertag errungen wurde.[294] Das konkrete Wirken Gottes in der Geschichte, das sich für Orosius stets als Strafaktion gegen Heiden und Häretiker und als Schutzmaßnahme für die Christen erwiesen hat, dient auf diese Weise der Entwicklung aller Geschichte zum Christentum (oben S. 56f.) und gliedert sich in den großen, göttlichen Geschichtsplan ein. Die Vorstellung, daß die Geschichte eine Entwicklung nicht nur in dem Sinne kennt, daß sie (wie bei Augustin) ein Ziel in der Ewigkeit hat, sondern daß schon die irdische Geschichte auf die Ausbreitung des Christentums ausgerichtet ist, sowie die Tatsache, daß diese Entwicklung hier im Großen wie im Kleinen als göttlicher Wille enthüllt wird, erlauben es, bei Orosius von einem Fortschrittsglauben zu sprechen, der zwangsläufig auf das Gegenwartsbild

---

[292] Hist. 6, 1, 27: *quod semper utique confitendum est, tunc tamen praecipue, quando adhuc per uniuersum mundum nulla erat ecclesia, quae interuentu fidelium precum meritas mundi poenas iustumque iudicium Dei exorata ipsius clementia temperaret: unde etiam haec, quae mala hominibus uidentur, qualiacumque sunt, grauiora sine dubio omnia fuerunt, sicut ipso, quo coepta sunt, ordine probabantur.* — Vgl. die Einbeziehung in die Ölquelleninterpretation als *hospita largaque Ecclesia* (Hist. 6, 20, 7 — unten Anm. 344).

[293] Hist. 7, 8, 5 (unten Anm. 464).

[294] Hist. 7, 37, 2: *taceo de Alarico rege cum Gothis suis saepe uicto, saepe concluso semperque dimisso. taceo de infelicibus illis apud Pollentiam gestis, cum barbaro et pagano duci, hoc est Sauli, belli summa commissa est, cuius inprobitate reuerentissimi dies et sanctum pascha uiolatum est cedentique hosti propter religionem, ut pugnaret, extortum est: cum quidem, ostendente in breui iudicio Dei et quid fauor eius possit et quid ultio exigeret, pugnantes uicimus, uictores uicti sumus.*

zurückwirkt, so daß ihm die eigene Zeit als gottgewollt und relativ gott-nah erscheinen muß.

Damit sind die besonderen Grundlagen des orosianischen Geschichtsbildes umrissen und können nun im einzelnen behandelt werden: Die Geschichte offenbart das planmäßige Wirken Gottes in der Abfolge der Herrschaft, an der Orosius seine Weltreichslehre entwickelt (Kapitel III/1), und sie erreicht in Rom ihr Ziel und schafft zugleich die Grundlage für die Verbreitung des christlichen Glaubens (Kapitel III/2), der von dem christlichen Kaiser garantiert wird (Kapitel III/3). Der dauernde Friede (Kapitel III/4) und die Einheit von Staat und Religion (Kapitel III/5) machen das Glück der eigenen Gegenwart aus (Kapitel III/6).

III. DER ENTWICKLUNGSGEDANKE IN DER GESCHICHTE: DIE GESCHICHTE AUF DEM WEG ZUR *FELICITAS*

Wir haben gesehen, daß im Mittelpunkt der Geschichtstheologie des Orosius der Gedanke steht, die gesamte Geschichte bewege sich auf ein von Gott bestimmtes Endziel zu, dem sie immer näher strebt und das den Charakter der Zeit bestimmt, so daß mit der im Geschichtsplan einbegriffenen, zunehmenden Christianisierung auch das den Menschen heimsuchende Unglück nachläßt. Für den antiken Historiker, der sich in erster Linie am politischen Geschehen interessiert zeigt, ist die Entwicklung der politischen Gewalten wesenhaft in die Evolution der Religion einbezogen. Orosius, der bewußt Weltgeschichte schreiben will, greift auch hier über die römische Geschichte und über das politische Tagesgeschehen hinaus, indem er den systematischen Plan der göttlichen Weltregierung offenlegt.

1. Die Weltreichslehre[295]

Für den Geschichtsschreiber Orosius steht die politische Entwicklung also im Zentrum des historischen Geschehens: Gottes Lenkung bezieht sich nicht zufällig vor allem auf die weltliche Herrschaft, die *potestates,* aus denen sich die *regna* als die höchsten politischen Gewalten herausheben: Gott wirkt *mutans regna* (Hist. 6, 1, 5). Indem Orosius nun alle Reiche einer Epoche von einem *regnum aliquod maximum* überragt sieht, schafft er die Vorstellung eines dreistufigen Systems der politischen Gewalt *(potestas — regnum — regnum maximum),*[296] er greift damit zugleich aber die traditionelle Lehre von der Abfolge großer Weltreiche auf und entwickelt sie zu einem eigenen System weiter (Hist. 2, 1, 3ff.):

---

[295] Die Weltreichslehre des Orosius, die als ein wichtiger Aspekt des Geschichtsbildes auch hier nicht fehlen darf, ist so häufig behandelt worden, daß im folgenden nur eine bekannte Lehre noch einmal zusammengefaßt werden kann; vgl. dazu Schöndorf S. 23ff.; Torres S. 127f.; M. de Castro S. 209ff.; De Tejada S. 194f.; Corsini S. 157ff.; Suerbaum S. 239ff.; zur Nachwirkung vgl. unten S. 160.

[296] Darüber Suerbaum S. 239f.

(3) *quapropter omnem potestatem a Deo esse omnemque ordinationem, et qui non legerunt sentiunt et qui legerunt recognoscunt. quod si potestates a Deo sunt, quanto magis regna, a quibus reliquae potestates progrediuntur;* (4) *si autem regna diuersa, quanto aequius regnum aliquod maximum, cui reliquorum regnorum potestas uniuersa subicitur, quale a principio Babylonium et deinde Macedonicum fuit, post etiam Africanum atque in fine Romanum quod usque ad nunc manet,* (5) *eademque ineffabili ordinatione per quattuor mundi cardines quattuor regnorum principatus distinctis gradibus eminentes, ut Babylonium regnum ab oriente, a meridie Carthaginiense, a septentrione Macedonicum, ab occidente Romanum:* (6) *quorum inter primum et nouissimum, id est inter Babylonium et Romanum, quasi inter patrem senem ac filium paruum, Africanum ac Macedonicum breuia et media, quasi tutor curatorque uenerunt potestate temporis non iure hereditatis admissi.*

Es sei hier darauf verzichtet, die Tradition dieser oft behandelten[297] und auch in bezug auf Orosius ausgewerteten[298] Lehre im einzelnen zu wiederholen: Sie ist bereits bei den Orientalen und Griechen (Herodot, Ktesias) ausgebildet worden, über Pompeius Trogus und seinen Epitomator Iustin nach Rom gelangt und hier von dem Christen Hieronymus übernommen und in seinem Danielkommentar (Kap. 2, 7f., MIGNE PL 25, Sp. 503f.) mit einer biblischen Grundlage versehen worden: Die Weltreichslehre stützt sich fortan auf den Traum und die Auslegung Daniels von der vierteiligen Statue und ist damit endgültig auf die Vierzahl festgelegt. Orosius kannte die Lehre aus dem Werk Iustins, doch zweifellos war ihm auch die Auslegung des Hieronymus bekannt; CORSINI gelangt bei seinem Überblick zu dem Schluß, daß der Spanier eher dem Kirchenvater und sogar Daniel selbst folgt als Iustin, seine Vorlagen aber zu einem eigenständigen Schema verarbeitet.

Orosius stellt seine Weltreichslehre an zwei Stellen, und zwar jeweils im Einleitungskapitel zweier Bücher, vor:[299] Vier *principalia regna* lösen einander in der Vorherrschaft in der Weltgeschichte ab, nämlich Babylon, Karthago,

---

[297] Grundlegend C. Trieber, Die Idee der vier Weltreiche, Hermes 27, 1892, S. 321—44; vgl. J. W. Swain, The theory of the four monarchies. Opposition history under the Roman Empire, Classical Philology 35, 1940, S. 1—21; W. Baumgartner, Zu den vier Reichen von Daniel 2, Theologische Zeitschrift 1, 1945, S. 17—22; Vittinghoff S. 543ff. und S. 551ff.

[298] Vgl. Schöndorf S. 29ff. und vor allem Corsini S. 160ff.

[299] Neben Hist. 2, 1, 3ff. (oben) Hist. 7, 2, 4ff.: *praeterea intercessisse dixeram inter Babylonium regnum, quod ab oriente fuerat, et Romanum, quod ab occidente consurgens hereditati orientis enutriebatur, Macedonicum Africanumque regnum, hoc est quasi a meridie ac septentrione breuibus uicibus partes tutoris curatorisque tenuisse.* (5) *orientis et occidentis regnum Babylonium et Romanum iure uocitari, neminem umquam dubitasse scio; Macedonicum regnum sub septentrione cum ipsa caeli plaga tum Alexandri Magni arae positae usque ad nunc sub Riphaeis montibus docent;* (6) *Carthaginem uero uniuersae praecelluisse Africae et non solum in Siciliam Sardiniam ceterasque adiacentes insulas sed etiam in Hispaniam regni terminos tetendisse, historiarum simul monumenta urbiumque declarant.*

Makedonien und Rom. Sie erreichen nicht nur eine ähnlich lange Dauer von 700 oder 1400 (= 2 x 700) Jahren,[300] sondern sie lassen sich auch auf die vier Himmelsrichtungen aufteilen, so daß sich ein durchdachtes System der Herrschaftsfolge ergibt.

regnum:	Zeitfolge:	Raum:	Funktion:	Dauer:
1. Babylon	*principium (primus)*	*oriens*	*pater*	1400 Jahre[301]
2. Makedonien[302]	*breuia et*	*septentrio*	*tutor et*	ca. 700 J.
3. Karthago	*media*	*meridies*	*curator*	ca. 700 J.
4. Rom	*finis (ultimus)*	*occidens*	*filius*	(Einschnitt nach 700 J.).

Während die Zuordnung zu den vier Himmelsrichtungen im Osten und Westen allgemein anerkannt scheint, muß Orosius sie für Makedonien und Karthago eigens begründen (Hist. 7, 2, 5 f.), sie ist also nicht selbstverständlich. Mit der Aufnahme des afrikanischen Reiches anstelle des persisch-medischen unterscheidet sich Orosius gerade auch von der Lehre des Hieronymus, der eine Folge Babylonier — Meder/Perser — Makedonier — Römer annimmt. Diese Neuerung hat sich in den folgenden Jahrhunderten allerdings gegenüber dem hieronymischen System nicht durchsetzen können.

Ein Grund für diese Abweichung läßt sich bereits in der Absicht vermuten, die Weltreiche auf die vier Himmelsrichtungen zu verteilen, um auch in geographischer

---

[300] Hist. 7, 2, 7 ff.: *dictum est etiam, uastatae per Medos Babyloniae et inruptae per Gothos Romae pares admodum annorum numeros cucurrisse. — (8) Nunc autem his illud adicio, quo magis clareat unum esse arbitrum saeculorum regnorum locorumque omnium Deum. (9) regnum Carthaginiense a conditione usque ad euersionem eius, paulo amplius quam septingentis annis stetit, aeque regnum Macedonicum a Carano usque ad Persen paulo minus quam septingentis; utrumque tamen septenarius ille numerus, quo iudicantur omnia, terminauit. (10) Roma ipsa etiam, quamuis ad aduentum Domini Iesu Christi perfecto proueheretur imperio, tamen paululum et ipsa in occursu numeri huius offendit. (11) nam septingentesimo conditionis suae anno quattuordecim uicos eius incertum unde consurgens flamma consumpsit, nec umquam, ut ait Liuius, maiore incendio uastata est; adeo, ut post aliquot annos Caesar Augustus ad reparationem eorum, quae tunc exusta erant, magnam uim pecuniae ex aerario publico largitus sit. (12) poteram quoque ostendere eundem duplicatum numerum mansisse Babyloniae, quae post mille quadringentos et quod excurrit annos ultime a Cyro rege capta est, nisi praesentium contemplatione reuocarer.*

[301] Zu den Zahlen vgl. Schöndorf S. 33 ff. und Vittinghoff S. 538 Anm. 1; zum Zahlensymbolismus, in dem die „7" eine besondere Rolle spielt (Hist. 7, 2, 9), vgl. grundsätzlich auch Lacroix S. 81 ff. und von den Brincken S. 85. Vgl. oben Anm. 140.

[302] Über das makedonische Reich vgl. Lippold, Griechisch-makedonische Geschichte S. 437 ff.: Orosius unterstreicht auch in den Quellenberichten den Weltreichscharakter Makedoniens (ebda. S. 453).

Hinsicht eine universale Tendenz zu erreichen (so CORSINI S. 166). Nach CORSINI (ebda.) hat Orosius das Medische Reich dem Babylonischen auch deshalb hinzugefügt, um eine Dauer von 1400 Jahren zu erhalten. Wichtiger scheint mir jedoch, daß Orosius aus der römischen Perspektive schreibt, für die Karthago tatsächlich eine entscheidende Rolle spielt; zudem war Spanien, die Heimat des Priesters, Teil des Karthagischen Reichs. Darüber hinaus sollte man nicht übersehen, daß Orosius in Afrika schreibt.

Unter den vier Weltreichen ragen Babylon und Rom noch einmal besonders hervor; *distinctis gradibus* (Hist. 2, 1, 5) übernehmen die (unbedeutenderen) Mittelreiche nur noch eine „prokuratorische" oder, wie VITTINGHOFF es ausdrückt, „vormundschaftliche" Funktion als verwaltende Instanzen.

Nicht zufällig führt Orosius die Regna-Lehre an, als er den wahren Gott gegen die Heiden verteidigt (Hist. 2, 1, 1 ff.); sein ganzer historischer Gottesbeweis (vgl. oben S. 39 ff.) und sein Gottesbild (oben S. 46 f.) gipfeln in dem Kommentar über die vier Weltreiche: In diesem System der Herrschaftsfolge wird nämlich Gottes planmäßige Lenkung[303] für den Menschen in der Geschichte greifbar. Gottes leitende Hand offenbart sich nicht zuletzt in den historischen Bezügen zwischen Babylon und Rom. Diese beiden Reiche am Anfang und am Ende der Entwicklung, die Orosius so gern miteinander vergleicht,[304] haben einander in direkter chronologischer Folge abgelöst, denn zur Zeit des letzten Assyrerherrschers regierte der erste römische König; als der Meder Arbaces nämlich die Babylonierherrschaft beendete, regierte in Italien Procas, der Urgroßvater des Romulus;[305] als Cyrus wiederum die

---

[303] Vgl. Lippold, Griechisch-makedonische Geschichte S. 438.

[304] Hist. 7, 2, 1 ff.: *Principio secundi libelli cum tempora Romanae conditionis stili tenore perstringerem, multa conuenienter inter Babylonam urbem Assyriorum tunc principem gentium et Romam aeque nunc gentibus dominantem conpacta conscripsi: (2) fuisse illud primum, hoc ultimum imperium; illud paulatim cedens, at istud sensim conualescens; defluxisse illi sub uno tempore nouissimum regem, cum isti primum fuisse; illam deinde tunc inuadente Cyro captam uelut in mortem concidisse, cum istam fiducialiter adsurgentem post expulsos reges liberis uti coepisse consiliis; (3) praecipue cum, uindicante libertatem suam Roma, tunc quoque Iudaeorum populus, qui apud Babylonam sub regibus seruiebat, in sanctam Hierusalem recepta libertate redierit templumque Domini, sicut a prophetis praedictum fuerat, reformarit.*

[305] Hist. 2, 2, 3 f.: *ita Nini et Babylonis regnum eo anno in Medos deriuatum est, quo anno apud Latinos Procas, Amuli et Numitoris pater, auus autem Rheae Siluiae, quae mater Romuli fuit, regnare coepit.* — Mit eben diesem Procas beginnt aber die gesamte römische Historiographie, ein Beweis dafür, daß hier weder Zufall noch Menschenwerk im Spiel sind, sondern *omnia haec ineffabilibus mysteriis et profundissimis Dei iudiciis disposita.* — Vgl. aber unten S. 75.

Die Weltreichslehre 75

Mederherrschaft ablöste, befreite man sich in Rom von der Königsherrschaft.[306] In solchen Parallelen zeigt sich die *conuenientia temporum*, die die Geschichte als Gottes Werk offenbart und die vergleichende Geschichtsbetrachtung des Orosius (oben S. 19f.) rechtfertigt.[307] Zahlreiche zeitliche Parallelen in der Entwicklung der beiden größten Reiche begleiten ihre Geschichte:[308] 64 Jahre nach dem Beginn der Herrschaft des Ninus begann Semiramis mit dem Bau Babylons, 64 Jahre nach dem Beginn der Herrschaft des Procas erbaute Romulus die Stadt Rom (Hist. 2, 2, 5). Wie der Assyrer Belus, war schon Cäsar der erste „königliche Herrscher", doch wie Ninus gilt erst Augustus als der erste König bzw. Kaiser; im 43. Regierungsjahr des Ninus wurde Abraham, dem Christus geweissagt war, und ganz am Ende des 42., gleichsam in das 43. Regierungsjahr des Augustus hinein, wurde Christus selbst geboren.[309] Beide Reiche wurden schließlich knapp 1164 Jahre nach ihrer Gründung durch einen Verwaltungsbeamten bedroht und erobert, Babylon durch den Meder Arbaces, Rom durch den Goten Alarich, doch haben sie diese Gefahr überstanden.[310] Durch diese Parallele schwächt Orosius den Goteneinfall noch einmal ab!

[306] Vgl. Hist. 2, 2, 9f.: *Babylon itaque eo anno sub Arbato praefecto dehonorata, quo Roma sub Proca rege, ut proprie dixerim, seminata est. Babylon nouissime eo tempore a Cyro rege subuersa, quo primum Roma a Tarquiniorum regum dominatione liberata est.* (10) *siquidem sub una eademque conuenientia temporum illa cecidit, ista surrexit; illa tunc primum alienorum perpessa dominatum, haec tunc primum etiam suorum aspernata fastidium, illa tunc quasi moriens dimisit hereditatem, haec uero pubescens tunc se agnouit heredem; tunc Orientis occidit et ortum est Occidentis imperium.*

[307] Vgl. Müller, Hand Gottes S. 21f.

[308] Vgl. dazu Corsini S. 184f. und Schöndorf S. 25f. — Nach Lippold, Rom S. 35ff., hatte der Vergleich mit Babylon von Natur aus einen negativen Einschlag.

[309] Hist. 7, 2, 13ff.: *illud sane libenter adicio, quia primi illius regum omnium Nini — quamuis et pater eius Belus obscure primus regnasse referatur — illius ergo Nini anno, postquam regnare coeperat, quadragesimo tertio natus est sanctus ille Abraham, cui dictae sunt repromissiones, ex cuius semine promissus est Christus;* (14) *deinde nunc primi istius imperatorum omnium Augusti Caesaris — quamuis et pater eius Caesar metator imperii potius quam imperator exstiterit — istius ergo Caesaris, posteaquam imperare coepit, emenso propemodum anno quadragesimo secundo natus est Christus, qui Abrahae sub Nino primo rege fuerat repromissus.* (15) *natus est autem VIII kalendas Ianuarias, cum primum incrementa omnia anni uenientis incipiunt. ita factum est, ut, cum Abraham quadragesimo tertio anno natus sit, sub fine quadragensimi secundi natiuitas Christi conueniret, ut iam non ipse in parte tertii anni sed in ipso potius tertius annus oreretur.*

[310] Hist. 2, 3, 2ff.: *ita Babylon post annos MCLX et propemodum quattuor, quam condita erat, a Medis et (ab) Arbato, rege eorum, praefecto autem suo, spoliata opibus*

Obwohl der Abstieg Babylons mit dem Aufstieg Roms zusammenfiel,[311] kam es doch nicht zu einer direkten Konfrontation oder zu einer gewaltsamen Ablösung der Reiche (es gibt also keinen eigentlichen Translatio-Gedanken im Sinne einer direkten Übertragung der Herrschaft von Babylon auf Rom);[312] der Wandel der Herrschaft *(regna mutata)* wird vielmehr durch den Zwang der fortschreitenden Zeit *(potestas temporis)* hervorgerufen (Hist. 2, 1, 6), der Babylon naturgemäß altern läßt: Der Generationenvergleich, das *pater-filius*-Verhältnis zwischen Babylon und Rom, das die Weltherrschaft der beiden Zwischenreiche Makedonien und Afrika in Form einer Regentschaft für Babylons unmündigen Sohn, Rom, erst bedingt,[313] macht den Wandel der Weltherrschaft gleichsam zu einer organischen Entwicklung, nämlich zu einer Ablösung der Herrschaft innerhalb der eigenen Familie (der Familie der Menschen): Rom tritt in das väterliche Erbe ein (Anm. 306). Orosius sieht das Vergehen der Reiche als einen natürlichen Vorgang, dem alles Geschaffene gleichsam nach einem historisch-organischen Gesetz des Alterns unterworfen ist;[314] das älteste Reich (Babylon) muß folglich als erstes zugrunde gehen, doch bleibt eine Kontinuität durch Tradierung des Erbes gewahrt.[315] Orosius befreit auf diese Weise Rom von dem Vorwurf eines bewußten Machtstrebens, das zur Vernichtung des Vorgängers geführt

et regno atque ipso rege priuata est: ipsa tamen postea aliquamdiu mansit incolumis. (3) *similiter et Roma post annos totidem, hoc est MCLX et (fere) quattuor, a Gothis et Alaricho rege eorum, comite autem suo, inrupta et opibus spoliata non regno, manet adhuc et regnat incolumis,* (4) *quamuis in tantum arcanis statutis inter utramque urbem conuenientiae totius ordo seruatus sit, ut et ibi praefectus eius Arbatus regnum inuaserit et hic praefectus huius Attalus regnare temptarit; tametsi apud hanc solam merito Christiani imperatoris adtemptatio profana uacuata sit.* — Vgl. Hist. 7, 2, 7 (oben Anm. 300).

[311] Vgl. Anm. 304. Vgl. auch Torres S. 130: Roms Aufstieg ist ein Gegengewicht gegen den Fall Babylons.

[312] Anders wohl Werner Goez, Translatio imperii, Tübingen 1958, S. 47f.

[313] Vgl. Schöndorf S. 24.

[314] Vgl. auch Hist. 2, 4, 15: Nach der Vertreibung der römischen Könige wurden Konsuln eingesetzt; *quibus ueluti adulta reipublicae crescentis aetas robustioribus ausis exercebatur.* — Vgl. Schöndorf S. 28; M. de Castro S. 210f. (Vergleich der Reiche mit den Menschenaltern.) Dazu allgemein Reinhard Häußler, Vom Ursprung und Wandel des Lebensaltervergleichs, Hermes 92, 1964, S. 313—41.

[315] Hist. 2, 6, 13: *Exaggerare hoc loco mutabilium rerum instabiles status non opus est: quidquid enim est opere et manu factum, labi et consumi uetustate, Babylon capta confirmat; cuius ut primum imperium ac potentissimum exstitit ita et primum cessit, ut ueluti quodam iure succedentis aetatis debita posteris traderetur hereditas, ipsis quoque eandem tradendi formulam seruaturis.*

Die Weltreichslehre 77

hätte, während die tatsächlich bedrohlichen Kräfte, die Meder in Babylon,[316] die Orosius mit den Goten im Rom der eigenen Zeit vergleicht (Anm. 310), gar nicht Träger eines neuen Weltreichs werden konnten,[317] zumal Babylon dem Namen nach unter chaldäischer Herrschaft fortbestand;[318] (unter diesem Gesichtspunkt gewinnt die Tatsache, daß Orosius im Gegensatz zu Hieronymus das Reich der Meder und Perser in der Weltreichslehre übergeht, noch einmal eine besondere Bedeutung). Nicht Rom, sondern Meder und Goten sind Triebkräfte der Unglücksgeschichte, die der Spanier in seinen Historien aufzeigen will, denn die Ablösung der Herrschaft bedeutet Krieg und Unglück; die Zerstörung des Babylonischen Reichs durch die Meder war ebenso Ursache vieler Kämpfe[319] wie später die Zerstörung des Persischen Reichs durch die Makedonen,[320] während Rom, dem als glanzvollem Abschluß dieser Entwicklung die Herrschaft wie von selbst zufiel, elegant aus einer so negativen Charakterisierung ausgenommen bleibt: Rom ist das schönste und größte Reich,[321] sein Herrscher (Augustus) *princeps omnium,* und die Römer sind *domini rerum* (Hist. 7, 22, 7). Obwohl selbst Reich des Westens, sind in der weltweiten Ausbreitung Roms alle vier Himmelsrichtungen und damit — so will Orosius wohl sagen — auch alle bisherigen Reiche auf-

---

[316] Vgl. Hist. 2, 2, 2: *sed cum Arbatus, quem alii Arbacen uocant, praefectus Medorum idemque natione Medus, Sardanapallum regem suum apud Babylonam interfecisset, regni nomen et summam ad Medos transtulit* (nach Hier. 1198: *regnum in Medos transtulit*).

[317] Für die Nicht-Eignung der Goten zur Staatsbildung ist eine Rede des Gotenkönigs Athaulf bezeichnend; dazu unten S. 132 f.

[318] Hist. 2, 2, 6 f.: *discedente autem Arbato in Medos, partem regni penes se retinuere Chaldaei, qui Babylonam sibi aduersum Medos uindicauerunt. (7) ita Babyloniae potestas apud Medos, proprietas apud Chaldaeos fuit: Chaldaei autem propter antiquam regiae urbis dignitatem non illam suam, sed se illius uocare maluerunt.*

[319] Hist. 1, 19, 1 ff.: *exin regnum Assyriorum in Medos concessit. (2) deinde multis proeliis undique scatescentibus, quae per ordinem disserere nequaquam aptum uidetur, per uarios prouentus ad Scythas Chaldaeosque et rursus ad Medos parili uia rediit. (3) in qua breuitate pensandum est: quantae ruinae cladesque gentium fuere, quanta bella fluxerunt ubi totiens tot et talia regna mutata sunt.*

[320] Hist. 3, 17, 4: *hoc proelio Asiae uires et regna ceciderunt totusque Oriens in potestatem Macedonici cessit imperii atque ita attrita est in hoc bello Persarum omnis fiducia, ut post hoc nullus rebellare ausus sit patienterque Persae post imperium tot annorum iugum seruitutis acceperint.*

[321] Hist. 6, 1, 10/12: *quodsi aliqui hanc lucidissimam rationem inritam putant, suisque dis potius adsignant, quos primum prudentia elegerint, deinde praecipuo cultu inuitarint, ut sibi per eos amplissimum hoc pulcherrimumque imperium conderetur. ... (12) unde ... et mihi locus exigit, ut pauca subiciam.* — Vgl. Hist. 7, 1, 7 (oben Anm. 179): *Romanum imperium tam amplum ac tam sublime.*

gegangen:[322] Rom bildet den Höhepunkt, aber auch den Endpunkt der Abfolge. Mit der Bindung an die vier Himmelsrichtungen schließt Orosius die Regna-Folge zeitlich ab; Rom ist nicht nur das vierte, sondern auch das letzte Reich (*ultimum regnum*) und tritt an den Endpunkt der Geschichtsentwicklung. Trotz aller angeführten Ähnlichkeiten zwischen Babylon und Rom in Entstehung, Macht, Größe, Geschichte sowie gutem und schlechtem Schicksal gibt es daher doch einen entscheidenden Unterschied im Ausklang der beiden Reiche, den Orosius eng mit der Frage der Religion verbindet: Rom behält seine Herrschaft, weil es ein christliches Reich geworden ist, das von einem christlichen Kaiser regiert und von Christen bewohnt wird, denen ja die Schonung der Welt (vor Unglücken) zu verdanken ist. Allein um dieses Glaubens willen ist der Ausgang der beiden Reiche verschieden, denn ein christliches Rom wird nicht, wie das heidnische Babylon, untergehen (Hist. 2, 3, 6f.):

(6) *ecce similis Babyloniae ortus et Romae, similis potentia, similis magnitudo, similia tempora, similia bona, similia mala; tamen non similis exitus similisue defectus. illa enim regnum amisit, haec retinet; illa interfectione regis orbata, haec incolumi imperatore secura est.* (7) *et hoc quare? quoniam ibi in rege libidinum turpitudo punita, hic Christianae religionis continentissima aequitas in rege seruata est; ibi absque religionis reuerentia auiditatem uoluptatis licentia furoris impleuit, hic et Christiani fuere, qui parcerent, et Christiani, quibus parcerent, et Christiani, propter quorum memoriam et in quorum memoria parceretur.*[323]

Altern und Fortbestand Roms können leicht als Widerspruch aufgefaßt werden, zumal SCHÖNDORF (S. 26f.) zu Recht den Gegensatz zur Auffassung Augustins vom Rom als einem zweiten Babel (civ. Dei 18, 2) betont; Augustins Gleichsetzung von Rom und Babylon (civ. Dei 19, 26) kann durchaus als Antwort auf die Historien gelten, und man hat Orosius kritisiert, weil er den göttlichen Weltplan dermaßen an äußerliche, historische Entwicklungen gebunden sah; wichtiger ist es freilich, darin gerade eine Eigenart des Spaniers zu erkennen. STRAUB, Geschichtsapologetik S. 265f., erklärt den festen Glauben des Orosius an den Fortbestand des Imperium Romanum aus seiner römischen Reichsideologie, die sich mit einem ungeheuren Fortschrittsoptimismus (als einem wesentlichen Bestandteil seiner Apologie) verbindet. Es ist jedenfalls charakteristisch für die Geschichtstheologie des Orosius, daß sich Fortbestand und Ende Roms nicht ausschließen;[324] man muß nämlich berücksichtigen, daß die gesamte

---

[322] Hist. 5, 2, 3: *latitudo orientis, septentrionis copiositas, meridiana diffusio, magnarum insularum largissimae tutissimaeque sedes mei iuris et nominis sunt, quia ad Christianos et Romanos Romanus et Christianus accedo.* — Bezeichnenderweise fehlt in dieser Aufzählung der Westen, weil er ohnehin dem Römischen Reich als dem *regnum occidentis* gehörte!

[323] Vgl. dazu Corsini S. 183.

[324] Vgl. auch Heinz Löwe, Von Theoderich dem Großen zu Karl dem Großen. Das Werden des Abendlandes im Geschichtsbild des frühen Mittelalters, Deutsches Archiv 9, 1952, (ND. Darmstadt 1956, S. 25 Anm. 49).

irdische Geschichte einem Endpunkt zustrebt, dem erst die Ewigkeit folgt: Für den Christen Orosius bedeutet ein „ewiges Rom" (vgl. oben Anm. 148) natürlich nur den Fortbestand bis zum Ende der Welt, bis zum Jüngsten Gericht; der Kommentar zu Gottes Eingreifen während des Goteneinfalls (Hist. 7, 39, 15 — oben Anm. 159) ist also so zu verstehen, daß Rom nicht durch Menschen, sondern nur durch Gott zerstört werden kann. Orosius kritisiert nicht den *Roma-aeterna*-Gedanken, der doch die Grundlage der heidnischen Vorwürfe gegen die Christen nach dem Alarich-Einfall bildete (oben S. 32 f.), sondern er nimmt ihn auf, soweit das ein jenseitsorientierter Christ vermag, und gliedert ihn in seine Geschichtstheologie ein; das bedeutet: Er glaubt, daß mit dem Ende Roms die irdische Geschichte überhaupt aufhört (und macht aus dieser Idee wiederum eine Waffe gegen das Heidentum).[325] Mit dem eschatologischen Charakter des Römischen Reichs nimmt Orosius eusebianische Gedanken wieder auf (vgl. PASCHOUD S. 278 ff.).

Orosius äußert sich nun nicht direkt über den Zeitpunkt des Weltendes und des Untergangs des römischen Weltreichs; zumindest aber erwartet er beides wohl in nicht allzu ferner Zukunft, hat doch gemäß dem Gesetz des Alterns auch Rom bereits jetzt den Zustand der Altersschwäche erreicht.[326] SCHÖNDORF (S. 24) schließt aus den Zahlen für die Dauer der einzelnen *regna*, daß Orosius auch für Rom eine 1400- jährige Geschichte erwartet, auch wenn er es nicht offen auszusprechen wagt. Der Priester betont schließlich ausdrücklich, daß Rom nach 700 Jahren — der Dauer der Zwischenreiche — eine Existenzkrise durchgemacht hat: Ein Brand vernichtete vierzehn Dörfer (Hist. 7, 2, 11 — oben Anm. 300; vgl. Hist. 6, 14, 5). Zwingend ist die Folgerung für die Dauer des Römischen Reichs allerdings nicht, da Orosius, wie wir gesehen haben, den Unterschied zwischen Babylon und Rom gerade in bezug auf das Ende herausstreicht, und VON DEN BRINCKEN (S. 83 f.) betont demgemäß, daß Orosius bewußt auf Terminberechnungen verzichte.

Die gesamte Weltreichstheorie des Orosius, die — nicht zufällig erstmals im zweiten Buch mit dem Beginn der römischen Geschichte! — nur in den Prologen dargestellt wird, nicht aber als Gliederungsschema der Chronik dient,[327] läuft auf die endzeitbezogene, heilsgeschichtliche Aufgabe Roms hinaus. Die Regna-Lehre an sich erweist mit dem Ordnungsgedanken in der Geschichte (MÜLLER S. 21) die göttliche Weltregierung, ihre konkrete Ausgestaltung zeigt eine Entwicklung aller Herrschaft auf die römische hin und offenbart auf diese Weise, daß Gott Rom für ganz besondere Aufgaben auserwählt hat.

---

[325] So Müller, Hand Gottes S. 24 f.
[326] Hist. 2, 6, 14: *ita ad proxima aduentantis Cyri temptamenta succubuit magna Babylon et ingens Lydia, amplissima Orientis cum capite suo bracchia unius proelii expeditione cediderunt: et nostri incircumspecta anxietate causantur, si potentissimae illae quondam Romanae reipublicae moles nunc magis inbecillitate propriae senectutis quam alienis concussae uiribus contremescunt.* — Vgl. aber unten S. 126.
[327] So auch Diesner S. 92.

2. Rom in der Entwicklung zum Christentum[328]

Rom besaß seine heilsgeschichtliche Aufgabe von Anfang an,[329] und Orosius unterstreicht dieses Erwähltsein, indem er Parallelen zum Gottesvolk Israel zieht: Als Rom sich der Königsherrschaft entledigen konnte, erlangten gleichzeitig die Israeliten die Befreiung aus der Babylonischen Gefangenschaft (Hist. 7, 2, 3 — oben Anm. 304),[330] und wie den Israeliten von Anfang an Christus prophezeit war, so dient auch der Aufstieg des vierten Weltreichs der Ankunft Christi:[331] Rom ist von Gott gegründet und von den kleinsten Anfängen über die Herrschaft von Königen und Konsuln auf die größte Höhe geführt worden, damit zur Zeit der Friedensherrschaft des ersten Kaisers, die beinahe die ganze Welt umfaßte, im Mittel- und Wendepunkt der Geschichte, Christus geboren werden konnte (Hist. 6, 1, 5f.):[332]

itaque idem unus et uerus Deus, in quem omnis, ut diximus, etsi ex diuersis opinionibus secta concurrit, mutans regna et disponens tempora, peccata quoque puniens, quae infirma sunt mundi elegit, ut confundat fortia (nach 1. Kor. 1, 27), *Romanumque imperium adsumpto pauperrimi status pastore fundauit.* (6) *hoc per reges et consules diu prouectum postquam Asiae Africae atque Europae potitus est, ad unum imperatorem eundemque fortissimum et clementissimum cuncta sui ordinatione congessit.*

Ganz im Sinne seiner gerechten Weltlenkung, die die Herrschaft dem Sündigen entzieht und dem Schwachen verleiht, hat Gott also Rom erwählt, um den würdigen, staatlichen Rahmen für die Ankunft seines Sohnes zu schaffen: Mehrmals betont Orosius (vor dem Hintergrund der von Augustus erlassenen und in der Geschichte erstmaligen Steuerzählung), daß Christus als Römer geboren werden wollte.[333]

---

[328] Über die grundsätzlich positive Einstellung des Orosius gegenüber dem römischen Staat vgl. Lippold, Rom S. 33 ff. Vgl. oben S. 14 f.
[329] Vgl. Lippold, Rom S. 63; Suerbaum S. 236 f.; Lacroix S. 149; Löwith S. 162 f.
[330] Vgl. Green S. 142 f.
[331] Vgl. Torres S. 129.
[332] Vgl. dazu Lacroix S. 144 f. und Suerbaum S. 237. Vgl. künftig auch Andreas Mehl, Orosius über Christi Geburt und die Regierung des Augustus, in: Aufstieg und Niedergang der römischen Welt (Festschrift J. Vogt), ca. 1979/80, Kap. II, ca. Anm. 25, dem ich auch an dieser Stelle für die Überlassung seines Manuskripts danke.
[333] Hist. 6, 22, 6 ff.: *eodem quoque anno tunc primum idem Caesar, quem his tantis mysteriis praedestinauerat Deus, censum agi singularum ubique prouinciarum et censeri omnes homines iussit, quando et Deus homo uideri et esse dignatus est. tunc igitur natus est Christus, Romano censui statim adscriptus ut natus est.* (7) *haec est prima illa clarissimaque professio, quae Caesarem omnium principem Romanosque rerum dominos singillatim cunctorum hominum edita adscriptione signauit, in qua se et*

Orosius ist, wie LIPPOLD, Rom S. 49, hervorhebt, der erste, der Steuer und Bürgerrecht in Verbindung zueinander setzt und daher Christus als *ciuis Romanus* bezeichnen kann. Der Bezug zwischen der Begründung der römischen Monarchie und der späten Ankunft Christi (vgl. auch oben S. 39 ff.) ist seine Antwort auf die Polemik der Heiden gegen die scheinbare Ohnmacht Gottes. Schon vor Orosius hat man aber das Imperium Romanum mit dem christlichen Monotheismusdogma in Verbindung gebracht; vor allem Eusebius von Cäsarea verknüpft Römisches Reich und Friedensgedanken, aber auch Monarchie und Monotheismus miteinander, und Orosius kann auf diese Gedanken zurückgreifen.[334]

Christi Geburt war lange, im Grunde vom Beginn aller Geschichte an, vorbereitet, Rom, wie gesagt, seit seiner Gründung zur Aufnahme des Gottessohnes bestimmt. Gottes Arm wachte deshalb auch in heidnischer Zeit über dem zu Großem berufenen vierten Weltreich,[335] denn Orosius wertet bereits den Abzug Hannibals aus Italien als eine *diuina miseratio*, die Rom für den künftigen Glauben erhalten sollte.[336]

ipse, qui cunctos homines fecit, inueniri hominem adscribique inter homines uoluit: quod penitus numquam ab Orbe condito atque ab exordio generis humani in hunc modum ne Babylonio quidem uel Macedonico, ut non dicam minori cuiquam regno concessum fuit. (8) *nec dubium, quin omnium cognitioni fidei inspectionique pateat, quia Dominus noster Iesus Christus hanc urbem nutu suo auctam defensamque in hunc rerum apicem prouexerit, cuius potissime uoluit esse cum uenit, dicendus utique ciuis Romanus census professione Romani.* — Vgl. auch Hist. 7, 3, 4: *postquam redemptor mundi, Dominus Iesus Christus, uenit in terras et Caesaris censu ciuis Romanus adscriptus est, dum per duodecim, ut dixi, annos clausae belli portae beatissima pacis tranquillitate cohibentur, Gaium nepotem suum Caesar Augustus ad ordinandas Aegypti Syriaeque prouincias misit.* — Vgl. dazu auch Schöndorf S. 42; Straub, Geschichtsapologetik S. 263; Lacroix S. 144 f.; Paschoud S. 284.

[334] Zur Übernahme einer politischen Theologie von den Juden und Griechen durch die christlichen Apologeten als Antwort auf die politische Theologie der Heiden und zur Geschichte des Monotheismus-Monarchie-Gedankens überhaupt vgl. Erik Peterson, Der Monotheismus als politisches Problem. Ein Beitrag zur Geschichte der politischen Theologie im Imperium Romanum, Leipzig 1935; über Eusebius ebda. S. 75 ff.; zu Vorbildern bei Origines (In Lc. hom. 11) und Ambrosius (Expos. Lc. 2, 36) vgl. Ilona Opelt, Augustustheologie und Augustustypologie, Jahrbuch für Antike und Christentum 4, 1961, S. 46; zu Eusebius R. Farina, L'impero e l'imperatore cristiano in Eusebio di Cesarea. La prima teologia politica del cristianesimo, Zürich 1966.

[335] Mit dieser Rückverlegung des göttlichen Schutzes in die Gründungszeit Roms geht Orosius noch weit über Eusebius hinaus (vgl. Peterson S. 91).

[336] Hist. 4, 17, 8 ff.: *Respondeant nunc mihi obtrectatores ueri Dei hoc loco: Hannibalem a capessenda subruendaque Roma utrum Romana abstinuit fortitudo an diuina miseratio? aut forsitan conseruati isti dedignantur fateri, quod Hannibal et uictor extimuit et cedens probauit ac* — (9) *si istam diuinam tutelam per pluuias de caelo*

In besonderem Maße aber fiel dem ersten Kaiser, Augustus, dem *fortissimus et clementissimus imperator* (Hist. 6, 1, 6), die Aufgabe zu, Christi Geburt vorzubereiten,[337] indem er ein weltweites Reich schuf, das nicht zuletzt dank der zu entrichtenden Steuer politisch geeint war und in Frieden lebte.[338] Die wohl aus der christlichen Exegese stammende heilsgeschichtliche Ausprägung des Augustusbildes (OPELT), die man seit PETERSON (S. 87) als Augustustheologie bezeichnet[339] und die sich — neben der Koinzidenz von Pax Romana und Geburt Christi, der Christusbezogenheit der Pax Romana und der Christianisierung des Census (OPELT S. 46) — in ins Christliche umgedeuteten Vorzeichen und in historischen Parallelen und Wundern[340] offenbart, beweist, daß die Entwicklung zur Monarchie gottgewollt war:

uenisse manifestum est, ipsam autem pluuiam opportunis et necessariis temporibus non nisi per Christum, qui est uerus Deus, ministrari — etiam ab huiusmodi satis certo sciri nec negari posse existimo: (10) *maxime nunc — quando ad documentum potentiae eius, cum siccitate turbante pluuiam poscere adsidue contingit, et alternis uicibus nunc gentiles nunc Christiani rogant nec umquam etiam ipsis testibus factum est, ut optati imbres superueniant nisi in die, quo rogari Christum et Christianis rogare permittitur —* (11) *procul dubio constat, urbem Romam per hunc eundem uerum Deum, qui est Christus Iesus, ordinantem secundum placitum ineffabilis iudicii sui, et tunc ad futurae fidei credulitatem seruatam fuisse et nunc pro parte sui incredula castigatam.* — Vgl. dazu Müller, Hand Gottes S. 24, und Mazzarino, Pensiero storico classico II, 2, S. 310ff., der auf die klassischen Vorbilder der Orosianischen Monarchieidee in der Liviustradition hinweist.

[337] Um eine Parallelisierung zwischen Christus und Augustus zu erreichen, läßt Orosius — ganz im Gegensatz zu seiner Quelle (Hier. 1968) — die Kaiserreihe nicht mit Cäsar, sondern erst mit Augustus beginnen. — Zum Synchronismus von Augustus und Christus bereits in den ersten Büchern vgl. Mehl, Augustus Kap. II.

[338] Hist. 6, 20, 4: *de quo nostrae istius fidelissimae obseruationis sacramento uberius nunc dicere nec ratio nec locus flagitat, ut et quaerentibus reseruasse et neglegentibus non ingessisse uideamur. hoc autem fideliter commemorasse ideo par fuit, ut per omnia uenturi Christi gratia praeparatum Caesaris imperium conprobetur.* — Vgl. auch Hist. 6, 20, 8 (unten Anm. 346). — Zu diesen Voraussetzungen vgl. künftig auch Mehl, Augustus Kap. III, 6.

[339] Vgl. dazu Schöndorf S. 37ff.; Lippold, Rom S. 47ff.; Lacroix S. 145ff.; Corsini S. 172ff.; Green S. 141f.; Opelt S. 46ff.; Mehl, Augustus, passim, bes. Kap. III, 4; Angel Ferrari, El año 38 a. de C. en Cassio Dio, San Jeronimo y Orosio, Boletin de la real academia de la historia 166, 1970, S. 159ff.; Eugen von Frauenholz, Imperator Octavianus Augustus in der Geschichte und Sage des Mittelalters, Historisches Jahrbuch 46, 1926, S. 90ff. — Zur Nachwirkung der Augustustheologie vgl. unten S. 161.

[340] Mysteria: Hist. 6, 22, 6 (oben Anm. 333).

(1) Bei der ersten Ankunft des Augustus in Rom nach der Ermordung Cäsars (44 v. Chr.) zeugte ein regenbogenartiger Kreis um die Sonne sowohl von der künftigen Macht des Kaisers wie von der bevorstehenden Geburt Christi.[341] (2) Bei seiner zweiten, siegreichen Rückkehr (aus Sizilien) nach Rom (36 v. Chr.), als er die Tribunengewalt auf Lebenszeit erhielt,[342] sprudelte in einem Wirtshaus einen ganzen Tag lang eine Ölquelle. Orosius deutet das Öl als die Salbung der Christen in Christus, also in der Kirche,[343] den Tag, an dem die Quelle sprudelte, aber als die Zeit des Römischen Reichs, und er wertet das Ereignis auf diese Weise als ein Zeichen der bevorstehenden Geburt Christi, des „Gesalbten", und der fortwährenden Christianisierung.[344] In dieser Prophetie kündigt sich erstmals eine Lebensgemeinschaft zwischen der religiösen und der staatlichen Sphäre, zwischen Christentum und Rom, an.

[341] Hist. 6, 20, 5: *Nam cum primum, C. Caesare auunculo suo interfecto, ex Apollonia rediens Vrbem ingrederetur, hora circiter tertia repente liquido ac puro sereno circulus ad speciem caelestis arcus orbem solis ambiit, quasi eum unum ac potissimum in hoc mundo solumque clarissimum in orbe monstraret, cuius tempore uenturus esset, qui ipsum solem solus mundumque totum et fecisset et regeret.*

[342] Die Übertragung der *tribunicia potestas* fiel tatsächlich erst ins Jahr 23, als Augustus bereits sieben Jahre allein regierte, vier Jahre nach der Annahme des Augustustitels.

[343] Zu dieser Interpretation vgl. Schöndorf S. 60.

[344] Hist. 6, 20, 6 f.: *Deinde cum secundo, in Sicilia receptis a Pompeio et Lepido legionibus, XXX milia servorum dominis restituisset et quadraginta et quattuor legiones solus imperio suo ad tutamen orbis terrarum distribuisset ouansque Vrbem ingressus omnia superiora populi Romani debita donanda, litterarum etiam monumentis abolitis, censuisset: in diebus ipsis fons olei largissimus, sicut superius expressi, de taberna meritoria per totum diem fluxit. quo signo quid euidentius quam in diebus Caesaris toto Orbe regnantis futura Christi natiuitas declarata est? Christus enim lingua gentis eius, in qua et ex qua natus est, unctus interpretatur. (7) itaque cum eo tempore, quo Caesari perpetua tribunicia potestas decreta est, Romae fons olei per totum diem fluxit: sub principatu Caesaris Romanoque imperio per totum diem, hoc est per omne Romani tempus imperii, Christum et ex eo Christianos, id est unctum atque ex eo unctos, de meritoria taberna, hoc est de hospita largaque Ecclesia, affluenter atque incessabiliter processuros restituendosque per Caesarem omnes seruos, qui tamen cognoscerent dominum suum, ceterosque, qui sine domino inuenirentur, morti supplicioque dedendos, remittendaque sub Caesare debita peccatorum in ea urbe, in qua spontaneum fluxisset oleum, euidentissima his, qui Prophetarum uoces non audiebant, signa in caelo et in terra prodigia prodiderunt.* — Daß es sich hier um ein einziges Vorzeichen und nicht um ein zweimaliges Wunder zu verschiedenen Zeiten handelt, betont gegen Opelt S. 47/56 auch Mehl, Augustus (ca. Anm. 193).

(3) Die Rückkehr des Kaisers nach Rom in seinem 5. Konsulatsjahr (29 v. Chr.), die mit einem Triumphzug verbunden war, fiel zusammen mit der Annahme des Augustustitels, die nach Orosius die Monarchie begründete,[345] sowie mit dem Schließen des Janustores, das den Frieden verkündete,[346] und beides geschah bezeichnenderweise an einem 6. Januar, an dem die Christen später die Erscheinung des Herrn (Epiphanias) feiern sollten:[347] Triumph, Friede und Kaisertitel des Augustus an einem Tag sind wiederum Beweis einer Ordnung in der Geschichte *(ordo gestorum)*. Augustus schloß das Janustor erneut nach dem Sieg über die spanischen Cantabrer (20. v. Chr.) (Hist. 6, 20, 9; 6, 21, 11) und schließlich noch einmal für zwölf Jahre nach der Unterwerfung der Parther.[348] Dieser zwölfjährige Friede, der dem Erscheinen des Messias vorausgesagt war, leitete die Geburt Christi ein. Konsequenterweise erscheint Orosius die Herstellung der inneren und äußeren Ruhe, die Friedensherrschaft, als das hervorstechendste Merkmal der

---

[345] Hist. 6, 20, 2: *hoc die primum Augustus consalutatus est; quod nomen, cunctis antea (inuiolatum) et usque ad nunc ceteris inausum dominis, tantum Orbis licite usurpatum apicem declarat imperii, atque ex eodem die summa rerum ac potestatum penes unum esse coepit et mansit, quod Graeci monarchiam uocant.*

[346] Hist. 6, 20, 8: *Tertio autem, cum Vrbem triumphans quintum consul ingressus est, eo scilicet die, quem supra nominauimus, et Ianum post ducentos annos primum ipse clausit et clarissimum illud Augusti nomen adsumpsit, quid fidelius ac uerius credi aut cognosci potest, concurrentibus ad tantam manifestationem pace nomine die, quam hunc occulto quidem gestorum ordine ad obsequium praeparationis eius praedestinatum fuisse, qui eo die, quo ille manifestandus mundo post paululum erat, et pacis signum praetulit et potestatis nomen adsumpsit?*

[347] Zur historischen (Un-) Richtigkeit des Datums vgl. Lippold, Rom S. 48 und künftig Mehl, Augustus, Kap. III, 4: Der Triumph fiel in den August, die Schließung des Janustores auf den 11. Januar des Jahres 29; die Annahme des Augustustitel geschah erst im Januar 27. Mehl betont zu Recht, daß Orosius dennoch keine Geschichtsverfälschung vorzuwerfen ist, da er in Übereinstimmung mit anderen Autoren und Quellen schreibt, in denen die Chronologie zumindest unsicher ist. Zur möglichen Quelle vgl. Opelt S. 55 ff., der gegenüber Mehl aber richtig die Originalität der orosianischen Gedanken herausstellt; zum Epiphanias-Begriff des Orosius Th. E. Mommsen, Aponius and Orosius on the Significance of the Epiphany, in: Ders., Medieval und Renaissance Studies, New York 1966, S. 299—324.

[348] Hist. 6, 22, 1 f.: *Itaque anno ab Vrbe condita DCCLII Caesar Augustus ab oriente in occidentem, a septentrione in meridiem ac per totum Oceani circulum cunctis gentibus una pace conpositis, Iani portas tertio ipse tunc clausit. (2) quas ex eo per duodecim fere annos quietissimo semper obseratas otio ipsa etiam robigo signauit, nec prius umquam nisi sub extrema senectute Augusti pulsatae Atheniensium seditione et Dacorum commotione patuerunt.* — Vgl. auch Straub, Geschichtsapologetik S. 263.
— Zur historischen Einordnung vgl. Mehl, Augustus Kap. III, 5.

Regierung des Augustus,[349] der Friede als das größte Ideal (darüber unten S. 102ff.).

Augustus selbst ist freilich nur als Werkzeug Gottes in diese hohe, kaiserliche Stellung gelangt, und die Friedensherrschaft ist keineswegs ihm, dem *imperator unius urbis,* sondern Gott, dem Schöpfer der ganzen Welt, zuzuschreiben, der durch diesen Kaiser den würdigen politischen Rahmen schuf, um seinen Sohn in einer Glanzzeit der Geschichte wirken zu lassen.[350] Das geeinte, weltweite römische Kaiserreich schuf zugleich die Voraussetzungen für die jetzt einsetzende, unaufhaltsame Ausbreitung des christlichen Glaubens unter den Aposteln,[351] die nun als Römer unter Römern wirken konnten.[352] Römertum und Christentum verbanden sich immer stärker zu einer Einheit (dazu unten S. 107ff.), so daß die heilspendende Wirkung des

---

[349] Orosius verschweigt bewußt die Greueltaten des Princeps, nicht aber die seiner Kontrahenten (so Lippold, Rom S. 50). Dazu im einzelnen künftig Mehl, Augustus Kap. III, 1/3/5, der bei der Durchsicht der Ereignisse bezeichnenderweise herausarbeitet, daß Orosius trotz seiner positiven Schilderung des Augustus wiederum keine wirkliche Geschichtsverfälschung vorzuwerfen ist, da er vieles bereits so in seinen Quellen vorfand.

[350] Hist. 3, 8, 5ff.: *At uero, si indubitatissime constat sub Augusto primum Caesare post Parthicam pacem uniuersum terrarum orbem positis armis abolitisque discordiis generali pace et noua quiete conpositum Romanis paruisse legibus, Romana iura quam propria arma maluisse spretisque ducibus suis iudices elegisse Romanos, (6) postremo omnibus gentibus, cunctis prouinciis, innumeris ciuitatibus, infinitis populis, totis terris unam fuisse uoluntatem libero honestoque studio inseruire paci atque in commune consulere — quod prius ne una quidem ciuitas unusue populus ciuium uel, quod maius est, una domus fratrum iugiter habere potuisset —; (7) quodsi etiam, cum imperante Caesare ista prouenerint, in ipso imperio Caesaris inluxisse ortum in hoc mundo Domini nostri Iesu Christi liquidissima probatione manifestum est: (8) inuiti licet illi, quos in blasphemiam urguebat inuidia, cognoscere faterique cogentur, pacem istam totius mundi et tranquillissimam serenitatem non magnitudine Caesaris sed potestate filii Dei, qui in diebus Caesaris apparuit, exstitisse nec unius urbis imperatori sed creatori orbis uniuersi orbem ipsum generali cognitione paruisse, qui, sicut sol oriens diem luce perfundit, ita adueniens misericorditer extenta mundum pace uestierit.*

[351] Hist. 6, 1, 8: *deinde ut in magno silentio ac pace latissima inoffense et celeriter noui nominis gloria et adnuntiatae salutis uelox fama percurreret uel etiam ut discipulis eius per diuersas gentes euntibus ultroque per cunctos salutis dona offerentibus obeundi ac disserendi quippe Romanis ciuibus inter ciues Romanos esset tuta libertas.*
— Vgl. vor allem Hist. 6, 1, 24f. (oben Anm. 183).

[352] Orosius unterscheidet hier (aus seiner Gegenwart heraus) nicht mehr zwischen römischem Bürgerrecht und der Zugehörigkeit zum Imperium Romanum. Er erwähnt später auch nicht die von Caracalla erlassene *Constitutio Antoniana.*

Der Entwicklungsgedanke in der Geschichte

Glaubens fortan in noch höherem Maße auf die politische Welt, auf das von Gott auserwählte Rom zurückwirkte und die gesamte christliche Epoche zu einem *tempus salutis* machte.[353] Mit dem Christentum stabilisierte sich das zuvor wechselhafte Geschick Roms,[354] weil Gott bereits unter den heidnischen Kaisern immer wieder zur Rettung des Reichs eingriff[355] und das christliche Rom vollends zum Gottesvolk machte.[356] Die Synthese zwischen Herrschaft und Glauben wurde vollständig, als auch die Kaiser selbst sich zum Christentum bekehrten und die Christenverfolgungen aufhörten. Einen programmatischen Auftakt dazu bildete die kurze Regierungszeit des ersten christlichen Imperators Philippus,[357] der eigens — auch das ein deutliches Zeichen göttlicher Lenkung — zum Fest der Jahrtausendfeier der Gründung Roms, die er nach christlichem und nicht nach heidnischem Ritus austragen ließ, zum Kaiser bestimmt wurde.[358] Mit Konstantin schließlich begann die

---

[353] Hist. 7, 5, 4: *in diebus autem salutis, hoc est temporibus Christianis, conuellere quietem non potest uel Caesar infestus.*

[354] Vgl. Hist. 6, 14, 1ff.: *Igitur Romani status agitur semper alterna mutatio et uelut forma Oceanis maris, quae omni die dispar nunc succiduis per septem dies attollitur incrementis nunc insequentibus totidem diebus naturali damno et defectu interiore subducitur.* — Orosius erinnert an die existenzgefährdenden Bedrohungen durch die Kimbern, den Bürgerkrieg Sullas, den der weltweiten Ausdehnung folgenden Krieg zwischen Cäsar und Pompeius und den Brand Roms.

[355] So zur Zeit Trajans (Hist. 7, 11, 1): *Anno ab Vrbe condita DCCCXLVI ... Nerua admodum senex a Petronio praefecto praetorio et Parthenio spadone, interfectore Domitiani, imperator decimus ab Augusto creatus Traianum in regnum adoptauit, per quem reuera adflictae reipublicae diuina prouisione consuluit.* — Der Text lehnt sich allerdings eng an Eutrop 8, 1 an: *reipublicae divina provisione consuluit Traianum adoptando.* — Dann unter Claudius (Hist. 7, 6, 11 — oben Anm. 254) und unter Mark Aurel (Hist. 7, 15, 7ff. — oben Anm. 257).

[356] So Lacroix S. 158. Vgl. Corsini S. 86ff.: Rom erhielt — wie das Volk Israel im Alten Testament — eine spezielle Mission und wurde damit zum neuen Gottesvolk.

[357] Daß Philippus Christ war, entnimmt Orosius seiner Quelle (Hier. 2261f.): *Philippus ... primusque omnium ex Romanis imperatoribus Christianus fuit. Regnantibus Phillippis millesimus annus Romanae urbis expletus est.* — Tatsächlich entspricht die Behauptung wohl nicht der historischen Wahrheit, wurde aber von den Zeitgenossen als wahr anerkannt. Zur Entstehung der Nachricht vgl. Straub, Regeneratio S. 112f.; zur Bedeutung des Verzichts auf ein Opfer ebda. S. 113f. und S. 144f.

[358] Hist. 7, 20, 2f.: *hic primus imperatorum omnium Christianus fuit ac post tertium imperii eius annum millesimus a conditione Romae annus impletus est. ita magnificis ludis augustissimus omnium praeteritorum hic natalis annus a Christiano imperatore celebratus est. (3)nec dubium est, quin Philippus huius tantae deuotionis gratiam et honorem ad Christum et Ecclesiam reportarit, quando uel ascensum fuisse in Capitolium immolatasque ex more hostias nullus auctor ostendit.* — Vgl. auch Hist. 7, 28, 1:

Reihe der christlichen Kaiser,[359] wenn auch deren Kontinuität gelegentlich noch unterbrochen wurde, weniger weil mit Julian noch einmal ein Heide zum Kaiser erhoben wurde, sondern weil es unter den christlichen auch häretische *imperatores* wie Constantius und Valens gab. Um so positiver aber zeichnet Orosius die wirklich christlichen Herrscher der eigenen Gegenwart, vor allem Theodosius und Honorius.[360]

Die Heilsfunktion des Römischen Reichs erschöpft sich also nicht in der Vorbereitung der Geburt Christi, sondern wirkt, in verstärktem Maß, in den christlichen Zeiten fort; das Weltreich bietet den Raum für die Glaubensgemeinschaft der Christen. Das unter Gottes Schutz stehende, christlich geführte Rom aber besteht als viertes Weltreich trotz aller Anfechtungen bis zum Ende der Zeiten fort.[361]

Neben die „Romtheologie" des Orosius treten nicht zu übersehende Äußerungen der Romkritik.[362] Das ist von der Forschung erkannt und nicht zuletzt damit erklärt worden, daß Orosius einen Unterschied zwischen der Stadt und dem Staat Rom macht (LIPPOLD, Rom S. 12ff. und S. 26ff.; anders aber SCHÖNDORF S. 19), doch lassen sich Vorbehalte auch gegenüber einer Ausdehnung des Staates nicht verleugnen. Zu oberflächlich formuliert SCHÖNDORF (S. 21f.) den an sich richtigen Gedanken, Orosius trenne zwischen dem heidnischen und dem christlichen Rom und neige dort zu einem Lob Roms, wo dieses in den Heilsplan Gottes gerät. Natürlich ist die gesamte römische Geschichte Teil dieses Heilsplans, da Gott, wie wir gesehen haben, bereits mit der Gründung Roms bestimmte Ziele verfolgte: Gewisse Differenzierungen ergeben sich jedoch zweifellos aus dem (von SCHÖNDORF vernachlässigten) Entwicklungsgedanken, in den Rom einbezogen ist: Von Anfang an als Endglied der Heilsgeschichte ausersehen, erreicht Rom doch erst nach Christus und der Ausbreitung des christlichen Glaubens das eigentliche *tempus salutis*. Auf diese Weise erklären sich sowohl Vorbehalte

Igitur mortuo, ut dixi, Constantio in Britanniis Constantinus imperator creatus, primus imperatorum Christianus excepto Philippo, qui Christianus annis admodum paucissimis ad hoc tantum constitutus fuisse mihi uisus est, ut millesimus Romae annus Christo potius quam idolis dicaretur. — Orosius faßt (sicher tendenzgemäß) den Bericht des Hieronymus von der Tötung zahlreicher Tiere und von Theaterspielen unter dem neutralen Begriff *ludi magnifici* zusammen, um eine Feier nach christlichem Ritus rechtfertigen zu können.

[359] Hist. 7, 28, 2: *a Constantino autem omnes semper Christiani imperatores usque in hodiernum diem creati sunt excepto Iuliano, quem impia, ut aiunt, machinantem exitiabilis uita deseruit.*
[360] Darüber unten S. 96f.
[361] Vgl. Hist. 2, 3, 6f. (oben S. 78) zum Vergleich des Goteneinfalls mit der Rolle der Meder im Babylonischen Reich *(hic Christianae religionis contentissima aequitas in rege seruata est).* — Vgl. Schöndorf S. 32f. und Lacroix S. 184ff.; vgl. auch Corsini S. 125: Das Christentum anerkennen, bedeutet: das Römische Reich retten.
[362] Belege bei Lippold, Rom S. 36—43, und bei Lacroix S. 111ff.

wie auch gelegentliche positive Äußerungen gegenüber dem heidnischen Rom. LIPPOLD (Rom S. 37 ff.) sucht die Ambivalenz der Orosianischen Gedanken aus der Vaterlandsliebe des Römers, aus einem Kampf zwischen dem Römer und dem Christen Orosius, zu erklären, und bringt mit dem Römertum des Priesters ein weiteres, wichtiges Moment in die Diskussion (vgl. oben S. 14 f.). Zu einem solchen inneren Kampf kann es freilich nur kommen, wenn Römertum und Christentum auseinandergehen, und das ist gerade in heidnischer Zeit der Fall: Die Argumentation fließt also zum Teil mit dem Glaubensgegensatz und einem inneren Umschwung der Geschichte seit der Geburt Christi zusammen. Heidnisch sind aber auch noch Teile der römischen Stadtaristokratie, die Orosius mit seinem Werk gerade bekämpfen will; deshalb also sieht er, wie LIPPOLD feststellt, die *Vrbs* Rom nicht immer im günstigsten Licht! Hier aber sind seine Einwände durchaus ernst gemeint, so daß ich die kritischen Äußerungen nicht mit LIPPOLD als bloßes Beiwerk der apologetischen Zielsetzung verstehen möchte. Unbestritten bleibt, daß sie sich dort erübrigen, wo Christenheit und Rom, wie es die Geschichte lehrt, zusammengehen. Zu Recht hat bereits STRAUB (Geschichtsapologetik S. 267) betont, daß die Art der Beweisführung gerade wegen der apologetischen Tendenz eine positive Stellungnahme des Orosius zum Römischen Reich voraussetzt. In Orosius, stellt auch LIPPOLD (Rom S. 45) fest, siegt bei aller Kritik, die er vorbringt, schließlich doch der Römer.

3. *Das Kaiser- und Staatsideal des Orosius*[363]

Die Tatsache, daß Orosius Monarchie und Gottesherrschaft in einen engen Bezug zueinander setzt, macht das Staats- und Kaiserideal zu einem zentralen Bestandteil seines Geschichtsbildes. Orosius steht (wie schon Augustin) dem Staat an sich positiv gegenüber und betrachtet ihn als eine notwendige Institution, die von Gott eingesetzt ist[364] und der Natur des Menschen entspricht.[365] Die monarchische Herrschaftsform — und Orosius macht zwischen *imperator* und *rex* keinen grundsätzlichen Unterschied[366] — ist eine

---

[363] Zum Kaiserideal der Spätantike allgemein vgl. Johannes Straub, Vom Herrscherideal in der Spätantike (Forschungen zur Kirchen- und Geistesgeschichte 18), Stuttgart 1939.

[364] Vgl. dazu de Tejada S. 197: Damit beschränkt sich Orosius nicht auf die paulinische Feststellung, daß alle Gewalt von Gott kommt; indem er alle Übel einschließlich der Tyrannen als Sündenstrafe versteht, betrachtet er vielmehr jeden Regierenden als Gesandten Gottes.

[365] Vgl. Hist. 5, 2, 6 (unten S. 115).

[366] So wechselt er zwischen *imperium* und *regnum* bei der Erläuterung der Weltreichslehre (Hist. 7, 2, 2 ff.), und noch das römische Kaisertum gilt ihm als *ipsum regium culmen* (Hist. 6, 1, 22); vgl. dazu Suerbaum S. 237 ff.: *Regnum* bezeichnet oft die imperiale Herrschaftsgewalt (vgl. Hist. 7, 8, 8; 7, 10, 1; 7, 15, 1) und gelangt über die Weltreichslehre zur Anwendung auch auf das Römische Reich; *imperium* dagegen bleibt nicht einmal auf die vier Weltreiche beschränkt und besitzt keine Aussagekraft mehr für die Größe, Macht und Verfassung eines Staates.

Das Kaiser- und Staatsideal 89

der möglichen Regierungsweisen, die allesamt, und darin liegt ihre eigentliche Aufgabe, dem „Staat" dienen, den Orosius *respublica* nennt;[367] so schadet ein schlechter Kaiser wie Nero dieser *respublica*,[368] während ein guter wie Vespasian ihr nützt.[369]

Respublica bedeutet also nicht Republik; diese nennt Orosius vielmehr bewußt *respublica in antiquo ordine* (Hist. 7, 6, 3 — unten Anm. 382). Darüber handelt im einzelnen SUERBAUM (S. 228 ff.): *Respublica* bezieht sich bei Orosius, vor allem im Zusammenhang mit Ausdrücken des Nutzens oder Schadens, (mit einer Ausnahme) ausschließlich auf den römischen Staat, ist aber unabhängig von der Staatsform; die Verwendung von *respublica* für die Regierung des Kaisers ist Orosius selbstverständlich; für einen außenstehenden Germanen wie die Goten- und Suebenkönige ist der Staat sogar mit der Sache des Kaisers identisch (*res publica tua*: Hist. 7, 43, 14). Zum Idealstaat der *communis respublica* vgl. unten S. 116 f.

Das *imperium* bildet in diesem Rahmen gleichsam die Verwaltungsinstanz des Staates[370] und wird teils als persönliche, kaiserliche (Einzel-) Herrschaft,[371] teils aber bereits als ein von der Person gelöstes Verwaltungsamt verstanden.[372]

Das Fundament des Staates bilden (wie schon bei Cicero) die Gesetze;[373] dem Staatslenker obliegen vor allem die Herstellung von äußerer und innerer Sicherheit (Friede), indem er Gesetze erläßt, deren freie Anerkennung durch die Menschen eine disziplinierte Sittlichkeit schafft.[374] Das Ideal scheint also erreicht, wenn (christliche) Moral und staatliche Gesetzgebung sich decken, weil dann jeder Zwang entfällt!

[367] Vgl. Hist. 7, 4, 4: *ipse autem Tiberius plurima imperii sui parte cum magna et graui modestia reipublicae praefuit.*
[368] Hist. 7, 7, 13: *cumque incredibilia perturbandae, immo subruendae reipublicae mala moliretur, hostis a senatu pronuntiatus et ignominiosissime fugiens, ad quartum ab Vrbe lapidum sese ipse interfecit, atque in eo omnis Caesarum familia consumpta est.* — Vgl. auch Hist. 7, 10, 3.
[369] Vgl. Hist. 7, 9, 10: *tunc deinde sine ullis bellorum tumultibus in inmensum respublica Romana prouehitur.*
[370] Vgl. Hist. 7, 9, 13: *in republica administranda.*
[371] Bei der Erhebung mehrerer Kaiser spricht Orosius im Plural von *imperia* (Hist. 7, 8, 3).
[372] Nach dem Tode eines Kaisers besteht das *destitutum imperium* weiter (vgl. Hist. 7, 17, 1).
[373] Vgl. die Athaulf-Rede Hist. 7, 43, 6 (unten Anm. 583), die das Gesetz als notwendig betrachtet; die Verbindung von *leges* und *respublica* findet sich auch Hist. 5, 2, 6 (unten S. 115); dazu Suerbaum S. 227 f. und S. 235.
[374] Auch das zeigte Augustus, nachdem er den Frieden hergestellt hatte; vgl. Hist. 6, 22, 3: *clausis igitur Iani portis rempublicam, quam bello quaesiuerat, pace enutrire atque amplificare studens leges plurimas statuit, per quas humanum genus libera reuerentia disciplinae morem gereret.*

Das zeitliche Zusammentreffen der Ankunft Christi mit der Errichtung des Prinzipats durch Augustus im Mittelpunkt der gesamten Weltgeschichte macht nun die Monarchie zwangsläufig zur idealen Staatsform.[375] Schon Cäsar ist nicht mehr der Tyrann, der die Republik endgültig zerschlagen hat, sondern der *metator imperii*[376] und *uictor ciuilis belli*, der den schlimmsten aller Kriege, den langwierigen Bürgerkrieg, beendet und überwunden, wenngleich nicht endgültig beseitigt hat, denn Orosius bedauert die aus seinem Tod entstandenen Wirren.[377] Doch auch aus dieser Stellungnahme spricht die Wertschätzung der Einherrschaft. Auch die Triumvirn bezeichnet der Priester noch als *triumuiri, ut non dicam tyranni*[378] und zeigt auch damit, daß erst die Alleinherrschaft seinem Ideal entspricht. Orosius wagt sich sogar an eine Aufwertung der sonst so verhaßten altrömischen Königsherrschaft, wenn er die Vertreibung der Tarquinier als Folge der üblen Regierung aller dieser *reges* versteht, während im Einzelfall nur die Absetzung eines schlechten Königs nötig gewesen wäre:[379] Orosius verurteilt die Tarquinier, nicht aber das Königtum an sich, denn auch die Zeit der Konsuln brachte schließlich keine Besserung (vgl. Hist. 2, 5). Die Unterwerfung unter den

---

[375] Zur Monarchie vgl. Hist. 6, 20, 2 (oben Anm. 345); vgl. Schöndorf S. 41: „Die Monarchie des Augustus, wie er nach den Griechen den Prinzipat nennt, wird bei ihm Zeichen für die Monarchie Gottes." Vgl. auch Suerbaum S. 236 und Peterson S. 87ff.

[376] Hist. 7, 2, 14 (oben Anm. 309). Vgl. dazu Suerbaum S. 236 (*metator* als Vorläufer).

[377] Hist. 6, 17, 4ff. zum Tod Cäsars, besonders 6, 17, 7ff.: *Medeam illam fabulae ferunt dentes quondam occisi seuisse serpentis, e quibus quasi conpetens semini seges armati homines terra emerserint seseque mox inuicem pugnando prostrauerint.* (8) *equidem hoc poetarum commenta finxerunt; nostra autem Roma Caesare occiso quanta de cineribus eius agmina armata parturiit! quanta bella in testimonium miserae fecunditatis non legenda pueris sed spectanda populis excitauit!* (9) *et tamen horum omnium malorum initium superbia est: inde exarserunt bella ciuilia, inde iterum pullularunt. non ergo iniusta caedes est eorum, qui eam iniuste consectantur, si ambitionis aemulatio per ipsos atque in ipsis et agitur et punitur, donec qui detrectauere collegium, discant ferre dominatum, summaque imperii totius ad unum redacta longe aliud omnes homines uiuendi genus subeant, ut omnes humiliter placere studeant, non insolenter offendere;* vgl. dann Anm. 242 (Hist. 6, 17, 10). — Vgl. auch Hist. 6, 11, 30.

[378] Hist. 6, 18, 20. Darauf macht Mehl, Augustus Kap. III, 3 aufmerksam: Selbst der gefeierte Augustus wird in diese Charakterisierung einbezogen, wenngleich er von den übrigen Triumvirn insgesamt höchst positiv abgesetzt wird.

[379] Hist. 2, 4, 13f.: *sed Romani quanta mala per CCXLIII annos continua illa regum dominatione pertulerint, non solum unius regis expulsio uerum etiam eiuratio regii nominis et potestatis ostendit.* (14) *nam si unius tantum superbia fuisset in culpa, ipsum solum oportuisset expelli seruata regia dignitate melioribus.*

Dominat, der die *summa imperii* auf eine Person beschränkt und die Herrschaft des *collegium* ablöst, gilt Orosius dagegen als *salubris doctrina humilitatis*,[380] da das Staatsideal der Monarchie, das die Menschen zu demütigniedrigen Untertanen macht, zugleich dem christlichen Demutsideal entspricht! Orosius läßt hier erneut den Zusammenhang zwischen seiner politischen und seiner religiösen Überzeugung erkennen.[381] Gott selbst verhinderte nach dem Tod Caligulas eine Rückkehr zur Republik, weil es bereits Christen gab;[382] der Tod dieses Kaisers bewahrte zudem viele Menschen vor dem Giftmord.[383]

Das Staatsideal der *Historiae adversum paganos* ist teils römisch, teils christlich, aber offensichtlich stets von den Zuständen der Gegenwart her geprägt. Das gilt auch für das Kaiserbild: Für Orosius, der die illegitim erhobenen Tyrannen, die er stets sorgfältig registriert,[384] von vornherein verurteilt[385] und jede Erhebung gegen den rechtmäßigen Herrscher als Ver-

[380] Hist. 6, 17, 9f. (oben Anm. 377 und Anm. 242). Zu Demut und Hochmut im Kaiserbild des Orosius vgl. Mehl, Augustus Kap. III, 2.

[381] Den deutlichsten Hinweis auf eine Parallelisierung von Kaiser und Gott gibt Orosius anläßlich des Triumphs der Kaiser Vespasian und Titus über Jerusalem (Hist. 7, 9, 8): *pulchrum et ignotum antea cunctis mortalibus inter trecentos uiginti triumphos, qui a conditione Vrbis usque in id tempus acti erant, hoc spectaculum fuit, patrem et filium uno trimphali curru uectos gloriosissimam ab his, qui Patrem et Filium offenderant, uictoriam reportasse.* Vgl. dazu Mehl, Augustus Kap. III.

[382] Hist. 7, 6, 2f.: *atque exim Christiani Romae esse coeperunt. (3) sensit hoc conlatum fidei suae Roma beneficium. nam cum interfecto Caligula multa de abrogando imperio ac republica in antiquum ordinem restituenda euerrendaque penitus Caesarum uniuersa familia senatus et consules decreuissent.* — Zur Amnestie des Claudius vgl. Mehl, Amnestie S. 185ff.

[383] Hist. 7, 5, 10: *duo libelli in secretis eius reperti sunt, quorum alteri pugio, alteri gladius pro signo nominis adscriptum erat: ambo lectissimorum uirorum utriusque ordinis senatorii et equestris nomina et notas continebant morti destinatorum. inuenta est et arca ingens uariorum uenenorum, quibus mox Claudio Caesare iubente demersis infecta maria traduntur non sine magno piscium exitio, quos enecatos per proxima litora passim aestus eiecit.*

[384] Vgl. etwa Hist. 7, 17, 2; 7, 19, 3; 7, 22, 10; 7, 25, 3; 7, 28, 9; 7, 29, 8; 7, 32, 4; 7, 35, 2/11; 7, 38, 1; 7, 40, 4ff.; 7, 42, 4ff. (vgl. Schöndorf S. 91). — Im allgemeinen übergeht Orosius die Tyrannen bei der fortlaufenden Zählung der Kaiser; doch bezeichnet der Begriff nicht nur illegitim erhobene, sondern auch rechtmäßige Kaiser wie Decius, deren Regierungsweise — wie hier durch eine Christenverfolgung — zur Tyrannis ausartet.

[385] Vgl. Hist. 7, 9, 1: *breui illa quidem sed turbida tyrannorum tempestate discussa, tranquilla sub Vespasiano duce serenitas rediit.* — Vgl. Hist. 7, 22, 9: *et ne quid forte Romani corporis ab hac dilaceratione cessaret, conspirant intrinsecus tyranni,*

brechen brandmarkt,[386] ist die ordnungsgemäße Kaisereinsetzung unbedingte Voraussetzung einer guten Herrschaft.[387] Dabei erkennt er die Ernennung durch Heer oder Senat *(imperator creatus)* an, erstrebenswerter erscheint ihm jedoch die Bestimmung durch den regierenden Herrscher, wie sie unter den sog. Adoptivkaisern üblich war und von Diocletian erneut eingeführt wurde *(cesarem fecit* oder *legit)*. Das eigentliche Ideal aber sieht er in der Sohnesfolge bzw. in der Nachfolge des Bruders; sie wird nicht einmal unter den sonst so getadelten Cäsaren kritisiert und kommt gerade unter den christlichen Herrschern erneut zur Geltung: Constantius setzte seinen Sohn Konstantin (Hist. 7, 26, 1), dieser seine Söhne Constantius, Constans und Konstantin II. (Hist. 7, 28, 31; 7, 29, 1), Valentinian seinen Sohn Gratian ein (Hist. 7, 32, 8); Honorius und Arcadius wurden von ihrem Vater Theodosius zu Kaisern bestimmt, und Theodosius II. folgte schließlich seinem Vater Arcadius (Hist. 7, 36, 1). Ebenso selbstverständlich erscheint Orosius die Erhebung des Sohnes oder des Bruders zum *consors regni*.[388] Bei dem Vergleich der beiden so erfolgreichen spanischen Kaiser Trajan und Theodosius[389] besteht doch ein

consurgunt bella ciuilia, funditur ubique plurimus sanguis Romanorum Romanis barbarisque saeuientibus. — Die zahlreichen Tyrannen (Genuus, Postumus, Aemilianus, Marius, Victorinus, Tetricus) werden dank göttlicher Barmherzigkeit aber schnell unterworfen. Bezeichnenderweise betont Orosius, daß der Christ Maximus gegen seinen Willen vom Heer zum (Tyrannen-) Kaiser ausgerufen wurde (Hist. 7, 34, 9).

[386] Hist. 7, 37, 1: *Interea cum a Theodosio imperatore seniore singulis potissimis infantum cura et disciplina utriusque palatii commissa esset, hoc est Rufino orientalis aulae, Stiliconi occidentalis imperii, quid uterque egerit, quidue agere conatus sit, exitus utriusque docuit, cum alius sibi, alius filio suo affectans regale fastigium, ut rebus repente turbatis necessitas reipublicae scelus ambitus tegeret, barbaras gentes ille inmisit, hic fouit.*

[387] Orosius legt sein Urteil oft schon in die sprachlichen Wendungen für den Herrschaftsantritt, wenn er — neben neutralen Ausdrücken wie *imperium/regnum/principatum adeptus est* — bei Usurpatoren stets *inuasit/usurpauit imperium* verwendet (vgl. Hist. 7, 8, 1; 7, 16, 6; 7, 18, 3; 7, 21, 2).

[388] Etwa unter Antonius mit seinen Söhnen Aurelius und Lucius (Hist. 7, 14, 1), Marc Aurel mit seinem Bruder Aurelius Commodus (Hist. 7, 15, 1), Philippus mit seinem gleichnamigen Sohn (Hist. 7, 20, 1), Gallus mit Volusian (Hist. 7, 21, 4), Valerian mit Gallienus (Hist. 7, 22, 1), deren Verwandtschaft Orosius allerdings verschweigt, Carus mit seinen Söhnen Carinus und Numerian (Hist. 7, 24, 4), Valentinian mit Valens (Hist. 7, 32, 4), dieser mit Valentinian (II.) (Hist. 7, 32, 15).

[389] Hist. 7, 34, 2 ff.: *qui* (nämlich Gratian) *cum adflictum ac paene conlapsum reipublicae statum uideret, eadem prouisione, qua quondam legerat Nerua Hispanum uirum Traianum, per quem respublica reparata est, legit et ipse Theodosium aeque Hispanum uirum et restituendae reipublicae necessitate apud Sirmium purpura induit Orientisque et Thraciae simul praefecit imperio,* (3) *in hoc perfectiore iudicio, quia,*

Unterschied darin, daß der Heide Trajan ohne Nachkommen verstarb. Kinderlosigkeit bedeutet demnach ein Unglück für den Kaiser,[390] zumal es sich hier um eine göttliche Strafe für die Christenverfolgung handelt! Der christliche Kaiser Konstantin verstarb dagegen *dispositam bene rempublicam filiis tradens* (Hist. 7, 28, 31). Außer Zweifel steht die wirkliche Legitimität schließlich, wenn sich in der Erhebung Gottes Wille widerspiegelt wie eben bei Theodosius oder bei Valentinian, dessen Standfestigkeit im Glauben Gott mit dem irdischen Lohn der Kaiserwürde belohnte, denn Valentinian hatte unter Iulian einem begehrenswerten öffentlichen Amt entsagt, um seinen Glauben behalten zu können.[391] Orosius bejaht Kaisertum und Staatsdienst, wenngleich das Amt dem Christen im Konfliktfall noch zweitrangig ist, wie diese Episode zeigt.

Der rechtmäßigen Erhebung des Kaisers muß nun eine getreue Erfüllung der kaiserlichen Pflichten entsprechen, vor allem im Hinblick auf seine wichtigste Funktion als *propagator Ecclesiae* (Hist. 7, 34, 3). Die wahre Legitimität zeigt sich daher erst nachträglich in einer guten Regierungsweise (als Werkzeug Gottes).[392] Römisches Staatsdenken und christliches Legitimitäts-

cum in omnibus humanae uitae uirtutibus iste par fuerit, in fidei sacramento religionisque cultu sine ulla comparatione praecessit; siquidem ille persecutor, hic propagator Ecclesiae. (4) *ita illi ne unus quidem proprius filius, quo successore gauderet, indultus est; huius autem Orienti simul atque Occidenti per succiduas usque ad nunc generationes gloriosa propago dominatur.* — Vgl. Lippold, Rom S. 5.

[390] Dem muß nicht grundsätzlich eine gewisse Abneigung gegen das Kinderkaisertum widersprechen, wie Lippold, Rom S. 8, sie (nach Hist. 7, 36, 3) feststellen will. An dieser Stelle allerdings gibt Orosius nur die Rechtfertigung einer Partei zur Usurpation Gildos in Afrika wieder; das Zitat ist also in diesem Sinne nicht aussagekräftig.

[391] Hist. 7, 32, 1ff.: *Anno ab Vrbe condita MCXVIII Valentinianus tricesimus octauus apud Nicaeam consensu militum imperator creatus est mansitque in eo annis undecim.* (2) *qui cum Christianus integra fide sacramentum militiae gereret sub Iuliano Augusto tribunus scutariorum, iussus ab imperatore sacrilego aut immolare idolis aut militia excedere, fideliter sciens et grauiora Dei esse iudicia et meliora promissa, sponte discessit.* (3) *ita parua interiecta mora Iuliano interfecto ac mox Iouiano mortuo qui pro nomine Christi amiserat tribunatum, retribuente Christo in locum persecutoris sui accepit imperium.* — Die Vorlage (Rufin 11, 2) berichtet nur von der Absetzung Valentinians und der hundertfachen Vergeltung durch Gott im Kaisertum: *Valentinianus ... pro fide nostra a Juliano militia fuerat expulsus. Sed complevit in illo Dominus quod promisit, plus etiam quam centupla in praesenti seculo restituens ei. Nam quia militiam pro Christo reliquerat, recepit imperium.*

[392] Otho, Vitellius und Vespasian zum Beispiel kommen alle auf die gleiche Weise zur Macht: *imperia simul atque arma rapuerunt* (Hist. 7, 8, 3). Orosius erkennt aber nur Vespasian, den den Frieden wiederherstellt, an (Hist. 7, 9, 1), während er

ideal gelangen freilich nicht überall zur Deckung: Unter diesem Gesichtspunkt muß Orosius als loyaler Römer den Tod des Kaisers Valens bedauern, während er als Christ das Ende des Kirchenschänders Valens begrüßt.[393] Das Ideal entspricht eben nicht unbedingt der Wirklichkeit.

Orosius zeichnet sein Idealbild des römischen Kaisers in dem erwähnten Vergleich zwischen Trajan und Theodosius: Die Grundvoraussetzung für eine gute Staatslenkung erblickt er in der Eignung, die durch den Besitz der menschlichen Tugenden *(uirtutes humanae uitae)* verbürgt wird. Zahlreiche Kommentare zu den einzelnen Herrschern ergänzen dieses Bild: Lobenswerte Eigenschaften wie maßvolles Regieren *(moderatio,*[394] *modestia*[395]*)* und Selbstzucht *(continentia)*,[396] Gerechtigkeit *(iustitia,*[397] *aequitas*[398]*)*, Milde *(benignitas)*,[399] Standhaftigkeit *(constantia)*[400] und Frömmigkeit *(pietas,*[401] *religio*[402]*)* sind für Orosius stets Kennzeichen eines guten Kaisers; Laster wie Begierde und Wollust *(libido,*[403] *voluptas,*[404] *obscenitas*[405]*)*, von der Häufigkeit der Erwähnung her beinahe das Laster schlechthin, übertriebener Luxus *(luxuria)*,[406] Hochmut *(iactantia,*[407] *superbia*[408]*)*, Neid *(invidia)*,[409] Habsucht *(avaritia)*[410] Faulheit *(segnitia)*,[411] Grausamkeit *(crudelitas,*[412] *saevitia*[413]*)* und

anderen in der Kaiserzählung übergeht; vgl. Hist. 7, 9, 13: *Anno ab Vrbe condita DCCCXXVIII Titus, segregatis a numero principum Othone et Vitellio ab Augusto octauus, biennio post Vespasianum regnauit.*

[393] Hist. 7, 33, 16f. (oben Anm. 285).
[394] Hist. 7, 18, 8; 7, 22, 10; 7, 23, 2.
[395] Hist. 7, 4, 4.
[396] Hist. 7, 37, 11; 2, 3, 7.
[397] Vgl. Hist. 7, 13, 3: *iustissimae leges.*
[398] Hist. 2, 3, 7.
[399] Hist. 7, 14, 2; 7, 34, 7.
[400] Hist. 7, 32, 7.
[401] Hist. 7, 14, 1; 7, 34, 10.
[402] Hist. 7, 42, 15.
[403] So bereits Hist. 1, 4, 1/7; 2, 3, 7; 2, 8, 5 und häufig; vgl. Hist. 7, 4, 10; 7, 5, 9; 7, 7, 1f.; 7, 10, 2; 7, 18, 2; 7, 22, 13.
[404] Hist. 7, 4, 7; 7, 7, 4.
[405] Hist. 7, 16, 2.
[406] Hist. 7, 7,1/3; 7, 16, 2.
[407] Hist. 7, 10, 4.
[408] Hist. 7, 10, 2.
[409] Hist. 7, 10, 2.
[410] Hist. 7, 7, 1/7; 7, 8, 1.
[411] Hist. 7, 8, 1.
[412] Hist. 7, 4, 10; 7, 7, 1.
[413] Hist. 7, 8, 1.

Gottlosigkeit *(impietas)*[414] werten seine Fähigkeiten dagegen ab:[415] Orosius zeichnet nach Tugenden oder Lastern im allgemeinen ein jeweils eindeutig positives oder negatives Kaiserbild. Auch die Todesart scheint hier eine Rolle zu spielen: Gute Herrscher sterben eines natürlichen Todes, während schlechte Kaiser vergiftet (Tiberius, Claudius) oder jedenfalls ermordet werden (Caligula, Vitellius, Domitian, Commodus, Pertinax, Maximinus, Aemilianus) oder durch Selbstmord enden (Nero, Otho).[416] Die Beurteilung der Kaiser nach ihren Qualitäten bewegt sich innerhalb des römischen Wertsystems;[417] zu diesen *humanae uitae uirtutes* tritt jedoch nun als Krönung der positiven Charakterzüge der Glaube *(sacramentum fidei religionisque cultus)*.[418] Die besondere Kritik trifft deshalb das heidnische Gottkaisertum, das allen christlichen Grundsätzen widerspricht.[419] Bereits Augustus hat das wahre Beispiel für den tugendhaften Kaiser gegeben, als er es ablehnte, zu einer Zeit, als mit Christus — so deutet Orosius diese Begebenheit — der wahre Herr geboren wurde, auch nur *dominus* genannt zu werden.[420] Damit

---

[414] Hist. 7, 7, 10.

[415] Die Laster scheinen im ganzen noch stärker betont zu sein als die Tugenden.

[416] Vgl. auch Marrou S. 80.

[417] Eine erstaunliche Übereinstimmung in der Beurteilung guter und schlechter Kaiser herrscht zwischen Orosius und der *Historia Augusta*, zwei letztlich gegeneinander gerichteten Apologien.

[418] Hist. 7, 34, 3. *Fides* und *religio* als Ideal des christlichen Herrschers außerdem Hist. 2, 3, 7; zu Theodosius Hist. 7, 35, 2; zu Honorius Hist. 7, 37, 11.

[419] Vgl. Hist. 7, 5, 7: *sed Caligula cum omnibus hominibus tum praecipue Iudaeis infestissimus ... seque ibi* (in Jerusalem) *ut deum coli praecepit.* — Hist. 7, 10, 2: *is* (Domitian) *in tantam superbiam prolapsus fuit, ut dominum sese ac deum uocari scribi colique iusserit.* — Vgl. die Vorlagen Rufin 2, 5, 1 und Hier. 2102/7, der ebenfalls von Gottkaisertum und *superbia* spricht, diese aber auf das Aufstellen von goldenen und silbernen Statuen auf dem Kapitol bezieht.

[420] Hist. 6, 22, 4f.: *domini appellationem ut homo declinauit. nam cum eodem spectante ludos pronuntiatum esset in mimo 'O dominum aequum et bonum' uniuersique, quasi de ipso dictum esset, exultantes adprobauissent, et statim quidem manu uultuque indecoras adulationes repressit et insequenti die grauissimo corripuit edicto dominumque se posthac appellari ne a liberis quidem aut nepotibus suis uel serio uel ioco passus est.* (5) *Igitur eo tempore, id est eo anno quo firmissimam uerissimamque pacem ordinatione Dei Caesar conposuit, natus est Christus, cuius aduentui pax ista famulata est, in cuius ortu audientibus hominibus exultantes angeli cecinerunt 'Gloria in excelsis Deo, et in terra pax hominibus bonae uoluntatis'* (Luc. 2, 14). *eodemque tempore hic, ad quem rerum omnium summa concesserat, dominum se hominum appellari non passus est, immo non ausus, quo uerus dominus totius generis humani inter homines natus est.* — Zum Bericht vgl. Suet. Aug. Kap. 53. — Vgl. von Frauenholz S. 92f.

hat er gezeigt, daß der Kaiser trotz seiner hohen Stellung Mensch unter Menschen bleibt, eine Forderung, die der christliche Herrscher stets erfüllt. Orosius legt vor allem zwei Maßstäbe bei der Bewertung eines Kaisers an, nämlich das Verhalten gegenüber den Christen[421] und die Leistung für das Reich.[422] Erfolgreichen Imperatoren wie Trajan wird über der Ausdehnung des Römischen Reichs sogar die Christenverfolgung verziehen.[423] Erst der christliche Herrscher ist aber in der Lage, beiden Aspekten voll zu genügen und den Staat wirklich gerecht und erfolgreich zu regieren.[424] Das wahre Kaiserideal findet Orosius daher in den katholischen Kaisern der Gegenwart,[425] dem *propagator Ecclesiae* (Hist. 7, 34, 4) Theodosius — wenn Orosius hier auch durch seine Auswahl nachhilft und zum Beispiel das Blutbad von Thessalonike verschweigt[426] — und seinem Sohn Honorius; Theodosius bietet für Orosius — wie schon für Augustin (civ. Dei 5, 26) — auch persönlich das Kaiserideal schlechthin; da Honorius dagegen offenbar kaum nennenswerte persönliche Erfolge vorweisen kann, hebt Orosius immer wieder hervor, daß Gott selbst durch sein Eingreifen für diesen christlichen Herrscher das Reich rettet und fördert, bei dem Untergang des Radagais[427] ebenso wie bei der Vernichtung der Usurpatoren Eucherius und Stilicho[428] oder bei dem Sieg über Constantinus und Attalus durch den von Honorius bestellten Comes Constantius.[429] Diese Erfolge sind sämtlich allein dem Glauben des Kaisers zu verdanken; die religiöse Überzeugung und nicht die persönliche Tatkraft machen die Persönlichkeit aus.

[421] Hier spielen die Christenverfolgungen eine besondere Rolle.

[422] *Virtus* und *victoriae* werden ebenso gelobt wie die Erhaltung des Friedens; vgl. Hist. 7, 9, 13 über Titus: *cuius tanta tranquillitas in imperio fuit, ut nullius omnino sanguinem in republica administranda fudisse referatur.*

[423] Insgesamt wird Trajan (Hist. 7, 12) positiv gezeichnet; Orosius hebt hervor, daß er die christenfeindlichen Gesetze schnell durch mildere ersetzt hat (Hist. 7, 12, 3).

[424] Vgl. Hist. 1, 20, 6: *Eligant nunc, si uidetur, Latini et Siculi, utrum in diebus Aremuli et Phalaridis esse maluissent innocentum uitas poenis extorquentium, an his temporibus Christianis, cum imperatores Romani, ipsa in primis religione conpositi, post comminutas reipublicae bono tyrannides ne ipsorum quidem iniurias exigunt tyrannorum.*

[425] Dagegen zeigt Konstantin noch Schwächen, weil er aus unbekannten Gründen auch gegen Verwandte kämpfte (Hist. 7, 28, 26); vgl. dazu Lippold, Orosius S. 98 Anm. 6.

[426] Vgl. dazu Lippold, Rom S. 5 ff.

[427] Hist. 7, 37, 11: *maxime cum imperatoris Honorii admiranda in rege continentia et sanctissima fides non parum diuinae misericordiae mereretur.*

[428] Hist. 7, 38, 6: *ita minimo negotio paucorumque poena ecclesiae Christi cum imperatore religioso et liberatae sunt et uindicatae.*

[429] Hist. 7, 42, 15 f. (unten Anm. 472); Hist. 2, 3, 4 (oben Anm. 310); Hist. 2, 3, 7 (oben S. 78.).

Die Frömmigkeit des Honorius soll deshalb nicht nur die Tatenlosigkeit dieses Kaisers überdecken, wie LIPPOLD, Rom S. 7ff., meint, sie ist, wie GREEN (S. 262f.) überzeugend darlegt, für den christlichen Geschichtsschreiber, der nicht (wie der Heide Zosimus) in der politischen Handlung selbst den Wert des Kaisers sieht, vielmehr Symbol für die christliche Zeit, in der der Glaube des Kaisers allein schon das Unglück abwendet, weil Gott — durch andere Helfer — für ihn handelt: Die politische Handlung der Menschen bleibt Teil der Geschichte, doch wird sie vom Kaiser auf andere, wie Constantius, übertragen.

Das Kaiserbild des Orosius ist integriert in die theologischen Vorstellungen vom Geschichtsablauf, der von Gott gelenkt wird, für den aus menschlicher Sicht aber vor allem der römische Herrscher als Gebieter über das letzte Weltreich verantwortlich ist: Der wahrhaft katholische Kaiser zeichnet sich durch absolutes Gottvertrauen aus[430] und erreicht eben dadurch eine glückliche Regierung, weil Gott ihm schnelle und verlustlose Siege sowohl über die einfallenden Barbaren (Athanarich) wie über Usurpatoren (Maximus, Arbogast, Eugenius, Stilicho, Eucherius, Constantinus) verleiht[431] und damit den ersehnten Frieden sichert:[432] Das römische Kaisertum wird geradezu zu einem im Auftrag Gottes geführten Amt, das den für die Ausbreitung der Religion wichtigen Reichsbestand gewährleistet und in der Gegenwart zu einem Idealkaisertum heranreift; im christlichen Kaiserideal wird damit erneut der Entwicklungsgedanke in der Geschichte sichtbar, weil ein christlich geführtes Rom nun die unglücksvollen Zeiten der Vergangenheit abgelöst hat. Als eine christliche Institution, die gleichsam den dreifachen Schutz Gottes genießt, nämlich bezüglich des Römischen Reichs, der Christen und der Person des gläubigen Herrschers, erweist sich das Kaisertum als der Friedensbringer und Garant der glücklichen Gegenwart: Erneut begründet das Geschichtsbild systematisch die apologetischen Thesen, die die Form der orosianischen Geschichtsschreibung bestimmt haben.

---

[430] Vgl. Hist. 7, 34, 5: *omnem fiduciam sui ad opem Christi conferens.* — Vgl. Lacroix S. 170.
[431] Vgl. Hist. 7, 35, 6ff. (unten Anm. 467).
[432] Vgl. gegen Ende des Werks Hist. 7, 43, 16f.: *ex quo utcumque concesserim, ut licenter Christiana tempora reprehendantur, si quid a conditione mundi usque ad nunc simili factum* (nämlich die Friedensbestrebungen der Barbaren) *felicitate doceatur.* (17) *manifestauimus, ut arbitror, atque ostendimus non magis uerbo paene quam digito innumera bella sopita, plurimos extinctos tyrannos, conpressas coangustatas addictas exinanitasque immanissimas gentes minimo sanguine, nullo certamine ac paene sine caede.*

4. Christliches Fortschrittsdenken: Rückgang der Unglücke[433] und Friedensideal[434] in den tempora Christiana

Die politische Entwicklung ist nicht Selbstzweck, sondern in einen heilsgeschichtlichen Funktionszusammenhang eingeordnet; der Aufstieg Roms und seiner Kaiser bildet den Rahmen für den religiösen Fortschritt, die Ausbreitung des christlichen Glaubens als Ziel des irdischen Geschichtsablaufs; das Christentum, das unter dem Schutz Gottes steht (oben S. 62ff.), hat seinerseits Staat und Kaisertum, die seine Ausbreitung vorbereitet haben (oben S. 80ff.), in seinen Bann gezogen und so die politische und religiöse Sphäre vereinigt: Erst das Zusammenwirken dieser Faktoren, die Einbeziehung des Kaisertums in den Dienst des Glaubens, führt zu der zunehmenden Milde der von der göttlichen Gnade begleiteten Zeiten, die Orosius mit seinem ganzen Werk beweisen will.

Die *tempora Christiana* bringen den wirklichen Fortschritt, weil die Unglücke selten geworden sind. Die vergleichende Geschichtsbetrachtung des Orosius hat die Milde der Gegenwart in unzähligen Anläufen immer wieder herausgestellt,[435] nicht zuletzt in dem bereits (oben S. 32ff.) behandelten Vergleich der beiden Romeinfälle unter dem Gallier Brennus und dem Goten Alarich, der im Mittelpunkt der Historien steht: Der jüngste Barbareneinfall war mit einer Dauer von drei Tagen gegenüber einer sechsmonatigen Besetzung durch die Gallier nicht nur weit kürzer, sondern infolge des von Alarich erlassenen Schonungsgebots für die Christen auch entschieden weniger grausam.[436] Das Interesse des christlichen Goten galt allein der Beute und nicht den Menschenleben.[437] Dem Glauben der Römer, der christlichen Religion, ist es auch zu verdanken, wenn die Goten, die zu allen Zeiten von den größten Staatsmännern gefürchtet wurden,[438] jetzt freiwillig einen Bündnisvertrag erbitten, der ihnen Wohnplätze im Reich zuweist, obwohl sie sich diese auch mit militärischen Mitteln hätten sichern können: Statt das Römische Reich anzugreifen, wollen sie es fortan vertei-

---

[433] Vgl. dazu Lacroix S. 161—73 («Les bienfaits des temps chrétiens»).

[434] Über den *pax*-Gedanken des Orosius ausführlich Lippold, Rom S. 50ff., der zu Recht auf den politischen Zusammenhang hinweist (die Steuer als Mittel der Friedenssicherung; der Friede als Grundlage der Verbreitung des Römischen Reichs), und Schöndorf S. 43ff. („Pax-Theologie"); vgl. auch Lacroix S. 164ff.

[435] Beispiele auch bei Schöndorf S. 55f.

[436] Vgl. Hist. 2, 19, 12ff. und 7, 39 (oben Anm. 156 und Anm. 161). Zur Interpretation vgl. auch Lippold, Orosius S. 99ff.

[437] Hist. 7, 39, 1 (oben Anm. 161).

[438] Orosius setzt mit Hieronymus Goten und Geten gleich; vgl. dazu Lippold, Rom S. 126 Anm. 268.

digen.⁴³⁹ Selbst Heuschreckenplagen erreichen dank göttlicher Gnade in christlicher Zeit bei weitem nicht mehr das Ausmaß vergangener Jahrhunderte, als der Tod der Tiere nach der vorangegangenen Hungersnot noch eine vernichtende Pest zur Folge hatte,⁴⁴⁰ und Erdbeben fallen dank christlicher Gebete weit schwächer aus.⁴⁴¹ Die größte Bedeutung kommt in diesem Zusammenhang den Kriegen zu, deren Zahl, Reihenfolge und Methode, aber auch Ordnung und Sinn *(numerus uel ordo uel ratio)* kaum zu erkennen sind,⁴⁴² und die dem Chri-

---

⁴³⁹ Hist. 1, 16, 2ff.: *modo autem Getae illi qui et nunc Gothi, quos Alexander euitandos pronuntiauit, Pyrrhus exhorruit, Caesar etiam declinauit, relictis uacuefactisque sedibus suis ac totis uiribus toti Romanas ingressi prouincias simulque ad terrorem diu ostentati societatem Romani foederis precibus sperant, quam armis uindicare potuissent;* (3) *exiguae habitationis sedem non ex sua electione sed ex nostro iudicio rogant, quibus subiecta et patente uniuersa terra praesumere, quam esset libitum, liberum fuit; semet ipsos ad tuitionem Romani regni offerunt, quos solos inuicta regna timuerunt.* — Vgl. dann oben Anm. 185.

⁴⁴⁰ Hist. 5, 11, 6: *Verumtamen pace et gratia omnipotentis Dei dixerim, de cuius misericordia et in cuius fiducia haec loquor: quamuis et temporibus nostris exoriantur aliquando et hoc diuersis partibus locustae et plerumque etiam sed tolerabiliter laedant, numquam tamen temporibus Christianis tanta uis inextricabilis mali accidit, ut pernicies locustarum, quae nullo modo ferri uiua potuisset, mortua plus noceret et qua diu uiuente peritura erant omnia, ea perdita pereuntibus magis omnibus optandum fuerit, ne perisset.*

⁴⁴¹ Hist. 3, 3, 2f.: *At ego nunc e contrario poteram similia in diebus nostris apud Constantinopolim, aeque modo principem gentium, praedicta et facta sed non perfecta narrare, cum post terribilem denuntiationem conscientiamque mali sui praescia subter commota funditus terra tremeret et desuper fusa caelitus flamma penderet, donec orationibus Arcadii principis et populi Christiani praesentem perditionem Deus exoratus auerteret, probans se solum esse et conseruatorem humilium et punitorem malorum.* (3) *sed haec ut commemorata sint magis quam explicata uerecundiae concesserim ut et qui scit recolat et qui nescit inquirat.* — Vgl. dazu Schöndorf S. 49: Da die *pax* sich auch auf die Natur erstreckt, herrscht ein „kosmischer Friede".

⁴⁴² Vgl. den Kommentar zu den innergriechischen Kriegen, Hist. 3, 2, 9ff.: *Contexui indigestae historiae inextricabilem cratem atque incertos bellorum orbes huc et illuc lymphatico furore gestorum uerbis e uestigio secutus inplicui, quoniam tanto, ut uideo, inordinatius scripsi, quanto magis ordinem custodiui.* (10) *improba dominandi Lacedaemoniorum cupiditas quantis populis, qualibus urbibus, quibus prouinciis cuiusmodi odiorum motus, quantas causas certaminum suscitarit, quis uel numero uel ordine uel ratione disponat? cum ipsi quoque non plus adflicti bellis quam bellorum confusione referantur:* (11) *siquidem tracto per aliquot aetates hoc continuo bello Athenienses Lacedaemonii Arcades Boeotii Thebani, postremo Graecia Asia Persis atque Aegyptos cum Libya insulisque maximis nauales simul pedestresque conflictus indiscretis egere discursibus. referre caesa hominum milia non possem, etiam si bella numerarem.*

sten Orosius als das größte Unglück, als das Übel schlechthin, gelten.[443] Deshalb bezeichnet der Priester selbst Alexander den Großen als *gurges miseriarum atque atrocissimus turbo totius Orientis* (Hist. 3, 7, 5; vgl. Hist. 3, 20, 10f.) und dessen Vater Philipp (Hist. 3, 12—14) als den Kriegsverbrecher überhaupt (Hist. 3, 14, 10; 3, 15, 1). Wenn hier die apologetische Absicht eine Rolle spielt, ein historisches Ideal, als das Alexander auch seiner Zeit noch gilt, zu zerstören, weil es ein heidnisches ist,[444] so baut sie doch wiederum auf einer ethisch-religiösen Grundanschauung des Orosius auf, der der Friede als höchstes Gut gilt und die den Krieg folglich verdammen muß. Orosius, der vor allem die Kriege für die Unglücksgeschichte der Vergangenheit verantwortlich macht, muß in erster Linie zeigen, daß die christlichen Zeiten friedlich geworden sind: Bereits mit Christi Geburt, der der Friede im Römischen Reich vorausgesagt war, kehrte Ruhe ein.[445]

Der Römer Orosius verknüpft „Friede" aber offensichtlich nicht einfach mit „kriegsloser Zeit", wie sie etwa beim Schließen des Janustores herrscht.

Anders als PETERSON und danach SCHÖNDORF (S. 46f.), der die weitere Durchsetzung des Friedens als „die große Illusion" des Orosius bezeichnet, betont LIPPOLD, Rom S. 54ff., die Relativität des Friedensgedankens: Selbstverständlich hat es, wie Orosius selbst bezeugt, auch in der christlichen Zeit noch Kriege gegeben, doch Orosius schwächt ihre Bedeutung ab; nicht die vergangenen Zeiten waren friedlicher, sondern die Menschen haben das Unglück tapferer ertragen, weil sie daran gewöhnt waren (Hist. 4, 16, 21).[446] Der Einfluß des Christentums ist hier unverkennbar, und diese sogenannten *clades* sind harmlos gegenüber der heidnischen Vergangenheit. Die Katastrophen des christlichen Zeitalters stehen zudem deutlich im Zeichen religiöser Verfehlungen: Der Arianismus des Constantius wird mit Erdbeben und Bürgerkrieg, die Häresie des Valens mit Erdbeben und dem entscheidenden Gotensieg bei Adrianopel bestraft.

Nach einem Einwand der Gegner scheint ein freiwilliger Krieg — anders als zur Zeit Alexanders des Großen, der das Perserreich mit Krieg überzog — nicht unbedingt ein Unglück zu sein;[447] Verteidigungskriege sind selbstverständlich notwendig, um den Bestand des Reichs und damit in der eigenen Zeit auch den Bestand der Christenheit zu sichern, und selbst Angriffskriege

---

[443] Vgl. Lacroix S. 95: «La guerre est le mal par excellence.»
[444] So Lippold, Griechisch-makedonische Geschichte S. 448ff.
[445] Hist. 7, 1, 11: *porro autem de cura caerimoniarum nec recensendum arbitror, quoniam inter sacra continua incessabilibus cladibus nullus finis ac nulla requies fuit, nisi cum saluator mundi Christus inluxit: cuius aduentui praedestinatam fuisse imperii Romani pacem, etsi iam sufficienter ostendisse me arbitror, tamen paucis adhuc supplere conabor.*
[446] Vgl. Lippold, Rom S. 103 Anm. 82.
[447] Hist. 7, 26, 5 (oben Anm. 275).

scheinen mitunter ihre Berechtigung zu erhalten.[448] Entscheidend ist lediglich, daß jegliches Blutvergießen verhindert wird:[449] Orosius beurteilt die Grausamkeit der Kriege nämlich nach ihrer Dauer und vor allem nach den Menschenopfern, die sie gekostet haben. Seine zahlreichen Klagen über das Blutvergießen[450] verengen sich in der Zeit der römischen Weltherrschaft allerdings auf den Verlust römischen Blutes,[451] während ihn der Tod von Barbaren kaum zu berühren scheint. Am Sieg des Theodosius über Arbogast und Eugenius interessiert Orosius nur die Tatsache, daß die beiden Tyrannen ohne römische Verluste gefallen sind, nicht aber der Untergang der Goten;[452] trotz der vernichtenden Alamannenschlacht Gratians bei Straßburg kann Orosius allein wegen der geringen römischen Ausfälle von einem „glücklichen Krieg" sprechen,[453] und zum Untergang der gesamten Goten-

---

[448] Hier klingt die römische Idee des *bellum iustum* an; einen gerechten Grund aber vermißt Orosius zum Beispiel bei dem 3. Punischen Krieg, der mit der Zerstörung Karthagos endete (Hist. 4, 23, 8 ff.). Vgl. allerdings Corsini S. 100.

[449] Vgl. Hist. 4, 20, 7 ff.: *Sed haec uarietas scriptorum utique fallacia est; fallaciae autem causa profecto adulatio est, dum uictoris laudes accumulare uirtutemque patriae extollere uel praesentibus uel posteris student: alioquin, si inquisitus non fuisset numerus, nec qualiscumque fuisset expressus. (8) quodsi gloriosum est duci et patriae plurimos hostium peremisse, quanto magis laetum patriae et duci beatum potest uideri suorum uel nullos uel paucissimos perdidisse. (9) ita lucidissime patet, quia simili impudentia mentiendi, qua occisorum hostium numero adiicitur, sociorum quoque amissorum damna minuuntur uel etiam omnino reticentur.*

[450] Vgl. den ironischen Kommentar zu den Perserkriegen Hist. 2, 11, 8 (dazu Lippold, Griechisch-makedonische Geschichte S. 444): *O tempora desiderio et recordatione dignissima! o dies illos inoffensae serenitatis, qui nobis ueluti e tenebris respiciendi proponuntur! quibus breuissimo interuallo de uisceribus unius regni decies nouies centena milia uirorum tribus proximis regibus tria bella rapuerunt; ut taceam de infelicissima tunc Graecia, quae totum hunc, de quo nunc hebescimus, numerum moriendo superauit.*

[451] Vgl. die Klage über den Mithridatischen Krieg Hist. 6, 2, 3: *nec explicari aut conprehendi ullo modo uerbis potest, quae tunc multitudo Romanorum ciuium caesa sit, quis maeror plurimarum prouinciarum, quis gemitus occidendorum pariter atque occidentium fuerit, cum singuli quique aut prodere innocentes hospites et amicos, aut ipsi periclitari poena hospitum cogerentur.*

[452] Hist. 7, 35, 19: *ita et hic duorum sanguine bellum ciuile restinctum est, absque illis decem milibus Gothorum, quos praemissos a Theodosio Arbogastes delesse funditus fertur: quos utique perdidisse lucrum est uinci uincere fuit.* — Vgl. auch Lippold, Orosius S. 99.

[453] Hist. 7, 33, 8: *Gratianus interea imperator admodum iuuenis cum inaestimabilem multitudinem hostium Romanis infusam finibus cerneret, fretus Christi potentia, longe inpari militum numero sese in hostem dedit et continuo apud Argentariam, oppidum Galliarum, formidulosissimum bellum incredibili felicitate confecit. nam plus*

horden des Radagais berichtet der Priester, es sei kein Blut geflossen![454] Der Fortschritt, der dem Christentum zu verdanken ist, zeigt sich hier wieder einmal mit Rom verbunden. Verderblich muß ein Krieg jedoch auf jeden Fall dann werden, wenn Römer gegen Römer kämpfen. Das schlimmste Übel erblickt Orosius daher im Bürgerkrieg,[455] der außerdem — aus Hochmut und Ehrgeiz geboren — immer neue innere Wirren nach sich zieht.[456] Während nun endlose und verlustreiche Kriege die gesamte heidnische Geschichte durchziehen, wirkt sich in der Gegenwart der Einfluß des Christentums aus: Verteidigungskriege werden jetzt mit göttlicher Hilfe schnell und erfolgreich geführt;[457] selbst mit Gottes Erlaubnis vollzogene Barbareneinfälle[458] dienen nur noch als Warnung und werden dank göttlicher Barmherzigkeit schnell zurückgeschlagen,[459] Bürgerkriege — zum Beispiel wegen der Ankunft Petri in Rom — verhindert[460] oder als Strafe, nämlich für den

---

quam triginta milia Alamannorum minimo Romanorum detrimento in eo proelio interfecta narrantur. — Orosius fügt hier gegenüber seiner Quelle, Hier. 2393, gerade die Deutung der Fakten hinzu. Vgl. Corsini S. 123 f. und Straub, Adrianopel S. 210.

[454] Hist. 7, 37, 14: *non disposita in bellum acies fuit, non furor timorque incerta pugnae praetulit, non caedes acta, non sanguis effusus est, non postremo — quod felicitatis loco deputari solet — damna pugnae euentu compensata uictoriae: edentibus bibentibus ludentibusque nostris tanti illi tamque immanes hostes esurientes sitientes languentesque confecti sunt.*

[455] Hist. 7, 6, 8: *Tristius ac perniciosius urbi Romae nihil umquam fuisse quam bella ciuilia satis notum est.* — Vgl. auch den Kommentar Hist. 5, 19, 14 ff. / 20 ff. und das Urteil über die Diadochenkriege Hist. 3, 23, 65 ff. (unten Anm. 523) und Hist. 3, 23, 1 ff. — Vgl. Lacroix S. 97.

[456] Hist. 6, 17, 7 ff. zum Tod Cäsars (oben Anm. 377).

[457] Vgl. oben Anm. 451 und Anm. 452.

[458] Wie unter den Christenverfolgern Valerian und Gallienus, Hist. 7, 22, 6 f.: *soluuntur repente undique permissu Dei ad hoc circumpositae relictaeque gentes laxatisque habenis in omnes Romanorum fines inuehuntur. (7) Germani Alpibus Raetia totaque Italia penetrata Rauennam usque perueniunt; Alamanni Gallias peruagantes etiam in Italiam transeunt; Graecia Macedonia Pontus Asia Gothorum inundatione deletur; nam Dacia trans Danuuium in perpetuum aufertur; Quadi et Sarmatae Pannonias depopulantur; Germani ulteriores abrasa potiuntur Hispania; Parthi Mesopotamiam auferunt Syriamque conradunt.*

[459] Hist. 7, 22, 9: *sed cito ira Dei in misericordiam uertitur et coeptae ultionis maior forma quam poena in mensuram plenitudinis reputatur.*

[460] Hist. 7, 6, 8: *itaque propter aduentum apostoli Petri et tenera Christianorum germina uixdum adhuc pauca ad sanctae fidei professionem erumpentia hanc exorientem tyrannidem et consurgens istud ciuile bellum neget quisquam diuinitus esse conpressum. qui praeteritis temporibus de conpressione bellorum ciuilium simile probarit exemplum.* — Vgl. Lacroix S. 168 f.

Tod des Petrus, ausgelöst,[461] doch sie tragen wegen ihres Gegenstandes,[462] vor allem aber wegen des christlichen Einflusses, einen grundsätzlich anderen Charakter als etwa noch die Auseinandersetzungen zwischen Marius und Sulla[463] und werden, der Kirche zuliebe,[464] im Gegensatz zu den langen und verzehrenden Bürgerkriegen in republikanischer Zeit binnen kurzem und ohne große Verluste, vor allem auch ohne jene Proskriptionen beendet, denen der Adel sogar in Friedenszeiten zum Opfer fiel.[465] Der Bürgerkrieg

---

[461] Zum Vierkaiserjahr Hist. 7, 8, 2: *Luit Roma caedibus principum excitatisque ciuilibus bellis recentes Christianae religionis iniurias, et signa illa legionum, quae sub aduentu in Vrbem Petri apostoli diuinitus cohercita conuelli nullo modo ad excitandum ciuile bellum ualuerant, quod per Scribonianum parabatur, Petro in Vrbe interfecto et Christianis poenarum diuersitate laniatis toto se Orbe soluerunt.* — Vgl. auch die Strafen für die Christenverfolgungen oben S. 62 ff.

[462] *Bella socialia* nennt Orosius die Bürgerkriege der Gegenwart (Anm. 463), offensichtlich weil Römer hier weniger gegen Römer, als vielmehr gegen ihre Bundesgenossen (die Germanen) kämpfen (Lippold, Rom S. 94 f. Anm. 20, bezieht den Begriff dagegen auf die Tyrannen).

[463] Hist. 5, 22, 5 f.: *Pro pudor! nam quidnam et hic conparatione ambigua egent tempora? immo uel maxime, inquiunt: nam quid tam apte quam bellis ciuilibus bella ciuilia conparantur? an forte dicetur, etiam in his temporibus bella ciuilia non fuisse?* (6) *quibus a nobis respondebitur, iustius quidem sociaIia uocari oportere, sed nobis proficere, si ciuilia nominentur. cum enim causis uocabulis ac studiis paria docentur omnia tum sibi in his tanto plus uindicat reuerentia Christianae religionis quanto minus praesumpserit potestas irata uictoris.*

[464] Hist. 7, 8, 4 f.: *probent sane etiam inuiti potentiam simul et clementiam Dei, qui Christianis temporibus offenduntur: quanta celeritate tantorum incendia bellorum et excitata sunt et repressa, cum et antea minimis causis magnae ac diuturnae clades agitarentur et nunc maximi undique concrepantes magnorum malorum fragores minimo negotio sopirentur.* (5) *iam enim erat Romae quamuis persecutione uexata Ecclesia, quae iudici omnium Christo etiam pro inimicis et persecutoribus supplicaret.*

[465] Vgl. Hist. 5, 22, 11 ff.: *cui tandem dubium est, quanto nunc mitius quantoque clementius excitata, ut dicunt, bella ciuilia geruntur, immo reprimuntur potius quam geruntur?* (12) *quis enim unum ciuile bellum per decem annos his temporibus agitatum audierit? quis uno bello centum quinquaginta milia hominum, uel hostium ab hostibus, ut non dicam ciuium a ciuibus, caesa meminerit?* (13) *quis illam, quam explicare longum est, optimorum atque inlustrium uirorum multitudinem trucidari in pace cognorit? postremo quis illas infames interficiendorum tabulas timuerit legerit senserit?* (14) *ac non potius omnibus notum sit, una cunctos pace compositos atque eadem salute securos uictos uictoresque pariter communi exultasse laetitia, at etiam in tantis totius imperii Romani prouinciis urbibus ac populis uix paucos aliquando extitisse, quos iusta ultio inuito etiam uictore damnarit?* (15) *et, ut uerbis uerba non onerem, non temere dixerim, tantam uel in bello saltim extinctam modo fuisse gregariorum militum manum quanta tunc caesa est in pace nobilium.*

des Christen Theodosius gegen Maximus und Andragathius wird geradezu mit gerechten Gründen, der Rächung und Wiederherstellung des rechtmäßigen Kaisertums, entschuldigt;[466] der Kaiser, dem sich schon vorher die nie zuvor bezwungenen Goten ergeben hatten (Hist. 7, 34, 5ff. — oben Anm. 291), gewinnt diesen Krieg dank göttlicher Hilfe *(Theodosius incruentam uictoriam Deo procurante suscepit)* in kürzester Zeit und — abgesehen von dem Tod der beiden Führer der Erhebung — wie erwähnt, ohne jedes Blutvergießen: Der christliche Kaiser siegt, wenn er schon durch Aufstände zu gerechten Kriegen gezwungen wird, ohne nennenswerte eigene Verluste, indem die Tyrannen sich selbst richten; der Idealkaiser Theodosius und sein Sohn Honorius haben bis zur eigenen Gegenwart fast nur Siege errungen, auf jeden Fall jedes Blutvergießen verhindert.[467] Seit der Gründung Roms hat es nicht einen Krieg gegeben, so hält Orosius seinen Gegnern entgegen, der „mit solch frommer Notwendigkeit begonnen, mit solch göttlicher Glückseligkeit durchgeführt und mit solch milder Wohltat eingeschläfert" sei wie der Kampf des Theodosius gegen Arbogast und Eugenius.[468]

[466] Hist. 7, 35, 2: *itaque iustis necessariisque causis ad bellum ciuile permotus, cum e duobus Augustis fratribus et ultionem unius interfecti sanguis exigeret et restitutionem miseria alterius exulantis oraret, posuit in Deo spem suam seseque aduersus Maximum tyrannum sola fide maior — nam longe minor uniuersa apparatus bellici conparatione — proripuit.*

[467] Hist. 7, 35, 6ff.: *Ecce regibus et temporibus Christianis qualiter bella ciuilia, cum uitari nequeunt, transiguntur. ad uictoriam peruentum est, inrupta est ciuitas, correptus tyrannus. et hoc parum est. ecce parte alia uictus hostilis exercitus atque ipso tyranno truculentior comes tyranni ad mortem coactus, tantae dissolutae elusaeque insidiae, tanti apparatus exinaniti sunt: (7) et tamen nullus dolos struxit, nullus aciem disposuit, postremo nullus, si dici licet, gladium de uagina extulit. formidulosissimum bellum sine sanguine usque ad uictoriam et in uictoria duorum morte confectum est. (8) et, ne hoc quisquam casu factum putet, quo magis potentia Dei, qua et dispensantur et iudicantur uniuersa, propalato sui testimonio declarata obstrepentium mentes uel ad confusionem uel ad fidem cogat, dico rem et ignotam omnibus et omnibus notam: (9) post hoc bellum, quo Maximus interfectus est, multa utique, sicut omnes recognoscimus, Theodosium filiumque eius Honorium usque ad nunc et externa bella et ciuilia consecuta sunt, et tamen omnia paene usque in hodiernem diem et quidem cum fructu simplicis sanctaeque uictoriae uel nullo uel minimo sanguine quieuerunt.* — Vgl. auch Lacroix S. 107f. (der christliche Sieger ist milder) und Schöndorf S. 69f.

[468] Hist. 7, 35, 20f.: *non insulto obtrectatoribus nostris. unum aliquod ab initio Vrbis conditae bellum proferant tam pia necessitate susceptum, tam diuina felicitate confectum, tam clementi benignitate sopitum, ubi nec pugna grauem caedem nec uictoria cruentam exegerit ultionem, et fortasse concedam, ut non haec fidei Christiani ducis concessa uideantur; (21) quamuis ego hoc testimonio non laborem, quando unus ex ipsis, poeta quidem eximius sed paganus peruicacissimus, huiusmodi uersibus*

Während in vorchristlicher Zeit überhaupt nur ein einziges Friedensjahr in einer 700jährigen Geschichte bezeugt ist,[469] werden Kriege in der christlichen Epoche zur Ausnahme,[470] und der Friede wird geradezu zum Kennzeichen der *tempora Christiana*. Theodosius, der außerdem den Osten befriedet

et Deo et homini testimonium tulit, quibus ait: 'O nimium dilecte Deo! tibi militat aether, / Et coniurati ueniunt ad classica uenti.' (Claudian, In III⁰ cons. Hon. 96f.).

[469] Hist. 4, 12, 5 ff.: *Hic demum nobis tacendum est et tempora, quibus conferri nostra nullo modo possunt, silentio transmitti expedit, ne obtrectatores dierum uitae suae ad insultandum potius sibi hoc strepitu suscitemus.* (6) *ecce portae Iani clausae fuerunt, foris bellum Romanorum non fuit, omnem subolem suam in gremio suo conquiescentem Roma continens non suspirauit.* (7) *et hoc quando? post primum Punicum bellum; post quantum temporis? post annos CCCCXL; quamdiu? anno uno; et quid altero subsecutum est? ut de ceteris taceam, bellum Gallicum et Hannibal cum bello Punico secundo.* (8) *ei mihi, cognouisse haec et denudasse quam etiam me pudet! pax ista unius anni uel magis umbra pacis lenimentum miseriarum an incentiuum malorum fuit? stilicidium istud olei in medium magnae flammae cadens extinxit fomitem tanti ignis an aluit? parum aquae frigidae ardentissimus haustum in febribus sanauit aegrotum an potius incendit?* (9) *per annos prope septingentos, id est ab Hostilio Tullo usque ad Caesarem Augustum, una tantummodo aestate Romana sanguinem uiscera non sudarunt, et inter plurimas magnorum saeculorum aetates misera ciuitas, uere misera mater, uix uno tempore a timore luctuum, ut non dicam ab ipsis luctibus, conquieuit.* (10) *hoc, si quisquam hominum tam parum in uita sua quietis habuisset, numquid uel uixisse diceretur? aut, si quisquam per totum annum doloribus et cruciatibus agatur, medio autem anni ipsius spatio unum tantum diem tranquillum et sine conflictationibus transigat, numquid ex eo leuamentum malorum accipiet ac non totum annum miseriis deputabit?* (11) *sed illi, inquit, hunc annum pro glorioso signo infatigabilis uirtutis conlocauerunt. atque utinam pro obliuione calamitatis continuae praeterissent.* (12) *nam sicut in corpore hominis ita demum lepra dinoscitur, si uariatim inter sanas cutis partes color diuersus appareat, at si ita se ubique diffundat, ut omnia unius coloris quamuis adulteri faciat, perit illa discretio: ita se continuus labor aequali tolerantia sine respirandi appetitu perfluxisset, intentio uoluntatis et electio consuetudinis diceretur.* (13) *cum autem in hoc pausillulum otii tantopere uel maiorum gaudia uel minorum studia reclinantur, profecto discernitur, et quam iucunditatem habuerit haec breuitas et quam amaritudinem illa prolixitas, hoc est, et quies illa quam grata fuisset, si diuturna mansisset, et haec incessabilis miseria quam etiam uitanda fuerit, si uitari quacumque potuisset.* — Die Einmaligkeit dieses Friedensjahres betonen Orosius' Quellen Augustin (civ. Dei 3, 9) und Eutrop (3, 3). Vgl. auch die Betonung der hohen Totenzahlen in heidnischer Zeit (zum Beispiel Hist. 5, 19/20).

[470] Vgl. Hist. 4, 11, 4 zum 1. Punischen Krieg: *Quis rogo, duarum ciuitatum unum bellum per annos tres et uiginti gestum fando explicet, quot reges Carthaginiensium, quot consules Romanorum, quot agmina exercituum, quantum numerum nauium contraxerit profligarit oppresserit? et tunc demum, si illa ad plenum perpensa uideantur, de praesentibus iudicetur.*

hat,[471] und Honorius, der nach der Beseitigung der Tyrannen den Frieden in Afrika wiederherstellt,[472] setzen fort, was Augustus mit der Durchsetzung eines weltweiten Friedens eingeleitet hat (oben S. 84), als die Kriege gleichsam abgeschafft wurden.[473] Indem Orosius Gott allein für diesen Frieden verantwortlich macht, deutet er die *pax Augusta* in eine *pax Christiana* um.[474] Die unter dem göttlichen Schutz stehenden christlichen Zeiten sichern den Frieden, so daß ein übler Herrscher wie Caligula sich sogar über die ruhige, kriegslose Gegenwart beklagen muß.[475] Selbst Barbaren wie der Gote Athaulf und seine Nachfolger sind von Gott dazu bestimmt, sich um den Frieden zu bemühen.[476] Mit dem irdischen Frieden ist ein Wunsch aller Men-

---

[471] Hist. 7, 34, 8: *in isdem etiam diebus Persae, qui Iuliano interfecto aliisque imperatoribus saepe uictis, nunc etiam Valente in fugam acto recentissimae uictoriae satietatem cruda insultatione ructabant, ultro Constantinopolim ad Theodosium misere legatos pacemque supplices poposcerunt; ictumque tunc foedus est, quo uniuersus Oriens usque ad nunc tranquillissime fruitur.*

[472] Hist. 7, 42, 15 f.: *Hunc omnem catalogum, ut dixi, uel manifestorum tyrannorum uel inoboedientium ducum optima Honorius imperator religione et felicitate meruit, magna Constantius comes industria et celeritate confecit: (16) merito sane, quia in his diebus praecipiente Honorio et adiuuante Constantio pax et unitas per uniuersam Africam Ecclesiae catholicae reddita est et corpus Christi, quod nos sumus, redintegrata discissione sanatum est, imposita exsecutione sacri praecepti Marcellino tribuno, uiro inprimis prudenti et industrio omniumque bonorum studiorum appetentissimo.* — Vgl. auch Lippold, Rom S. 95 Anm. 23.

[473] Hist. 7, 2, 16: *qui annus quantis, quam nouis quamque inusitatis bonis abundauerit, satis etiam me non proferente compertum haberi arbitror: toto terrarum orbe una pax omnium non cessatione sed abolitione bellorum, clausae Iani geminae portae extirpatis bellorum radicibus non repressis census ille primus et maximus, cum in hoc unum Caesaris nomen uniuersa magnarum gentium creatura iurauit simulque per communionem census unius societatis effecta est.* — Vgl. auch Hist. 6, 22, 1 f. (oben Anm. 348); 3, 8, 5 ff. (oben Anm. 350). Vgl. Lacroix S. 167 ff. — Zur Auslegung der „Abschaffung" der Kriege vgl. oben S. 100.

[474] So Schöndorf S. 44 ff.

[475] Vgl. Hist. 7, 5, 4 (oben Anm. 353).

[476] Hist. 7, 43, 3 (unten Anm. 583). Vgl. auch Hist. 7, 43, 7 f. und Hist. 7, 43, 9 ff.: *Post hunc Segericus rex a Gothis creatus cum itidem iudicio Dei ad pacem pronus esset, nihilominus a suis interfectus est. (10) Deinde Vallia successit in regnum ad hoc electus a Gothis, ut pacem infringeret, ad hoc ordinatus a Deo, ut pacem confirmaret. (11) hic igitur — territus maxime iudicio Dei, quia cum magna superiore abhinc anno Gothorum manus instructa armis nauigiisque transire in Africam moliretur, in duodecim milibus passuum Gaditani freti tempestate correpta, miserabili exitu perierat, (12) memor etiam illius acceptae sub Alarico cladis, cum in Siciliam Gothi transire conati, in conspectu suorum miserabiliter arrepti et demersi sunt — pacem optimam cum Honorio imperatore, datis lectissimis obsidibus pepigit.* — Vgl. auch Hist. 3, 1, 3.

schen erfüllt, denn schon die Heiden haben nur um seinetwillen Krieg geführt, während die Zeitgenossen des Orosius sogar Tribut zahlen, um den Frieden zu retten.[477] Das Friedensideal des Orosius ist im Gegensatz zu der „kosmischen", mit der Ordnung aller Dinge verbundenen *pax*-Idee Augustins (civ. Dei 19,13) sehr konkret verstanden: Friede herrscht, wenn das Reich weder im Innern noch von außen her gefährlich bedroht ist. Doch auch dieses Ideal gliedert sich wie das Kaiserbild in das theologische Geschichts- und Weltbild des Spaniers ein: Der Friede, der das Ziel jeder guten Regierung darstellt, setzt sich in der Gegenwart immer mehr durch und leistet somit den größten Beitrag zur Milde der *tempora Christiana*, zumal er seinerseits durch das unter göttlichem Schutz stehende Christentum garantiert wird. Da Orosius aber auch das weltweite Imperium Romanum als Garanten des Weltfriedens ansieht, muß er zunächst noch einen Konflikt innerhalb seiner Theorie beseitigen.

5. Der Einheitsgedanke

Einerseits hat Orosius (tendenzgemäß) die ununterbrochene Folge von Kriegen als Kennzeichen der heidnischen Zeit verurteilt, andererseits ist der Friede im Römischen Reich letztlich das Ergebnis der weltweiten Ausdehnung des Imperium Romanum, die wiederum nur durch Kriege — also, schon vom apologetischen Beweisziel her, durch Unglücke — zu erreichen war: Orosius wirft deshalb die Frage auf, ob das Glück *(beatitudo)* einer Stadt (Rom) das Unglück *(infelicitas)* der ganzen Welt rechtfertigt, und gerade diese Äußerung, die so gar nicht zu seinem römischen Geschichtsbild passen wollte, hat der Forschung einige Schwierigkeiten bereitet.[478] Die römische Herrschaft, so hält er nämlich seinen Gegnern vor, die das Glück in Siegen und Triumphen suchen, hat sich auf Kosten der Unterworfenen ausgebreitet, die zugunsten Roms ihre Niederlage mit dem Verlust der Freiheit bezahlen mußten,[479] einem Ideal, für das die meisten bis zum Tod zu kämpfen

---

[477] Hist. 5, 1, 10f.: *maiores nostri bella gesserunt, bellis fatigati pacem petentes tributa obtulerunt: tributum pretium pacis est.* (11) *nos tributa dependimus, ne bella patiamur, ac per hoc in portu, ad quem illi tandem pro euadendis malorum tempestatibus confugerunt, nos consistimus et manemus.* — Vgl. auch Hist. 4, 12, 12 f. (oben Anm. 469). Vgl. Lippold, Rom S. 51 und Anm. 192: Gut verwertete Steuern sind das Zeichen eines guten Friedens.

[478] Straub, Geschichtsapologetik S. 263 f., liest aus der Argumentation des Orosius die Erregtheit der Diskussion mit den Heiden heraus.

[479] Hist. 5, 1, 1 ff.: *Scio aliquantos post haec deinceps permoueri posse, quod uictoriae Romanae multarum gentium et ciuitatum strage crebrescunt. quamquam, si diligenter appendant, plus damni inuenient accidisse quam commodi. neque enim parui*

pflegen[480] und das Orosius ebenfalls erst in der eigenen Gegenwart verwirklicht sieht (unten S. 112). Der Apologet verdeutlicht seinen Einwand am Beispiel Karthagos, Spaniens und Italiens.[481] Die auf Sieg und Triumph auf-

pendenda sunt tot bella seruilia, socialia, ciuilia, fugitiuorum, nullorum utique fructuum et magnarum tamen miseriarum. (2)*sed coniueo, ut quemadmodum uolunt ita fuisse uideatur; unde arbitror esse dicturos: ecquid his temporibus beatius, quibus continui triumphi, celebres uictoriae, diuites praedae, nobiles pompae, magni ante currum reges et longo ordine uictae gentes agebantur?* (3) *quibus breuiter respondebitur et ipsos de temporibus solere causari et nos pro isdem temporibus instituisse sermonem, quae tempora non uni tantum urbi adtributa sed Orbi uniuerso constat esse communia. ecce quam feliciter Roma uincit tam infeliciter quidquid extra Romam est uincitur.* (4) *quanti igitur pendenda est gutta haec laboriosae felicitatis, cui adscribitur unius urbis beatitudo in tanta mole infelicitatis, per quam agitur totius Orbis euersio? aut si ideo felicia putantur, quia unius ciuitatis opes auctae sunt, cur non potius infelicissima iudicentur, quibus miserabili uastatione multarum ac bene institutarum gentium potentissima regna ceciderunt?* — Ausführliche Besprechung der Stelle bei Lacroix S. 124ff. — De Castro (S. 203ff.) wertet das Zitat als Beweis für den Optimismus des Orosius.

[480] Vgl. die Kommentare zum Gallischen Krieg: Hist. 6, 11, 7 zu Vercingetorix: *hoc enim esse unum bellum, quo aut perpetua libertas aut aeterna seruitus aut mors omnium consequatur* (nach Cäs. B. Gall. 7, 89). — Hist. 6, 12, 4f.: *(Gallia) sitiebat, ut dixi, notam illam omnibusque suauissimam uelut aquae gelidae dulcedinem libertatis, quantoque eam magis subtrahi intellegebat, tanto auidius desiderabat.* (5) *hinc illa tam frequens contra uetita praesumptio: inuadebatur pro defendenda libertate inportuna libertas praereptamque insatiabiliter potiundi licentiam, quod male conceptam perniciem restinguere uidebatur, augebat.* — Hist. 6, 21, 3 zu den spanischen Cantabrern und Asturen: *hi non solum propriam libertatem tueri parati uerum etiam finitimorum praeripere ausi, Vaccaeos et Turmogos et Autrigonas adsiduis eruptionibus populabantur* (nach Florus 4, 12, 47). — Vgl. auch Hist. 2, 17, 10/14 über den Freiheitskampf der Griechen und Hist. 3, 13, 11 über den Verlust der griechischen Freiheit. In Hist. 3, 1, 11 spricht Orosius von der Gefahr eines *seruitus* der Lacedämonier; Hist. 3, 12, 33 lobt er nicht wie Iustin (8, 6, 1) die Herstellung der Reichseinheit, sondern bedauert den Verlust der Freiheit.

[481] Hist. 5, 1, 5ff.: *an forte aliud tunc Carthagini uidebatur, cum post annos centum uiginti, quibus modo bellorum clades modo pacis condiciones perhorrescens, nunc rebelli intentione nunc supplici, bellis pacem, pace bella mutabat, nouissime miseris ciuibus passim se in ignem ultima desperatione iacientibus unus rogus tota ciuitas fuit? cui etiam nunc, situ paruae, moenibus destitutae, pars miseriarum est audire quid fuerit.* (6) *edat Hispania sententiam suam: cum per annos ducentos ubique agros suos sanguine suo rigabat inportunumque hostem ultro ostiatim inquietantem nec repellere poterat nec sustinere, cum se suis diuersis urbibus ac locis, fracti caede bellorum, obsidionum fame exinaniti, interfectis coniugibus ac liberis suis ob remedia miseriarum concursu misero ac mutua caede iugulabant, — quid tunc de suis tempori-*

gebaute *felicitas* ist auf jeden Fall relativ, denn der Krieg kann schließlich nur für den Sieger glücklich ausgehen; jede Argumentation zu seinen Gunsten urteilt einseitig national, in diesem Fall also vom römischen Standpunkt aus.[482]

Mit solchen Angriffen gegen die Gegner will Orosius aber vor allem das Unglück der Kriege hervorheben; im übrigen urteilt auch er, wie wir gesehen haben, als Römer, und er begrüßt grundsätzlich die Entwicklung Roms vom Stadtstaat zum weltweiten Reich und die Ausbreitung des Imperium Romanum,[483] unter dessen Herrschaft nun die Masse der Völker[484] zu einem *populus Romanus* (Hist. 7, 5, 2; 7, 22, 4) und zu einer staatlichen Einheit zusammenwächst,[485] als eine notwendige Voraussetzung für die Ausbreitung des Christentums, da Rom zu eben dieser Aufgabe von Gott auserwählt war.[486] Das wird vollends deutlich, wenn Orosius einen Vertragsbruch der Römer gegenüber den Samniten damit entschuldigt, daß erst dadurch die Entwicklung Roms zur Großmacht ermöglicht wurde.[487] Kaiser, die das Reich vergrö-

bus sentiebat? (7) *ipsa postremo dicat Italia: cur per annos quadringentos Romanis utique suis contradixit obstitit repugnauit, si eorum felicitas sua infelicitas non erat Romanosque fieri rerum dominos bonis communibus non obstabat?* (8) *non requiro de innumeris diuersarum gentium populis diu ante liberis, tunc bello uictis, patria abductis, pretio uenditis, seruitute dispersis, quid tunc sibi maluerint, quid de Romanis opinati sint, quid de temporibus iudicarint.* (9) *omitto de regibus magnarum opum, magnarum uirium, magnae gloriae, diu potentissimis, aliquando captis, seruiliter catenatis, sub iugum missis, ante currum actis, in carcere trucidatis: quorum tam stultum est exquirere sententiam, quam durum non dolere miseriam.* (10) *nos, nos inquam ipsos uitaeque nostrae electionem, cui adquieuimus, consulamus.*

[482] Doch selbst hier sind die Argumente zweifelhaft: Die Unterwerfung der Gallier durch Cäsar fiel zuletzt auf die Römer selbst zurück, denn sie nahm den Galliern die Kraft zum Widerstand gegen die jetzt angreifenden Goten (Hist. 6, 12, 6f.).

[483] Vgl. allein den Begriff *prouehere*, den Orosius gern für die Ausbreitung verwendet (z. B. Hist. 7, 9, 10; 6, 1, 6/16).

[484] Vgl. Hist. 7, 2, 1 (oben Anm. 304).

[485] Hist. 7, 2, 16 (oben Anm. 473). Die *diuersi gentes* bilden schließlich auch das Missionsziel der Apostel (Hist. 6, 1, 8— oben Anm. 351)! Vgl. auch Hist. 6, 22, 1 (oben Anm. 348).

[486] Siehe oben S. 80ff. (vor allem Hist. 6, 1, 5ff. — oben S. 80). Einen ähnlichen Zwiespalt zwischen der Größe des Reichs und dem Ideal des Mittelmaßes finden wir bei Augustin (civ. Dei 4, 3).

[487] Hist. 3, 15, 7: *Quid de exaggeranda huius foedissimi foederis macula uerbis laborem, qui tacere maluissem? hodie enim Romani aut omnino non essent aut Samnio dominante seruirent, si fidem foederis, quam sibi seruari a subiectis uolunt, ipsi subiecti Samnitibus seruauissent.*

ßern, werden positiv gezeichnet;[488] die Eroberung scheint geradezu eine der wichtigsten kaiserlichen Aufgaben zu sein, da sie dem Staat Nutzen bringt.[489] Die staatliche Einheit im Kaisertum der Gegenwart ist also zweifellos das Ergebnis von Bürgerkriegen, der Friede der eigenen Zeit das Resultat der Eroberungen und Unterdrückungen anderer Völker, doch vom Ausgang her gesehen scheinen diese Bürger- und Eroberungskriege gerechtfertigt: Die Kämpfe, die der Ermordung Cäsars folgten, führten schließlich zur gepriesenen Monarchie (Hist. 6, 17, 9 — oben Anm. 377), und auch die gewaltsame Einbeziehung Spaniens in das Römische Reich, der gegenüber die jetzige Eroberung durch die Goten nichts grundsätzlich Neues darstellt, entsprach dem göttlichen Willen![490] Orosius begrüßt also trotz seiner Einwände gegen Unterwerfungen die Ausbreitung Roms von ihrem Ergebnis her als Teil des göttlichen Geschichtsplans, und er sucht kriegerische Ausdehnung und friedliche Herrschaft miteinander zu harmonisieren; nur wenn beide einander ausschließen, behält der Friede die Oberhand, und Orosius rechtfertigt um seinetwillen selbst römische Tributzahlungen (oben Anm. 477) oder die Aufgabe von Reichsbesitz.[491] Eng verbunden mit dem Frieden ist nämlich der Sekuritätsgedanke,[492] der Wunsch nach Sicherheit. Dennoch scheint es fast, als wolle Orosius mit seinen Äußerungen nur die ungünstige Position der von Germanen bedrohten Gegenwart verteidigen, die um die Sicherung des Reichsbestandes fürchten muß und kaum mehr selbst an Ausdehnung denken kann.

---

[488] So Augustus (Hist. 6, 19, 19), Vespasian (Hist. 7, 9, 10) und Trajan (Hist. 7, 12, 2), dem darüber sogar die Christenverfolgung verziehen wird (vgl. oben S. 96).

[489] Vgl. Hist. 7, 6, 9: *Claudius quarto imperii sui anno, cupiens utilem reipublicae ostentare se principem, bellum ubique et uictoriam undecumque quaesiuit.*

[490] Vgl. Hist. 7, 41, 1 ff.: *Multa nunc mihi de huiuscemodi rebus loquendi facultas foret, si non secundum omnes homines apud unius cuiusque mentem conscientia secreta loqueretur. (2) inruptae sunt Hispaniae, caedes uastationesque passae sunt: nihil quidem nouum, hoc enim nunc per biennium illud, quo hostilis gladius saeuiit, sustinuere a barbaris, quod per ducentos quondam annos passae fuerant a Romanis, quod etiam sub Gallieno imperatore per annos propemodum duodecim Germanis euertentibus exceperunt. (3) uerumtamen quis non se, qui sui suorumque actuum uel etiam cogitationum conscius iudicia Dei metuit, iuste omnia passum uel etiam parua sustinuisse fateatur? aut qui se non intellegit Deumque non metuit, quomodo non iuste ista et quidem parua sustinuit?*

[491] So unter Iouian Hist. 7, 31, 2: *quippe, ut tutum et incolumem Romanum exercitum non solum ab incursu hostium uerum etiam a locorum periculo liberaret, Nisibi oppidum et partem superioris Mesopotamiae Persis concessit.*

[492] Vgl. dazu Lippold, Rom S. 51.

PASCHOUD sieht gerade in den Anfangskapiteln des 5. Buchs den Kern für eine Widersprüchlichkeit des Orosius, die jeder Analyse seines Denkens trotzt (S. 290f.): Der Spanier übernehme verschiedene traditionelle Themen, ohne ihre Widersprüche auszugleichen und sie zu einer geschlossenen Ideologie zu vereinigen. Tatsächlich ist jedoch das glorifizierende Gegenwartsbild des Orosius so überwältigend, daß hier das Zentrum seiner politischen Gedanken gesucht werden muß; wer in der Reserviertheit gegenüber den geschichtlichen Grundlagen dieser Gegenwart nur einen Widerspruch erblickt, übersieht wiederum den Entwicklungsgedanken, der das Geschichtsbild durchzieht, und den gewaltigen Einfluß der Religion. Die negative Einstellung gegenüber dem heidnischen Rom (der, wie wir gesehen haben, ja ebenfalls schon positive, in die Zukunft gerichtete Züge anhaften) weicht einem völlig bejahenden Bekenntnis zum römischen Staat der christlichen Gegenwart. Die Kritik an dem Unrecht der römischen Eroberung geht auf in dem Beweis, daß die Gegenwart eben aufgrund der römischen Ausbreitung eine weit bessere Zeit erleben kann (so LIPPOLD, Rom S. 63f.). Dabei macht aber nicht das Reich an sich, sondern das Christentum die Gegenwart zu dem, was sie ist. Im Grunde geht der scheinbare Widerspruch zwischen heilsnotwendiger Ausbreitung des Römischen Reichs und dem Unglück, dem diese zu verdanken ist, auf in der Gottesvorstellung: Wiederum hat nur Gott einen gerechten Grund für diese Entwicklung, während die Argumente der Heiden — und die Gedanken über die Relativität des Erobererglücks richten sich gerade gegen heidnische Einwände — nicht stichhaltig sind; Orosius stimmt auch hier mit seinem eigenen Geschichtsbild dadurch überein, daß die unglücklichen Kriege bereits in heidnischer Zeit zum Abschluß kamen und so sein Argument für den rechten Zeitpunkt der Ankunft Christi stützen!

Scheinbare Widersprüche gehen also auf in der Überzeugung von einer fortschreitenden Entwicklung der Geschichte, die seit der Geburt Christi den mildernden Einfluß des Christentums unverkennbar offenbart. Der Entwicklungsgedanke gewährleistet, daß die Spannung in der auf unglücklichen Kriegen beruhenden, glücklichen Gegenwart sich als eine „historische", als ein Wandel der Zeiten, erweist. War die Zeit der grausamen Kriege also zugleich die Zeit des Heidentums, so eröffnen sich der christlichen Gegenwart neue und friedlichere Perspektiven der Ausdehnung: Wie die Völker es schon zur Zeit des Augustus auf eine schnelle Unterwerfung abgesehen zu haben schienen, um Frieden zu schaffen,[493] so suchen auch die Barbaren der Gegenwart eher die Eingliederung in das Reich als die kriegerische Auseinandersetzung.[494] Das Resultat der langen Kriege ist der gottgewollte Friede, und die Gedanken des Orosius über die Relativität des Kriegs-

---

[493] Hist. 6, 21, 13: *nam tunc, ueluti ad constitutum pacis diem festinarent, ita omnes ad experientiam belli decisionemue foederis undatim gentes commouebantur aut suscepturae condiciones pacis, si uincerentur, aut usurae quieta libertate, si uincerent.*

[494] Darüber unten S. 133f. Vgl. Schöndorf S. 48f. und Lacroix S. 165.

glücks enden bezeichnenderweise in einer Würdigung des Ergebnisses, dem Frieden der eigenen Gegenwart.[495] Zu Beginn des 5. Buchs hält Orosius nämlich sein großes Plädoyer für die Gegenwart, das er mit eben seinen Bemerkungen über die Relativität des Kriegsglücks einleitet:[496] Die eigene Zeit ist gerade nicht allein auf Erfolg und Sieg, sondern auf solideren Grundlagen aufgebaut (Hist. 5, 1, 11 ff.):

(11) *igitur nostra tempora uiderim utrum felicia; certe feliciora illis ducimus, qui quod illi ultime delegerunt nos continue possidemus.* (12) *inquietudo enim bellorum, qua illi attriti sunt, nobis ignota est. in otio autem, quod illi post imperium Caesaris natiuitatemque Christi tenuiter gustauerunt, nos nascimur et senescimus; quod illis erat debita pensio seruitutis nobis est libera conlatio defensionis,* (13) *tantumque interest inter praeterita praesentiaque tempora, ut quod Roma in usum luxuriae suae ferro extorquebat a nostris, nunc in usum communis reipublicae conferat ipsa nobiscum. aut si ab aliquo dicitur tolerabiliores parentibus nostris Romanos hostes fuisse, quam nobis Gothos esse, audiat et intellegat, quanto aliter quam circa se ipsum agitur sibi esse uideatur.*

Als Erben der Vergangenheit können wir deren Früchte genießen und freiwillig verteidigen, das heißt vor allem: Dank der lasterhaft, nämlich durch unglückselige Kriege, erworbenen Eroberungen der heidnischen Vergangenheit kann die Gegenwart nun auf der Grundlage des wahrhaft gemeinschaftsbildenden Christentums (oben S. 56) den Frieden in einem Staat genießen, der nicht mehr von außen bedroht ist wie frühere Mächte durch Rom, da seine Feinde, die Goten, weit harmloser sind, als die Römer seinerzeit ihren Gegnern erscheinen mußten. Kennzeichen dieser glücklichen Gegenwart und Voraussetzung für den Frieden, der der Einigung des Reichs unter Augustus zur Zeit der Geburt Christi folgte (vgl. oben S. 80 ff.),[497] bildet eine sich von der Vielfalt der Vergangenheit absetzende Welt der Einheit. Besiegte wie Sieger leben dank des gemeinsamen Glaubens friedlich in einem Staat, in einer *communis respublica,* zusammen;[498] es gibt also gar keine Unterworfenen mehr, und der Einwand, diese friedliche Einheit beruhe auf kriegerischer Eroberung, wird widerlegt durch die innere Einstellung der einstmals Besiegten, denn die „Freiheit" der Gegenwart, die Orosius von der Knecht-

---

[495] Diesen Aspekt übersieht de Tejada (S. 195), wenn er alle heidnischen Erfolge als großes Übel bezeichnet.

[496] Schon Lippold, Rom S. 37 ff., der das Kapitel 5, 1 als Kritik des Orosius an der Machtpolitik Roms in vorchristlicher Zeit wertet, betont zu Recht, daß man diese Aussage nicht ohne ihre Fortsetzung im 2. Kapitel des 5. Buchs beurteilen darf.

[497] Hist. 6, 22, 1 (oben Anm. 348).

[498] Zum Staatsideal der *communis respublica* und zum Folgenden vgl. Suerbaum S. 232 ff.

Der Einheitsgedanke 113

schaft der in der Vergangenheit von Rom unterworfenen Völker abhebt, beruht auf einer völligen Bejahung des Römischen Reichs: Der Spanier Orosius, der selbst Nachfahre der Unterworfenen ist — denn gerade Spanien diente ja als ein Beispiel in diesem Prolog — ist mit ganzem Herzen Römer geworden.[499] Gottes Geschichtsplan sah eine politische Einigung vor, bevor die Ausbreitung des Glaubens begann. Die staatliche Einheit des Römischen Reichs, die eine Vielzahl von Herrschaften *(diversitas potestatum)* der Vergangenheit ablöste, war daher bereits unter Augustus abgeschlossen und durch das Symbol der allgemeinen Steuer propagiert worden. Mit der Einbeziehung des Christentums, das zusätzlich nun erst eine gefühlsmäßige Bindung *(societas adfectionum)* zwischen den Menschen hergestellt hat,[500] zeichnet sich in der Gegenwart eine Drei-Einheit der Gesellschaft in politisch-staatlicher, rechtlicher und religiös-ethischer Hinsicht ab,[501] in der Vaterland und Staat, Gesetz und Recht, Sitte und Kult zur Deckung gelangen, eine Einheit also von

- *rex*   - *lex*   und - *mos (ritus, religio)* (Hist. 5,1,14),
- *nomen*   - *ius*   und - *religio*   (Hist. 5,1,15),
- *patria*   - *lex*   und - *religio*   (Hist. 5,2,1),
- *locus*   - *ius*   und - *religio*   (Hist. 5,2,4),

in der alle Menschen eine einzige

- *societas,* - *communio* und - *unitas* bilden.[502]

[499] De Tejada S. 196 verkennt die Bedeutung der weltweiten römischen Herrschaft, wenn er wegen der Weltverbundenheit des Orosius einen römisch-nationalen Standpunkt ausschließt. Vgl. Schöndorf S. 96 f.: Orosius' nationale Liebe zu Spanien verbindet sich mit dem politischen Bekenntnis zum römischen Weltimperium, das zugleich ein Bekenntnis zu einem im christlich-universalen Denken fundierten Kosmopolitismus war. — Vgl. oben S. 15 f.
[500] Hist. 5, 1, 14: *Olim cum bella toto Orbe feruebant, quaeque prouincia — suis regibus — suis legibus — suisque moribus utebatur, nec erat societas adfectionum, ubi dissidebat diuersitas potestatum; postremo solutas et barbaras gentes quid tandem ad societatem adduceret, quas diuersis sacrorum ritibus institutas etiam religio separabat?*
[501] Vgl. Schöndorf, S. 98: Orosius versteht unter der *Romania* die politische, kulturelle und religiöse Einheit des Mittelmeerraumes (Orosius selbst setzt freilich kulturell und religiös gleich!). Vgl. auch Lacroix S. 161 ff. und Marrou S. 81 f.: Die den Apologeten seit dem 2. Jahrhundert geläufige Gleichsetzung der *pax Romana* mit den *tempora Christiana* bedeutet eine Identifikation der Zeit des Reichs mit der Zeit der Kirche.
[502] Hist. 5, 1, 15: *si quis igitur tunc acerbitate malorum uictus patriam cum hoste deseruit, quem tandem ignotum locum ignotus adiit? quam gentem generaliter hostem hostis orauit? cui se congressu primo credidit,*
— *non societate nominis inuitatus,*
— *non communione iuris adductus,*
— *non religionis unitate securus?*

Nationale *(patria)*, rechtliche *(ius)* und kultische *(religio)* Einheit ermöglichen eine nie gekannte Freizügigkeit; die Synthese zwischen Römertum und Christentum (oben S. 85f.) hat zu einer völligen Identität von Römern und Christen geführt (Hist. 5, 2, 1ff.):

(1) *Mihi autem prima qualiscumque motus perturbatione fugienti, quia de confugiendi statione securo,*
— *ubique patria,*
— *ubique lex*
— *et religio mea est.*

(2) *nunc me Africa tam libenter excepit quam confidenter accessi; nunc me, inquam, ista Africa excepit pace simplici, sinu proprio, iure communi, de qua aliquando dictum et uere dictum est 'hospitio prohibemur harenae, Bella cient primaque uetant consistere terra'* (Vergil Aen. 1, 540f.); *nunc ultro ad suscipiendos socios religionis et pacis suae beniuolum late gremium pandit atque ultro fessos, quos foueat, inuitat.* (3) *latitudo orientis, septentrionis copiositas, meridiana diffusio, magnarum insularum largissimae tutissimaeque sedes mei iuris et nominis sunt, quia ad Christianos et Romanos Romanus et Christianus accedo.*

In dieser Einheit liegt das Eigentümliche des orosianischen Geschichtsbildes, das einen nationalen mit einem christlichen Patriotismus zu vereinigen weiß.

Sich mit Stolz Römer und Christ zu nennen, widerspricht nicht der Vorstellung eines einzig wahren, himmlischen Vaterlands, wie PASCHOUD (S. 290) behauptet, weil das ewige, bis zum Ende der Zeiten bestehende Römische Reich dank seines christlichen Charakters die direkte Verbindung zur Ewigkeit darstellt. Gerade PASCHOUD hätte das bei seiner Untersuchung der *Roma-aeterna*-Idee erkennen müssen, sieht jedoch erst in der Lehre Leos I. vom päpstlichen Primat die eigentliche Begründung einer zukunftsweisenden, christlichen *Roma-aeterna*-Idee, nachdem schon Prudentius als erster Christ den Mythos, auf die Apostelfürsten umgemünzt, übernommen hatte (ebda. S. 331ff.).

Der Gedanke der Verknüpfung von Römertum und Christentum ist als solcher nicht neu; schon für Prudentius sind *civitas Christiana* und *civitas Romana* kongruent (vgl. dazu STRAUB, Geschichtsapologetik S. 249f.), und PETERSON (S. 91) weist auf die Ähnlichkeit mit den Gedanken Eusebs hin; Orosius habe keine neue Antwort gegeben, sondern die innere Verbindung von christlichem Monotheismus und Imperium Romanum noch einmal in exzessiver Weise wiederholt (ebda. S. 93; danach auch SCHÖNDORF S. 41). Nach CORSINI (S. 149f.) schließlich ist die Sicht des Orosius von den *tempora Christiana* eng mit Lactanz verwandt (die eindeutige Bejahung der Verbindung von Römertum und Christentum ließ den Spanier aber die chiliastische Milleniumtheorie eines Tausendjährigen Reichs Christi aufgeben). Wenn Orosius nun den Bestand der Religion an das Wohlergehen des Staates knüpft, so macht er die Gültigkeit der Theorie, das Wohl der Christen, freilich von der politischen Entwicklung abhängig, wie STRAUB, Geschichtsapologetik S. 252, hervorhebt.[503] Orosius selbst jeden-

[503] „Die enge Verflechtung von *Romanitas* und *Christianitas* hatte die politische Existenz in eine gefährliche Nähe der Identifikation mit der religiösen Existenz gebracht."

Der Einheitsgedanke 115

falls ist von der Dauer jener Verbindung zutiefst überzeugt.[504] Auch wenn der Gedanke an sich nicht originell ist, so wird er in der zeitgenössischen Literatur doch nirgends so klar zusammengefaßt wie bei Orosius (so LIPPOLD, Rom S. 52).

Orosius kann die Synthese sogar noch ausdehnen: Da nahezu die gesamte Welt römisch und christlich ist,[505] bedeutet es nicht nur dasselbe, ein Römer und ein Christ zu sein, beides deckt sich darüber hinaus mit dem Menschsein überhaupt:[506] Es besteht eine Identität zwischen

Romanitas = Christianitas = Humanitas (Hist. 5, 2, 4ff.):[507]

(4) *non timeo deos hospitis mei, non timeo religionem eius necem meam, non habeo talem quem pertimescam locum, ubi et possessori liceat perpetrare quod uelit et peregrino non liceat adhibere quod conuenit, ubi sit ius hospitis quod meum non sit;* (5) *unus Deus, qui temporibus, quibus ipse innotescere uoluit, hanc regni statuit unitatem, ab omnibus et diligitur et timetur; eaeque leges, quae uni Deo subiectae sunt, ubique dominantur; ubicumque ignotus accessero, repentinam uim tamquam destitutus non pertimesco.*

(6) *inter Romanos, ut dixi, Romanus,*
— *inter Christianos Christianus,*
— *inter homines homo:*
— *legibus inploro rempublicam,*
— *religione conscientiam,*
— *communione naturam.*

„Wegen einer neuen Gemeinschaft, größer als alle, die die Vergangenheit gekannt hat, weil er sich nicht nur als Mensch unter Menschen, Römer unter Römern, sondern gleichzeitig als Christ unter Christen weiß, nennt Orosius sich glücklich und frei."[508] Das Gesetz repräsentiert in dem angeführten Zitat die staatliche Sphäre,[509] die Religion die (vorwiegend moralische)

---

[504] Etwas zu vorsichtig urteilt Corsini S. 187, der in der Synthese zwischen *Romanitas* und *Christianitas* erst die mögliche Zukunft des Reichs erblickt.

[505] Zum römischen *orbis*-Gedanken vgl. Schöndorf S. 117: Die Vorstellung eines weltweiten Reichs und das Bewußtsein, daß es noch Fremdvölker gab, schlossen sich nicht aus. — Auch die „katholische" (!) Kirche verstand sich ja als weltweit.

[506] Vgl. auch Hist. 6, 22, 7: Die Römer als *domini cunctorum hominum* und Christus, *qui cunctos homines fecit,* als *homo inter homines.* — Hier wird die Einstufung der Barbaren wichtig; dazu unten S. 126 ff.

[507] Eine treffende Zusammenfassung der Gedanken hat bereits Straub, Geschichtspologetik S. 266, gegeben: „Die *societas nominis,* die *communio iuris* und die *unitas religionis* (1, 15) sind die unverrückbar gedachten Stützen seines Glaubens an die harmonische Einheit von *humanitas, Romanitas, Christianitas.*" Vgl. auch Ders., Romanus S. 300f.; danach Schöndorf S. 96 und Suerbaum S. 234f.

[508] So Lacroix S. 164 (übersetzt).

[509] Über den Zusammenhang zwischen *respublica* und Gesetz vgl. oben S. 89 mit Anm. 373.

Bewußtseinsebene, die Gemeinschaft aber die Natur des Menschen schlechthin (Hist. 5, 2, 6):[510]

- *lex* → *res publica*   ⎫ *unitas regni*   ⎧
                        →   ⎬   =   ⎨ ← *natura*
- *religio* → *conscientia*   ⎭ *communio*   ⎩

Alle drei Bereiche vereinigen sich in der Gegenwart in einer untrennbar identischen Einheit, deren Urheber Gott ist (Hist. 5, 2, 5);[511] die *unitas* wird damit geschichtstheologisch abgestützt. Orosius spricht hier noch einmal deutlich aus, was die Erörterung der Grundlagen des Geschichtsbildes bereits nahegelegt hat: Der Monotheismus wirkt in die Welt hinein und schafft sich sein Spiegelbild in der *ordinatio ad unum imperatorem* (Hist. 6, 1, 6 — oben S. 80),[512] und so scheint es nur folgerichtig, daß dem einen Gott *(unus Deus)* auch ein Reich *(unitas regni)* (Hist. 5, 2, 5) entspricht, das folglich die ganze Welt, den *orbis uniuersus,* umfaßt.[513] Von hier aus weitet sich der Einheitsgedanke auf alle Ebenen aus: Das Reich wird von einem Kaiser *(unum nomen Caesaris)* gelenkt[514] — Orosius rechtfertigt damit noch einmal deutlich das Ideal der Monarchie (oben S. 90f.) —, seine Bürger sind durch ein Gesetz (Hist. 5, 2, 5), eine gemeinsame Steuer[515] und einen Eid auf den Namen des Kaisers geeint (Hist. 7, 2, 16 — oben Anm. 473), so daß sie dasselbe Vaterland *(patria)* (Hist. 5, 2, 1 — oben S. 114) haben und zu einer Gemeinschaft *(una societas)* zusammenwachsen,[516] in der ein Friede *(una pax)* herrscht.[517] Diese Gemeinschaft erschöpft sich jedoch gerade nicht in der *communis respublica,* sondern spiegelt zugleich einen Glauben *(una*

---

[510] Nicht der einzelne Mensch interessiert Orosius, sondern die Gemeinschaft. Fortschritt bedeutet für ihn in erster Linie Glaube und Christentum; die Frage nach den Heilsaussichten des einzelnen stellt er nicht.
[511] Vgl. Hist. 3, 8, 5ff. (oben Anm. 350).
[512] Vgl. dazu Torres S. 126ff. und Corsini S. 168ff., der hervorhebt, daß Orosius in der politischen Einheit des Reichs einen historischen Beweis für den Monotheismus sieht.
[513] Hist. 5, 1, 3 (oben Anm. 479). In diesem Zusammenhang erhält auch das der Chronik vorangestellte Weltbild (Hist. 1, 2 — vgl. oben S. 13) noch einen höheren Stellenwert.
[514] Hist. 7, 2, 16 (oben Anm. 473); vgl. Hist. 6, 1, 6 (oben S. 80).
[515] Hist. 7, 2, 16 (oben Anm. 473); vgl. Hist. 6, 22, 6 (oben Anm. 333).
[516] Hist. 7, 2, 16 (oben Anm. 473): *per communionem census unius societatis effecta est;* vgl. Hist. 5, 2, 6 (oben S. 115): *communio.*
[517] Hist. 7, 2, 16 (oben Anm. 473): Hist. 6, 22, 1 (oben Anm. 348). Zur *pax et unitas catholicae ecclesiae* in Afrika vgl. Hist. 7, 42, 16 (oben Anm. 472). Schöndorf S. 46 sieht in einseitiger Überspitzung im Friedensgedanken das tragende Element der Einheitsidee des Orosius.

Der felicitas-Gedanke 117

fides) wider,[518] der sie in der einen Kirche *(una ecclesia)* verbindet.[519] Gott straft alle, die dieser Einheit zuwiderhandeln (oben S. 61ff.).[520] In ihr — so kann Orosius seine Gegenwartsverherrlichung schließen — in der der Mensch allen gleich nahe steht und allen alles gemeinsam ist, liegt das wahre Gut und Glück dieser Zeiten, für das die Vorfahren endlose Kriege geführt haben und das darüber hinaus noch die einzige Hoffnung für die Zukunft einschließt.[521]

6. Das Ergebnis der historischen Entwicklung: Der felicitas-*Gedanke im Gegenwartsbild des Orosius*

Der Entwicklungsgedanke als die zentrale Motivation im Geschichtsbild des Orosius läßt die gesamte Geschichte in eine gleichsam ideale, glückliche Gegenwart als Ergebnis aller Vergangenheit einmünden. Geschichtsbild und Apologie treffen nirgends deutlicher zusammen als in dem Gegenwartsbild des Geschichtstheologen, weil nämlich das Ideal, das der spanische Priester zeichnet und an dem er die Vergangenheit mißt und verurteilt, sich an der eigenen Zeit orientiert, die dem Ziel der Seligkeit, wie es scheint, bereits so nah ist, daß Orosius sie „glücklich" nennen kann: *felicitas* als Schlüsselbegriff für das gesamte menschliche Streben nach dem ewigen Heil wird hier in die Welt transponiert und mit den *miseriae* oder *clades* der Vergangenheit kontrastiert[522] und verbindet sich dadurch mit dem irdischen Wohlergehen,

---

[518] Hist. 7, 33, 17 (oben Anm. 285): *unus Deus unam fidem tradidit, unam ecclesiam toto Orbe diffudit*; vgl. auch Hist. 5, 2, 3/6 (oben S. 114f.) und Hist. 7, 1, 2 (oben Anm. 178).

[519] Hist. 7, 33, 17 (oben Anm. 285); vgl. Lib. apol. 31, 7: *nos enim sub uno capite, quod est Christus, et sub una Ecclesia, quae est Christus, omnes fratres sumus et unum corpus in Christo.*

[520] Vgl. gegenüber Valens Hist. 7, 29, 18 (oben Anm. 287).

[521] Hist. 5, 2, 7f.: *nihil perdidi, ubi nihil amaui, totumque habeo, quando quem diligo mecum est, maxime quia et apud omnes idem est, qui me non modo notum omnibus uerum et proximum facit, nec egentem deserit, quia ipsius est terra et plenitudo eius, ex qua omnibus omnia iussit esse communia. (8) haec sunt nostrorum tempora bona: quae in totum uel in tranquillitate praesentium uel in spe futurorum uel in perfugio communi non habuere maiores, ac per hoc incessabilia bella gesserunt, quia, mutandarum sedium communione non libera, persistendo in sedibus suis aut infeliciter necati sunt aut turpiter seruierunt.* — Corsini S. 134 bezeichnet diese Erwartung aber als die große Utopie des Orosius.

[522] Vgl. Hist. 7, 6, 11 (oben Anm. 254). — Nach Mazzarino, Ende der antiken Welt S. 61, liefert Orosius hier die erste Bejahung der Wirklichkeit im Sinne einer Entscheidung der göttlichen Vernunft.

vor allem im politischen Bereich; dieses diesseitsgerichtete Ziel des Menschen scheint in der Gegenwart nahezu erreicht zu sein. Die Bedingungen und Kriterien, die sie „glücklich" machen, sind im Laufe der Darstellung deutlich geworden: Über einen allgemeinen Fortschrittsglauben hinaus, daß der Gegenwart jeweils die Errungenschaften der Vergangenheit zur Verfügung stehen (Hist. 5, 1, 11), hat Gottes Wille, den christlichen Glauben auf Erden durchzusetzen, zu einem erhöhten göttlichen Schutz der Christen und ihrer Welt beigetragen und so die Zeit der Unglücke und Kriege in ein gesichertes Leben in Frieden umgewandelt. Wenn das Glück der Zeiten, wie die Gegner des Orosius behaupten, in dem Abwenden der *miseriae* wie Hungersnöte, Pest und aufgezwungenen Kriege liegt (Hist. 7, 26, 5 — oben Anm. 275), dann besitzen die christlichen Zeiten diese *felicitas* als Ergebnis aus dem Zusammenspiel politischer und religiöser Faktoren: Die Spannung zwischen römischem Staat und christlichem Glauben ist in der Gegenwart vollständig aufgelöst. Orosius führt diese Milderung der Zeiten auf den Glauben an sich, der so ruchlose Zerfleischungen wie die Diadochenkriege verhindert,[523] auf die Existenz von Christen,[524] die Gott mit ihren Gebeten barmherzig stimmen und ohnehin schon unter dem besonderen Schutz Gottes stehen (vgl. oben S. 68ff.), und schließlich auf die Existenz der Kirche,[525] die nicht zuletzt dank ihrer Heiligen intervenieren kann,[526] zurück. Die Vorteile des Christentums sind immerhin schon so groß, daß selbst Heiden um ihretwillen einen christlichen Glauben vortäuschen.[527] Die in einem providentiellen

---

[523] Hist. 3, 23, 65ff.: *Haec sunt inter parentes filios fratres ac socios consanguinitatis societatisque commercia. tanti apud illos diuina atque humana religio pendebatur.* (66) *erubescant sane de recordatione praeteritorum, qui nunc interuentu solius fidei Christianae ac medio tantum iurationis sacramento uiuere se cum hostibus nec pati hostilia sciunt;* (67) *quibus indubitatissime probatur, quia non, sicut illi antea, 'caesa iungebant foedera porca'* (Vergil Aen. 8, 641), *sed quia nunc inter barbaros ac Romanos creatorem et dominum suum contestantes tantam fidem adhibita in sacramentum seruant euangelia, quantam tunc nec inter parentes ac filios potuit seruare natura. —* Orosius bezeichnet diese Kriege als *tumultuosissimum tempus* (Hist. 3, 23, 2).
[524] Vgl. vor allem Hist. 2, 3, 7 (oben S. 78): *hic et Christiani fuere, qui parcerent, et Christiani, quibus parcerent, et Christiani, propter quorum memoriam et in quorum memoria parceretur.*
[525] So als Begründung für die schnelle Bereinigung der Erhebung von vier Kaisern, Hist. 7, 8, 5; vgl. Hist. 6, 1, 27 (oben Anm. 292).
[526] Vgl. Hist. 7, 37, 17 (oben Anm. 172).
[527] Hist. 1, 8, 14: *Quamobrem non est mirandum, si nunc quoque aliqui reperiuntur, qui cum a ceruicibus suis inpendentem gladium praetento Christiano nomine auerterint, ipsum nomen Christi, quo solo salui sunt, aut dissimulent aut infament grauarique se eorum temporibus adserant, quorum meritis liberantur.*

Zusammenhang stehenden Elemente der Heilsgeschichte bewirken gemeinsam das Glück der christlichen Gegenwart: Die Abfolge der Weltreiche findet ihren Abschluß in Rom, dessen weltweite Ausbreitung bis zur Zeit des Augustus die Geburt Christi und die Aufnahme des Christentums vorbereiten sollte. Die Einheit des Reichs schafft die Voraussetzungen für die umfassende Einheit aller Lebensbereiche; die weltweite Ausdehnung des Reichs und die ethisch begründete Aufgabe des Kaisers sichern den Frieden, der die Gegenwart von Unglücken weitgehend befreit und der den Römern unter den katholischen Herrschern nicht nur ein besseres, sondern auch ein längeres Leben garantiert.[528] Der Entwicklungsgedanke verbürgt dabei einen weiteren, gestuften Fortschritt innerhalb der *tempora Christiana*, die mit Christi Geburt beginnen (oben S. 56f.), denn hier ragt noch einmal die Zeit der christlichen Kaiser empor, die — abgesehen von der kurzen Episode unter Philippus — mit Konstantin und dem Schließen der heidnischen Tempel (Hist. 7, 28, 28) begann[529] und ihren Höhepunkt in der jüngsten Vergangenheit mit der Überwindung der Häresie des Arianismus und der allgemeinen Durchsetzung des katholischen Glaubens seit Theodosius erreicht hat.

SCHÖNDORF entgeht dieser allmähliche Fortschritt, wenn er innerhalb eines Kapitels über die „Tempora Christiana" (S. 49ff.) Christenverfolgungen und Schonung zugunsten der Christen nebeneinanderstellt, ohne daß er eine andere Erklärung findet, als die Vorgänge danach zu unterscheiden, ob sie in providentiellem Zusammenhang mit dem Christentum stehen oder nicht. Den gleichen Fehler begeht MÜLLER, wenn er sich (S. 29) über die Existenz von Christenverfolgungen in einem gottgewollten Reich wundert: In dieser Hinsicht war das christliche Reich noch im Wachstum begriffen. Wichtiger ist sein Erstaunen darüber, daß Orosius plötzlich von einem barmherzigen Gott sprechen kann, obwohl die historische Forschung doch gerade seine Zeit als besonders bewegt erwiesen hat (ebda. S. 29f.), doch zum einen spricht Orosius in seinen Vergleichen stets nur von einem relativen Glück der Gegenwart, zum andern hat bereits LIPPOLD, Rom S. 26ff., hervorgehoben, daß die Jahre der Abfassungszeit in den Augen der Zeitgenossen tatsächlich eine optimistische Aussicht eröffnet haben.

[528] Hist. 3, 2, 12ff.: *At nunc increpet haec tempora atque illa conlaudet, quicumque nescit hosce omnes istarum urbium prouinciarumque populos ita nunc in solis ludis ac theatris consenescere, sicuti tunc in castris maxime proeliisque tabuisse. (13) florentissima illa et totius tunc imperium Orientis adfectans Lacedaemoniorum ciuitas uix centum habere potuit senes; ita incessabilibus circumuenta malis inmaturas misere expendebat aetates: (14) et queruntur nunc homines, quorum refertae pueris et senibus ciuitates secura iuuenum peregrinatione ditantur pacificisque exercitiis stipendia domesticae uoluptatis adquirunt? nisi forte — ut adsolent humanae mutabilitati omnia sordere praesentia — nouitates rerum actu audituque prurientibus ipsa etiam uita fastidio est.*
[529] Hist. 7, 28, 2 (oben Anm. 359). Konstantin regierte *felicissime* (Hist. 7, 26, 1).

Orosius kann sich mit seiner Gegenwart identifizieren, weil sie alle seine Wünsche erfüllt, weil ihr nationale, kosmopolitische und religiöse Interessen identisch geworden sind, weil nun ein weltweiter Staat seinen Glauben garantiert. „Glücklich" aber ist die Gegenwart vor allem deshalb, weil diese Entwicklung zu einer „besseren Zeit" von Gott (zum Schutze seines Christentums) bewirkt ist und einen vorläufigen Endpunkt in einer langen, von Gott gewollten, geplanten und gelenkten und sich immer mehr dem Heilsziel nähernden Geschichte darstellt: Die Gegenwart ist das Werk des schmeichelnd-wohlwollenden, mahnenden und befreienden Gottes, während in der Vergangenheit der Einfluß des verfolgenden, herrschsüchtigen und vernichtenden Teufels stärker wirksam war.[530] *Felicitas* ist von Anfang an Gottes Ziel in bezug auf die Geschichte und auf den Menschen gewesen. Ein weiterer Fortschritt zum Glück hängt nun ab von der vollständigen Verbreitung des wahren Glaubens, von der Bekehrung der Heiden.

Orosius gibt damit zu, daß selbst die glückliche Gegenwart noch nicht das Höchstmaß an *felicitas* erreicht hat; er ist weit davon entfernt, ein „Paradies auf Erden" zu verkünden: Die irdische Geschichte ist ihm, wie Augustin, *temporarie,* ist eine vergängliche Station auf dem Weg zum eigentlichen Ziel der Seligkeit und deshalb nur *quasi patria,* ein Schattenbild der ewigen Gemeinschaft;[531] der Entwicklungsgedanke in der Geschichte kennt konsequenterweise nur eine relative *felicitas* — und mehr hat Orosius in all seinen Vergleichen nie behauptet; im Vergleich mit der Vergangenheit aber, und das wollte er ja zeigen, erscheint die eigene Zeit unendlich glücklicher als alle historischen Epochen vor ihr.

Das Geschichtsbild des Orosius, das immer wieder zu einem geschlossenen System zusammenläuft, liefert — insgesamt wie in seinen einzelnen Elementen — den Hintergrund und die Erklärung für die apologetische These, die den Historien zugrunde liegt. Bei der Besprechung der Geschichtstheologie in ihren einzelnen Teilen hat sich immer wieder die oben (S. 20ff.) geäußerte Vermutung bestätigt, daß hier die eigentliche Grundlage für die Geschichtsschreibung wie für die Apologie des Orosius liegt, daß sich diese nur mit seinen geschichtstheologischen Überzeugungen erklären lassen. Mit seinem Geschichtsbild sind damit auch die im Anfangskapitel dargestellten „Ten-

---

[530] Das ergibt sich aus dem Vorwurf gegen die Heiden, die dieses Verhältnis umkehren, Hist. 4, 6, 39: *qui (= inimici Dei ac perinde inimici ueritatis) grauiora arbitrantur flagella patris, quam hostis incendia; qui acerbiorem uocant blandientem admonentem et redimentem Deum quam persequentem dominantem trucidantemque diabolum.*
[531] Hist. 5, 2, 6: *utor temporarie omni terra quasi patria, quia quae uera est et illa quam amo patria in terra penitus non est.* — Vgl. Schöndorf S. 96.

denzen" des Werks durchschaubarer geworden. Zugleich aber eröffnen sich die — vorwiegend religiös geprägten — Grundanschauungen eines spätantiken Christen. Ein Geschichtsbild, das so politisch ausgeprägt ist wie das des Orosius und dazu den gesamten Geschichtsablauf als eine Entwicklung auf die Gegenwart zu betrachten, wirkt schließlich auch auf das politische Gegenwartsbild seines Autors zurück.

IV. DER AUSBLICK IN DIE ZUKUNFT: OROSIUS UND DIE PROBLEME SEINER ZEIT

Als Christ und Theologe richtet Orosius seinen Blick auf die Zukunft des ewigen Lebens, als Historiker und Apologet ist er aber trotz seiner These der „glücklichen christlichen Zeiten" nicht blind für die Vorgänge der eigenen Gegenwart, und er macht sich durchaus Gedanken über die konkrete politisch-historische Zukunft. Da Orosius, wie wir heute wissen, in einer entscheidenden Umbruchzeit lebte, die dem Ende des Römischen Reichs entgegensah, werden seine Vorstellungen wichtig für die Frage, ob sich die Zeitgenossen überhaupt dieses großen historischen Wandels bewußt waren[532] und ob sie die geschichtsmächtigen Faktoren der Zukunft bereits erkannt haben, wie das von Orosius immer wieder behauptet worden ist. Auch solche Beobachtungen können nicht losgelöst von dem Geschichtsbild des Priesters betrachtet werden.[533] Damit muß es aber bereits als wahrscheinlich gelten, daß Orosius als Geschichtstheologe auch in seinen Zukunftsprognosen innerhalb des von ihm erarbeiteten historischen Systems bleiben und die Zukunft folglich unter zwei zu beachtenden Aspekten betrachten wird:

(1) Die Zukunft ist wie alle Geschichte von Gott bestimmt und fügt sich in den dargestellten Heilsplan ein; das bedeutet für den Fortschrittsdenker Orosius, daß sie an der Geschichte ablesbar wird, weil sie die aufgezeigte einheitliche und zielgerichtete Entwicklung fortsetzt!

(2) Die Ideale des Priesters sind von seiner eigenen Gegenwart her geprägt. Eine schwerwiegende Kritik der idealisierten eigenen Zeit ist also kaum zu erwarten, und nach dem Entwicklungsgedanken muß die Zukunft noch glücklicher und besser werden, zumal Orosius — anders als Augustin — die *felicitas* der Gegenwart sehr geschichtlich-konkret versteht: Orosius muß also auch die Zukunft optimistisch beurteilen.

Unter diesen Gesichtspunkten äußert sich der Geschichtsschreiber vor allem zu drei Problemen der Spätantike: zu Staat und Gesellschaft, zu innen- und außenpolitischen Krisen und — in diesem Zusammenhang — vor allem

---

[532] Mit der Frage der zeitgeschichtlichen Anschauungen des Orosius beschäftigen sich vor allem Diesner und Lippold, Orosius; mit den letzten Jahren (410—17) Lippold, Rom S. 26ff.

[533] Häufig hat man das Gegenwartsbild unter zu geringer Berücksichtigung der grundlegenden geschichtstheologischen Anschauungen behandelt.

zu den Germanen, die sich letztlich als der zukunftsträchtigste Faktor dieser Zeit erwiesen haben.[534]

1. Die Haltung des Orosius zu Staat und Gesellschaft

Man hat in Orosius einen Gesellschafts- und Staatskritiker seiner Zeit sehen wollen und behauptet, der Apologet deute „die Brüchigkeit des römischen Systems und der spätantiken Gesellschaftsordnung an und enthüllt damit, daß die Entwicklung wahrscheinlich doch anders verlaufen wird, als es sich die herrschenden Kreise der Römer oder auch der Barbaren vorstellen";[535] in einem berühmt gewordenen Zitat berichtet Orosius nämlich, daß spanische Römer die Herrschaft seßhaft gewordener Barbaren der römischen vorziehen, um dem Steuerzwang zu entgehen.[536] Zweifellos spiegelt sich in diesem Bericht das Zwangssystem des spätantiken Staates wider, von einer regelrechten Kritik aber darf man schon deshalb nicht sprechen, weil Orosius hier nicht primär die römischen Zustände,[537] sondern — in apologetischer Absicht — die Milde dieser Zeit schildern will, in der die erobernden Barbaren den belagerten Römern gegen eine Geldzahlung zur Flucht verhelfen (Hist. 7, 41, 4ff.), vor allem aber, weil er den Bericht mit Gedanken über die Christianisierung und Integration der Barbaren schließt, die den Invasionen einen Sinn im göttlichen Heilsplan verleihen sollen, der den Bestand des Reichs garantiert (dazu unten S. 129f.)! Wie Orosius den römischen Staat seiner Gegenwart beurteilt, haben wir bereits kennengelernt (oben S. 90ff.): Die heilsgeschichtliche Aufgabe macht in den Augen des Priesters nicht nur die Monarchie zur idealen Staatsform, in der die Unterwerfung des Römers unter den Herrn (Kaiser) der Unterwerfung des Christen unter Gott entspricht (oben S. 91), das Kaiserideal des Apologeten orientiert sich darüber hinaus an dem christlichen Erbkaisertum der Gegenwart, dessen Erfolge er immer wieder hervorhebt: In der Verbindung von Staat und Religion hat das Kaisertum seinen bisherigen Höhepunkt erreicht, weil der Schutz Gottes ein Wohlergehen des Reichs garantiert. Es gibt für Orosius

---

[534] In diesem Zusammenhang können nicht die Vorgänge selbst, sondern nur die Haltung des Römers dazu behandelt werden, soweit sie das Geschichtsbild betrifft.
[535] So Diesner S. 98.
[536] Hist. 7, 41, 7: *quamquam et post hoc quoque continuo barbari exsecrati gladios suos ad aratra conuersi sunt residuosque Romanos ut socios modo et amicos fouent, ut inueniantur iam inter eos quidam Romani, qui malint inter barbaros pauperem libertatem, quam inter Romanos tributariam sollicitudinem sustinere.*
[537] Zur einschränkenden Wirkung der Wendung *quidam Romani* vgl. Lippold, Rom S. 80.

also keinen Grund, am römischen Staatssystem zu zweifeln, und bereits LIPPOLD hat gezeigt, wie sehr der Spanier das Reich seiner Gegenwart bejaht; der Erhalt der Kaiserherrschaft nach dem Tode Caligulas ist ihm geradezu ein *beneficium* (Hist. 7, 6, 2 — oben Anm. 382). Allenfalls wendet er sich gegen einzelne Kaiser, die dem Ideal nicht genügen wie gegen den Häretiker Valens (oben S. 94). Nirgends sonst wird eine Kritik am Staat oder an der Gesellschaft der Gegenwart laut,[538] wie es in der gesamten Diskussion dieser Zeit überhaupt nicht um eine politische Revolution ging und Kaisertum und Reich nie angefochten wurden, weil man — auf heidnischer wie auf christlicher Seite — die Lösung der Krise allein in einer religiösen und moralischen Erneuerung suchte:[539] Orosius, der in seinem Werk die sichtbaren Unglücksfälle registriert, hat keinen Blick für die inneren Schwächen des spätrömischen Staatssystems, wie sie der heutigen Forschung bekannt sind;[540] er sieht etwaige Gefahren für das Reich nicht in einer strukturellen Krise, sondern orientiert sich weiterhin an äußeren Ereignissen, und schon gar nicht deutet die zitierte Stelle an, daß der Apologet hier einen endgültigen Niedergang des Reichs ins Auge faßt: Nicht der römische Staat an sich, sondern einzig die Heiden in ihm bereiten ihm Sorge.

Nicht einmal das Auseinanderleben der östlichen und westlichen Reichshälfte erscheint Orosius als eine ernsthafte Gefahr.[541] Orosius sieht durch die seit Diokletian eingebürgerte, in den Historien sogar schon unter Valerian und Gallienus bezeugte Herrschaftsteilung offenbar die Reichseinheit nicht bedroht,[542] und noch die Teilung des Reichs unter Honorius und Arcadius bewahrt ein *commune imperium diuisis tantum sedibus* (Hist. 7, 36, 1). Nach STRAUB, Herrscherideal S. 36f., bildet das diokletianische Herrschaftssystem sogar sein politisches Ideal. Dabei begreift Orosius stets den Westen als Zentrum der politischen Macht; bei der Herrschaftsteilung der Söhne

---

[538] Auch als Christ denkt Orosius keineswegs an eine Abschaffung der Sklaverei: In dem Bericht über Augustus (Hist. 6, 22, 4f. — oben Anm. 420), der Kaiser habe verboten, daß *liberi* oder seine *nepotes* ihn *dominus* nennen, wird als selbstverständlich vorausgesetzt, daß er für Unfreie weiterhin der „Herr" bleibt (der Bericht ist freilich Sueton entlehnt).

[539] So Straub, Augustins Sorge um die *regeneratio imperii* S. 285. Vgl. oben Anm. 32 und S. 36f.

[540] Vgl. dazu Karl Christ (Hg.), Der Untergang des Römischen Reiches (Wege der Forschung 269), Darmstadt 1970.

[541] Zum Reichseinheitsgedanken vgl. Lippold, Rom S. 58ff., der das Zurücktreten der östlichen Reichsteile in den Berichten lediglich als Beweis einer allgemeinen Entfremdung zwischen Ost und West wertet, während Orosius selbst der Reichseinheit positiv gegenübersteht.

[542] Vgl. Hist. 7, 25, 15: *Galerius et Constantius Augusti primi Romanum imperium in duas partes diuiserunt.*

des Theodosius unterscheidet er zwischen *Oriens* (Arcadius) und der *respublica!* (Honorius) (Hist. 7, 36, 1), und er setzt das *occidentale imperium* von der *orientalis aula* ab![543]

2. Die Bedrohungen der Gegenwart

Der Historiker Orosius kann freilich nicht übersehen, daß auch die glückliche christliche Zeit noch ihre Probleme hat, daß trotz aller Milde sich immer noch *miseriae* ereignen (vgl. oben S. 100). Gerade der Vergleich der zehn Christenverfolgungen mit den ägyptischen Plagen impliziert, daß die *persecutio gentilium,* wenngleich abgemildert, bis zum Jüngsten Gericht andauern wird.[544] Orosius reflektiert im wesentlichen drei Gefahren, die die Errungenschaften der Gegenwart bedrohen:
(1) Die jüngste Vergangenheit hatte offenbar besonders stark unter Tyrannen zu leiden (Hist. 7, 42), die in den Reichsteilen zu Kaisern ausgerufen wurden, aber schon wegen ihrer unrechtmäßigen Erhebung nicht dem Herrscherideal des Priesters entsprechen konnten; Kaiser Honorius hatte diese Gefahr aber abzuwenden und den inneren Frieden wiederherzustellen vermocht, so daß der Bestand des Römischen Reichs wie auch die Einheit der Kirche *(corpus Christi)* gesichert blieben:[545] Nach vorübergehenden Wirren scheint erneut Ordnung zu herrschen: Marinus, der Mörder des afrikanischen Tribunen Marcellinus,[546] kann jedenfalls bestraft und seiner Würden entkleidet werden (Hist. 7, 42, 16f.).
(2) Eine ernste Gefahr liegt sodann in der noch immer andauernden Opposition der Heiden einerseits, denen Orosius mit seinen Historien ja gerade die letzten Argumente nehmen will (um damit zugleich seinen eigenen Beitrag zur Heilsgeschichte zu leisten), und in der drohenden Spaltung der *catholica ecclesia* durch die Häretiker als neues Werkzeug des Teufels andererseits (gegen sie wendet Orosius sich in seinen beiden anderen Schriften!). Freilich werden weniger die Irrgläubigen an sich als die heidnischen (Julian) oder häretischen Kaiser (Constantius, Valens) der gewonnenen politisch-religiösen Einheit gefährlich, und auch diese Bedrohung scheint mit der Herrschaft der katholischen Imperatoren, Theodosius und seiner Söhne, gebannt.

---

[543] Hist. 7, 37, 1. Vgl. dazu Schöndorf S. 73 und Straub, Regeneratio S. 225. — Konstantinopel gilt Orosius immerhin jedoch als *gloriosissimi nunc imperii sedes et totius caput Orientis* (Hist. 3, 13, 2); zu Konstantinopel als der einzigen romgleichen Stadt vgl. auch Hist. 7, 28, 27; zur Charakterisierung des „neuen Rom" bei Orosius vgl. Lippold, Rom S. 17f., und Schöndorf S. 56.
[544] Hist. 7, 27, 15 (oben Anm. 225).
[545] Vgl. Hist. 7, 42, 15f. (oben Anm. 472) über Afrika.
[546] Ihm hatte Augustin seinen „Gottesstaat" gewidmet.

(3) Die akuteste Gefahr droht der Gegenwart zweifellos von außen durch die Germanen, vor allem die Goten, auf die Orosius an zahlreichen Stellen Bezug nimmt und deren Romeinfall von 410 im Mittelpunkt der gesamten Historien steht. Orosius berichtet ausführlich über die mit ihnen im Zusammenhang stehenden Ereignisse, und er sucht deren Bedeutung und Sinn in der geschichtlichen Entwicklung zu erkennen; er muß von daher die Barbaren in sein Geschichtsbild integrieren und spricht verschiedene Lösungen an, ohne jedoch an die Germaneninvasion eschatologische Erwartungen anzuknüpfen: Es scheint mir bezeichnend, daß Orosius, der sich grundsätzlich am Ende der Zeiten wähnt[547] und den Weltuntergang mit den Bedrohungen durch den Antichristen[548] wohl in nicht allzu ferner Zukunft erwartet (oben S. 78f.), die Barbareneinfälle, die der Heilsentwicklung Roms doch entgegenlaufen, nirgends mit dem Wirken des Antichristen in Verbindung bringt: Offenbar glaubt er also nicht, daß das Ende der Zeiten unmittelbar bevorsteht,[549] vielleicht nicht zuletzt deshalb, weil auch die Gegenwart noch nicht das höchstmögliche Maß an irdischem Glück erreicht hat.

3. *Orosius und die Barbarenfrage*[550]

Das Germanenbild des römischen Historikers Orosius läßt sich nicht trennen von der Haltung des christlichen Geschichtsapologeten und Geschichtstheologen Orosius, und dennoch scheint es, daß zwischen diesen Polen ein gewisses Spannungsverhältnis besteht, das den rechten Zugang zu seiner Auffassung gerade in dieser Frage erschwert; jedenfalls schwanken die Urteile der Forscher zwischen einer gänzlich negativen Einstellung im Sinne der römischen Tradition und einer aufgeschlossenen Einsicht in die künftige historische Bedeutung der Germanen. Bei solch unterschiedlichen Ergebnissen ist es angebracht, zunächst einen kurzen Überblick über die verschiedenen Argumente zu geben.[551]

---

[547] Hist. 4, 5, 12 (oben Anm. 107); vgl. oben S. 57. Vgl. auch das *senectus*-Alter des Römischen Reichs (Hist. 2, 6, 14 — oben Anm. 326); dazu Lippold, Rom S. 15f.

[548] Hist. 7, 27, 16 (oben Anm. 225).

[549] Vgl. auch Corsini S. 71.

[550] Über das Verhältnis des Orosius zu den Barbaren handelt die Dissertation Lippolds (S. 65—87); über seine Haltung gegenüber den Goten Lacroix S. 177ff. Zum Barbarenbegriff vgl. auch Schöndorf S.98ff. und Vogt, Kulturwelt, bes. S. 7ff.

[551] Ich verzichte an dieser Stelle auf eine eingehendere Kritik der Forschung, um nicht den Rahmen dieser Darstellung zu sprengen und verweise dazu auf meinen Aufsatz „Orosius und die Barbaren", demnächst Historia 29, 1980.

Vor allem SCHÖNDORF sieht in dem Christen Orosius den Vertreter einer völlig neuen Anschauung den Barbaren gegenüber (S. 87), die er bekehren und in die *Romania,* in die Einheit des Mittelmeerraums, aufnehmen will (S. 98) und in denen er darüber hinaus die künftigen Träger des Reichs erblickt; Orosius ist ihm ein Kronzeuge für den Verschmelzungsprozeß zwischen Römertum, Christentum und Germanentum, der das Mittelalter schuf (S. 101); als nüchterner Historiker hat er die geschichtliche Entwicklung offensichtlich richtig gedeutet.[552] Nach DE CASTRO (S. 220) erhofft Orosius gar eine Gothia, die die *Romania* unterstützt; es sprengt allerdings die Weltreichslehre des Priesters, wenn DE CASTRO die Gotenherrschaft als Glied in der Abfolge der Regna begreift. Abwegig ist auch die These von TRUYOL Y SERRA,[553] das Römische Reich könne nun der *Gothia* Platz machen, weil seine heilsgeschichtliche Aufgabe erfüllt sei: Das christliche Imperium Romanum garantiert vielmehr, wie wir gesehen haben, das Glück der Gegenwart (Hist. 5, 1f.). Etwas vorsichtiger äußern sich FISCHER (S. 254f.) und LÖWITH (S. 160): Orosius schließe einen politischen Erfolg der Germanen nicht aus, glaube aber an den Sieg der „römischen Kulturkraft". Eine solche Differenzierung widerspricht allerdings der Einheitsidee des Orosius und ist überhaupt dem Denken des spätantiken Menschen fremd, der Kultur und Staat nicht als unterschiedene Bereiche empfindet.[554] Jede Überspitzung einer germanenfreundlichen Idee scheint verfehlt, und man wird bei Orosius kaum eine Germaneneuphorie (im Sinne Salvians von Marseille) feststellen können;[555] das Argument einer gewissen Aufgeschlossenheit, zumindest gegenüber einer Christianisierung der Barbaren,[556] scheint jedoch nicht so leicht von der Hand zu weisen.

Demgegenüber hat nun LIPPOLD, Rom S. 81 ff., gezeigt, daß bei Orosius die Äußerungen einer reservierten, ja feindlichen Haltung gegenüber den Germanen überwiegen, auch wenn der Priester einen Unterschied zwischen schlimmen (den Heiden) und weniger schlimmen Barbaren (den Christen) macht (S. 71); ein friedliches Zusammenleben erscheint ihm jedoch eher als eine aus der akuten Gefahr geborene Not-

---

[552] Schöndorf S. 118; vgl. auch Diesner S. 97f. und S. 102.

[553] Antonio Truyol y Serra, The Idea of Man and World History from Seneca to Orosius and Saint Isidore of Seville, Cahiers d'histoire mondiale 6, 1960/61, S. 709. — Vgl. auch Maravall S. 819: Eine Überlegenheit Roms liegt nicht mehr im Plan Gottes; die Barbaren eröffnen eine neue Phase der Eingliederung der Menschheit in den christlichen Glauben.

[554] Fischers Definition der *Romania* bei Orosius als der geistigen Gemeinschaft aller Völker römischer Zunge mit gleichen Gesetzen und Bräuchen (S. 254) drängt zu Unrecht den politischen Aspekt des Begriffs zurück; vgl. darüber bereits J. Zeiller, L'apparition du mot *Romania* chez les écrivains latins, Revue des Etudes latines 7, 1929, S. 194—98.

[555] Bezeichnenderweise mußten Vertreter dieser These immer wieder nach Erklärungen für die einschränkenden Äußerungen des Orosius suchen; nach de Castro (S. 213ff.) zum Beispiel hat der Spanier sich gegenüber seinem römischen Publikum nur sehr zurückhaltend äußern können.

[556] Vgl. Courcelle S. 113; Vogt, Kulturwelt S. 52ff.: Orosius wertet die Ausbreitung des Glaubens höher als das Römische Reich; vgl. auch Löwith S. 160.

lösung (S. 86), und er ersehnt als patriotischer Römer tatsächlich den Untergang der Barbarenhaufen und möchte die Germanen viel lieber vertrieben sehen, eine Lösung, die freilich nicht realisierbar erscheint.[557] Trotz der Barbarengefahr, so betont auch COURCELLE (S. 113), glaubt Orosius an den ewigen Bestand der römischen Herrschaft.

Offensichtlich ist die Haltung des Orosius gegenüber den Germanen ambivalent, ohne daß man ihm deshalb wie PASCHOUD (S. 288) eine völlige Widersprüchlichkeit vorwerfen muß. Nach dem geschlossenen Geschichtsbild, das wir in den Historien vorgefunden haben, wird man kaum behaupten können, Orosius habe eine eigentliche Ideologie gefehlt; durchgängig sei nur eine systematische Verharmlosung der Germanengefahr.[558] Gerade dieser letzte Gedanke diente LIPPOLD, Orosius S. 102f., zu einer weit einleuchtenderen Erklärung für das scheinbare Schwanken zwischen Aufgeschlossenheit und Abneigung gegenüber den Barbaren: Alle positiven Äußerungen über die Germanen und ihre friedliche Integration in das Römische Reich seien nur eine Folge der apologetischen Tendenz, die auf die Milde der gegenwärtigen Bedrohungen abzielen muß. So sehr diese Deutung auch zum ganzen Charakter des Werks paßt, sie vernachlässigt doch ihrerseits die Tatsache, daß der Geschichtstheologe Orosius die Ereignisse deuten und ihnen damit eine Funktion im Heilsplan zugestehen muß; wenn LIPPOLD, Rom S. 71, behauptet, Alarichs Scharen hätten eine Daseinsberechtigung für Orosius nur (!) deshalb, weil Gott sie brauchte, so übersieht er, daß der christliche Geschichtsinterpret ihre Bedeutung im Heilsprozeß damit zweifelsfrei anerkennen würde.[559]

Es zeigt sich erneut, daß das Barbarenbild ein integrierter Bestandteil der Geschichtstheologie ist. Die Ambivalenz kann sich deshalb auch nicht einfach aus dem Ringen zwischen dem Römer Orosius, der sich nicht über das traditionelle Barbarenbild hinwegsetzen kann, und dem Christen Orosius, dem der Missionsgedanke entscheidend wird, erklären,[560] denn Römertum und Christentum hatten sich in seinem Geschichtsbild ja zu einer untrennbaren Einheit verbunden. Tatsächlich sucht Orosius nach einer Deutung der Barbarengefahr im Sinne seines romzentrischen Geschichtsbildes, und er schwankt nur solange, bis er eine hinreichende Erklärung für die jüngsten Vorfälle gefunden hat.

Das traditionell-negative Barbarenbild zeigt sich am deutlichsten in der Schilderung seines eigenen ersten Zusammentreffens mit Germanen, denen er nur mit Mühe entkommen konnte und die er als gefährlich, herrschsüchtig,

---

[557] Lippold, Orosius S. 102f.; vgl. auch Straub, Adrianopel S. 203 und S. 212ff.: Hier klingt die traditionelle Haltung des Römers durch, der in bedingungsloser Unterwerfung oder völliger Vernichtung die einzige Alternative sieht; Stimmen für die radikale Lösung wurden im Westen gerade nach 410 laut (ebda. S. 216ff.).

[558] Paschoud S. 285ff.; vgl. auch Courcelle S. 107f.

[559] Die „profane Geschichte" ist für den Christen nicht „ohne eigenen Sinn" (so Löwith S. 166); sie ist für Orosius sinnvoll, weil sie Gottes Willen widerspiegelt.

[560] Das deutet Vogt, Kulturwelt S. 65, an.

treulos, hinterhältig und kriegerisch beschreibt.[561] Orosius ist sich — anders als Prudentius und Claudian[562] — der Gefahr, die dem Römischen Reich und der katholischen Kirche von seiten der Germanen droht, vollauf bewußt; wie ernst er die Angriffe nimmt, zeigt sich, wenn er die Invasion in Spanien mit der früheren Eroberung des Landes durch die Römer vergleicht[563] und feststellt, daß ein Erfolg die Barbaren zu künftigen Herrschern und Nachfolgern der Römer machen würde.[564] Von einer germanenfreundlichen Haltung ist Orosius dabei jedoch weit entfernt, und er gibt seiner eigenen Ansicht deutlich in der Hoffnung (Optativ *permiserit!*) Ausdruck, Gott möge einen Erfolg dieser Feinde nicht zulassen.[565]

Andererseits kann Orosius nicht daran zweifeln, daß die Barbaren mit Gottes Zustimmung *(permissu Dei)* das Land überfluten,[566] also eine Funktion im göttlichen Heilsplan erfüllen, deren Sinn der Geschichtsinterpret zu ergründen hat: Erst auf dieser Grundlage gelangt er zu einer etwas positiveren Einschätzung der Barbaren und erblickt in dem Kontakt mit den Römern, der allein den Barbaren den Zugang zum Christentum eröffnen kann,[567] die wahrscheinlichste Deutung der Vorgänge; der Priester Orosius begrüßt die Bekehrung dieser neuen Völker als ein Gottesurteil, für das als Preis auch eine vorübergehende Schwächung des Römerreichs hinzunehmen wäre, erstrebt der Christ doch ohnehin zuletzt nur das ewige Leben.[568] Orosius

[561] Hist. 3, 20, 6f.: *cum tamen, si quando de me ipso refero, ut ignotos primum barbaros uiderim, ut infestos declinauerim, ut dominantibus blanditus sim, ut infideles praecauerim, ut insidiantes subterfugerim, (7) postremo ut persequentes in mari ac saxis spiculisque adpetentes, manibus etiam paene iam adprehendentes repentina nebula circumfusus euaserim, cunctos audientes me in lacrimas commoueri uelim et tacitus de non dolentibus doleam, reputans duritiae eorum, qui quod non sustinuere non credunt.*
[562] Vgl. dazu Lippold, Rom S. 65f.
[563] Hist. 7, 41, 1ff. (oben Anm. 490).
[564] Hist. 3, 20, 12: *siquidem et illi* (nämlich die Eroberer vergangener Zeiten wie Alexander der Große oder die Römer) *prius eos bellis adflixerunt, quos postea suis legibus ordinarunt: et hi* (nämlich die Goten und Sueben) *nunc hostiliter turbant quae — in quo non permiserit Deus — si edomita obtinerent, ritu suo conponere molirentur, dicendi posteris magni reges, qui nunc nobis saeuissimi hostes adiudicantur.*
[565] Das übersieht Vogt, Kulturwelt S. 54, bei der Deutung dieser Stelle.
[566] Vgl. Hist. 7, 22, 6 (oben Anm. 458); vgl. Lacroix S. 159f.
[567] Eine Missionierung außerhalb des Reichs hat man gar nicht mehr in Erwägung gezogen; vgl. dazu Vogt, Kulturwelt S. 65, und Corsini S. 188f.
[568] Hist. 7, 41, 8ff.: *quamquam si ob hoc solum barbari Romanis finibus inmissi forent, quod uulgo per Orientem et Occidentem ecclesiae Christi Hunis Suebis Vandalis et Burgundionibus diuersisque innumeris credentium populis replentur, laudanda et*

bleibt sich freilich, wie die Konjunktive und der Hinweis auf die unergründlichen Urteile Gottes zeigen, des Hypothetischen dieser Erklärung bewußt, bei der nur das göttliche Wirken an sich eine feste Tatsache bildet (Hist. 7, 41, 10), und er ist sich keineswegs sicher, hier wirklich die richtige Deutung gegeben zu haben. Immerhin zeigt sich erneut die Bedeutung des Christentums innerhalb des Geschichtsbildes. Orosius hebt hervor, daß viele Barbaren inzwischen Christen geworden sind, und läßt dabei sogar ihre sonst verurteilte Häresie unberücksichtigt,[569] denn auch die unter dem Gotenkönig Athanarich verfolgten Arianer werden als Märtyrer gefeiert;[570] uneingeschränkt positiv sind die katholischen Burgunder gezeichnet.[571] Beide Beispiele belegen eindrucksvoll, daß die religiöse Gemeinschaft für Orosius den politischen Gegensatz überwindet, ganz unabhängig davon, ob die Barbaren wie die Goten bei den Römern Schutz suchen oder wie die Burgunder ihrerseits Teile der römischen Bevölkerung unterworfen haben. Die gemeinschaftsbildende Kraft des Christentums (vgl. oben S. 56) macht ein „Leben mit den Feinden" möglich;[572] sie beweist wieder einmal das Glück der christlichen Gegenwart und ist überdies allein in der Lage, die Gefahr aufzuhalten, denn gerade das Christentum macht die Barbaren der Gegenwart im Vergleich zu ihren heidnischen Vorfahren so unvergleichlich mild, wie es den *tempora Christiana* entspricht![573] Die Bekehrung der Germanen durch

adtollenda misericordia Dei uideretur, quandoquidem, etsi cum labefactione nostri, tantae gentes agnitionem ueritatis acciperent, quam inuenire utique nisi hac occasione non possent. (9) quid enim damni est Christiano ad uitam aeternam inhianti, huic saeculo quolibet tempore et quoquo pacto abstrahi? quid autem lucri est pagano in medio Christianorum aduersus fidem obdurato, si paulo diutius diem protrahat, quandoque morituro, cui desperata conuersio est? (10) Et quia ineffabilia sunt iudicia Dei, quae nec scire omnia nec explicare quae scimus possumus, breuiter expresserim, correptionem iudicis Dei, quoquo pacto accidat, iuste sustinere qui sciunt, iuste sustinere qui nesciunt. — Vgl. dazu Lippold. Rom S. 67 f.
[569] Vgl. allein den Kommentar zu Alarich Hist. 7, 37, 8 ff. (oben Anm. 157); dazu Lippold, Orosius S. 100 und S. 103 Anm. 1, sowie ders., Rom S. 68 mit Anm. 243.
[570] Hist. 7, 32, 9: *Praeterea Athanaricus rex Gothorum Christianos in gente sua crudelissime persecutus, plurimos barbarorum ob fidem interfectos ad coronam martyrii sublimauit, quorum tamen plurimi in Romanum solum non trepidi, uelut ad hostes, sed certi, quia ad fratres, pro Christi confessione fugerunt.*
[571] Hist. 7, 32, 13: *quamuis prouidentia Dei Christiani omnes modo facti catholica fide nostrisque clericis, quibus oboedirent, receptis blande mansuete innocenterque uiuant, non quasi cum subiectis Gallis sed uere cum fratribus Christianis.* — Die Glaubwürdigkeit dieser Nachricht bleibt freilich zweifelhaft, da die Burgunder auch später noch Arianer waren.
[572] Hist. 3, 23, 66 f. (oben Anm. 523). Vgl. auch Schöndorf S. 99 ff.
[573] Vgl. Hist. 3, 20, 13: *quolibet haec gesta talia nomine censeantur, hoc est*

Die Barbarenfrage 131

Integration bedroht also nicht das Römische Reich, sie beseitigt vielmehr die Barbarengefahr! Doch Orosius bleibt nicht einmal bei dieser Erklärung stehen. Eine Zeitlang war ihm die Germaneninvasion rätselhaft geblieben,[574] und auf der Suche nach Lösungen, die seiner Anschauung vom geschichtlichen Heilsprozeß entsprachen, hatte er auch eine Integration der Barbaren in Reich und Kirche als göttlichen Ratschluß nicht grundsätzlich ausgeschlossen. Seine vielgerühmte Germanenfreundlichkeit findet dabei jedoch enge Grenzen, weil der Apologet den römischen Führungsanspruch niemals aufgegeben hat:[575] Das Christentum macht die Barbaren den Römern zwar ähnlich,[576] doch es macht sie noch nicht zu Römern.[577] Offenbar sind traditionelle Vorbehalte gegenüber den Barbaren stärker als die christliche Integrationskraft, und Orosius kann sich zwar eine Koexistenz (DIESNER S. 98), jedoch kaum eine völlige Verschmelzung (SCHÖNDORF S. 101; FISCHER S. 255) vorstellen (obwohl er als Spanier selbst Beispiel für die Romanisierung unterworfener Völker ist!). Seine Zugeständnisse enden vollends an dem zähen Festhalten an der römischen Weltherrschaft (nicht nur dem Namen nach); Orosius kann sich — trotz anfänglicher Befürchtungen — weder mit dem Gedanken einer autonomen Barbarenherrschaft vertraut machen, noch findet er sich mit einer germanischen Führung des Römischen Reichs ab; die Staatsführung muß vielmehr römisch bleiben: Orosius brandmarkt die Begünstigung und Ansiedlung der Germanen im Reich als ein Verbrechen gegen den Staat, und er verurteilt ein Kaisertum germanischer Befehlshaber.[578] Die Erfolge des Römers

siue dicantur miseriae siue uirtutes, utraque prioribus conparata in hoc tempore minora sunt, atque ita utraque pro nobis faciunt in conparatione Alexandri atque Persarum: si uirtus nunc uocanda est, minor est hostium; si miseria, minor est Romanorum.
[574] Vgl. auch Courcelle S. 110.
[575] Vgl. Lippold, Rom S. 81: Orosius' Hoffnung ist die Eingliederung der Barbaren in das römische Reichsgefüge, ohne daß deswegen die Römer ihren politischen Führungsanspruch aufgeben müßten. — Wie sehr die Krisen die Christen zunächst gelähmt hatten, zeigt Heinzberger (z.B. S. 92f. zum Radagaiseinfall), zumal die Kaiser jedes Mal zu Zugeständnissen an die Heiden bereit waren (ebda. S.89, 120f., 206f.).
[576] Vgl. die Charakterisierung Alarichs und Radagais' Hist. 7, 37, 9 (oben Anm. 157): *unus Christianus propiorque Romano — alius paganus barbarus et uere Scytha.*
[577] Lippold, Rom S. 69, betont zu Recht, daß die Wendung *propior Romano* eine völlige Identifizierung von Römern und Christen ausschließt und das Christentum als etwas dem Römer Eigentümliches hinstellt!
[578] Hist. 7, 37, 1 über Rufinus und Stilicho (oben Anm. 386).

Constantius nach all den Wirren unter barbarischen Comites[579] beweisen („endlich"!), daß nur ein Römer die innere Ruhe wiederherstellen kann.[580] Die Entwicklung der jüngsten Zeit erlaubt es Orosius sogar, wieder eine härtere Position einzunehmen und die Vertreibung der Barbaren aus dem Reich zu fordern: Die geglückte Niederwerfung der Tyrannen (oben S. 125) bildet die Voraussetzung für die Barbarenbekämpfung, der der Priester zuversichtlich entgegensieht.[581] Darüber hinaus ist der Bestand des Römischen Reichs endgültig gesichert, seit die Barbaren selbst eingesehen haben, daß sie (von ihrer Natur her) gar nicht zu einer eigenen Reichsgründung fähig sind: Der Gotenkönig Athaulf, so berichtet Orosius, habe zugegeben, daß sein Plan, das Römische Reich zu stürzen[582] und, gleichsam als neuer Augustus, durch ein gotisches zu ersetzen, scheitern mußte, weil die Barbaren sich nicht dem Gesetz als dem Fundament der staatlichen Ordnung überhaupt unterwerfen können.[583]

[579] Vgl. das negative Urteil über Stilicho (dazu Lippold, Rom S. 9ff., und Schöndorf S. 79f.), dem durch eine bewußt falsche Datierung die Schuld an dem Rheinübergang der Germanen gegeben wird (so Lippold, Rom S. 10 mit Anm. 46).

[580] Hist. 7, 42, 1f.: *Anno ab Vrbe condita MCLXV Honorius imperator, uidens tot oppositis tyrannis nihil aduersus barbaros agi posse, ipsos prius tyrannos deleri iubet. Constantio comiti huius belli summa commissa est.* (2) *sensit tunc demum respublica et quam utilitatem in Romano tandem duce receperit et quam eatenus perniciem per longa tempora barbaris comitibus subiecta tolerarit.* — Vgl. dazu Lippold, Orosius S. 101f.

[581] Constantius beginnt die römische Gegenoffensive in der Narbonensis mit der Vertreibung der Goten nach Spanien (Hist. 7, 43, 1).

[582] Der Sturz wird hier durch die Auslöschung des Namens symbolisiert, wie wichtig Orosius der Name für den Bestand des Reichs ist, zeigt nicht nur die Wendung *societas nominis* (Hist. 5, 1, 15 — oben Anm. 502), sondern auch der Hinweis, daß schon die Meder einst das Babylonische Reich dem Namen nach fortgesetzt haben (Hist. 2, 2, 6f. — oben Anm. 318).

[583] Hist. 7, 43, 3ff.: *is* (= Athaulf), *ut saepe auditum atque ultimo exitu eius probatum est, satis studiose sectator pacis militare fideliter Honorio imperatori ac pro defendenda Romana republica inpendere uires Gothorum praeoptauit.* (4) *nam ego quoque ipse uirum quendam Narbonensem inlustris sub Theodosio militiae, etiam religiosum prudentemque et grauem, apud Bethleem oppidum Palaestinae beatissimo Hieronymo presbytero referentem audiui, se familiarissimum Athaulfo apud Narbonam fuisse ac de eo saepe sub testificatione didicisse, quod ille, cum esset animo uiribus ingenioque nimius, referre solitus esset:* (5) *se inprimis ardenter inhiasse, ut oblitterato Romano nomine Romanum omne solum Gothorum imperium et faceret et uocaret essetque, ut uulgariter loquar, Gothia quod Romania fuisset et fieret nunc Athaulfus quod quondam Caesar Augustus,* (6) *at ubi multa experientia probauisset neque Gothos ullo modo parere legibus posse propter effrenatam barbariem neque*

LIPPOLD, Orosius S. 101 f., hat bereits wesentliche Aussagen dieses Zitats herausgearbeitet:
a) Eine Herrschaft der Barbaren über Römer ist unmöglich,
b) der Bestand des Reichs vielmehr lebensnotwendig;
c) die Germanen sind bereit, in Zukunft friedlich auf römischem Boden zu leben, und
d) sie sehen ihre Aufgabe in der Verteidigung des Imperiums.

Indem Orosius den Barbarenbegriff mit einem fehlenden Staatsbewußtsein verknüpft und den *barbarus* geradezu als den zur Staatsgründung unfähigen Gesetzeslosen definiert, ist die einzige Gefahr, die von germanischer Seite drohte, nämlich daß die Goten die eroberten Gebiete mit ihren Gesetzen ordnen könnten (oben Anm. 564), nicht nur vorläufig, sondern endgültig gebannt, und es kann in Zukunft niemals ein barbarisches, also nichtrömisches Weltreich geben![584] Die Goten suchen — nicht zuletzt dank des Einflusses der Christin Galla Placidia, der Schwester des Honorius[585] — vielmehr den Frieden mit dem Kaiser und ordnen sich dem römischen Gemein-

---

reipublicae interdici leges oportere, sine quibus respublica non est respublica, elegisse saltim, ut gloriam sibi de restituendo in integrum augendoque Romano nomine Gothorum uiribus quaereret haberetque apud posteros Romanae restitutionis auctor, postquam esse non potuerat immutator. (7) *ob hoc abstinere a bello, ob hoc inhiare paci nitebatur, praecipue Placidiae uxoris suae, feminae sane ingenio acerrimae et religione satis probae, ad omnia bonarum ordinationum opere persuasu et consilio temperatus.* — Zu dieser Stelle vgl. Schöndorf S. 93 f.; Suerbaum S. 222 ff. und vor allem Lippold, Orosius S. 102. — Die Authentizität des Zitats ist umstritten; für die Glaubwürdigkeit tritt Suerbaum (S. 226 Anm. 11) gegen Straub, Geschichtsapologetik S. 264 f., ein, der in diesen Worten ein typisches Zeugnis weniger für die imperialistische Tendenz germanischer Völker als vielmehr für die Vorstellungswelt des in seinem Sicherheitsgefühl bedenklich erschütterten römischen Imperialismus sieht, zumal sich ähnliche Äußerungen bei Lactanz, Zosimus und Ennapius finden (ebda. S. 265 und ders., Adrianopel S. 212 f.). In jedem Fall bleibt die Aufnahme der Rede in die Historien gerade an dieser Stelle bezeichnend für die Überzeugung des Orosius.

[584] Suerbaum S. 223 Anm. 9 hat überzeugend dargelegt, daß das zum Scheitern verurteilte *imperium Gothorum* der Athaulf-Rede als ein neues Weltreich mit eigenem räumlichen Herrschaftsbereich geplant war, zumal der Begriff mit dem *Romanum omne solum* korrespondiert.

[585] Vgl. auch Hist. 7, 40, 2: *in ea inruptione* (nämlich im Alaricheinfall von 410) *Placidia, Theodosii principis filia, Arcadii et Honorii imperatorum soror, ab Athaulfo, Alarici propinquo, capta atque in uxorem adsumpta, quasi eam diuino iudicio uelut speciale pignus obsidem Roma tradiderit, ita iuncta potentissimo barbari regis coniugio multo reipublicae commodo fuit.* — Schöndorf S. 85 f. bezeichnet die Heirat überschätzend als „Morgengabe zur Verständigung der beiden Völker" und als „Vermählung von Römern und Barbaren"; Orosius sieht darin lediglich eine Zügelung der Germanen durch das Christentum.

wesen mit ihren Bitten um friedliche Eingliederung unter,[586] ja sie wollen das Römische Reich, das eben noch eine durch sie verursachte Schwächeperiode durchgemacht hat, verteidigen und sogar ausdehnen. Auch Athaulfs Nachfolger suchen dank göttlicher Vorsehung den Frieden und kämpfen für den Kaiser gegen die übrigen Völker Spaniens.[587] Diese Barbarenkämpfe im Dienste des Reichs geben Orosius zugleich neue Hoffnung für eine unerwartet problemlose Lösung der Germanenfrage, die, im Sinne der traditionellen römischen Haltung, selbst eine Integration überflüssig machen würde: Da die anderen Germanenkönige ebenfalls mit dem Kaiser Frieden schließen und Spanien gegen Eindringlinge verteidigen wollen, bringen sich die Barbaren im kaiserlichen Dienst gegenseitig um,[588] ein Zustand, den Orosius in der gesamten Geschichte noch nicht vorgefunden hat und den er, der schon vorher unverhohlene Freude über hohe Verluste unter den Barbaren geäußert hat (oben S. 101 f.), sehr begrüßt. Die nur unter Vorbehalten herangezogene Erwägung einer Integration der Barbaren weicht der völligen Rückkehr zum traditionellen Barbarenbild, als die jüngste Entwicklung die aus der historischen Situation um 417/18 heraus vielleicht nicht einmal unberechtigte Hoffnung[589] auf eine Vernichtung der Germanen nährt und damit das romzentrische Geschichtsbild des Apologeten, das die

---

[586] Vgl. neben der Athaulf-Rede bereits Hist. 1, 16, 2 f. (oben Anm. 439) über die Bitten der Goten um die *societas Romani foederis* und um Wohnsitze *non ex sua electione, sed ex nostro iudicio* als Preis für den Schutz des Reichs (dazu Courcelle S. 110 f.).

[587] Hist. 7, 43, 9 ff. (oben Anm. 476).

[588] Hist. 7, 43, 14 ff.: *quamuis et ceteri Alanorum Vandalorum Sueborumque reges eodem nobiscum placito depecti forent mandantes imperatori Honorio: 'tu cum omnibus pacem habe omniumque obsides accipe: nos nobis confligimus, nobis perimus, tibi uincimus, immortali uero quaestu reipublicae tuae, si utrique pereamus.'* (15) *quis haec crederet, nisi res doceret? itaque nunc cottidie apud Hispanias geri bella gentium et agi strages ex alterutro barbarorum crebris certisque nuntiis discimus, praecipue Valliam Gothorum regem insistere patrandae paci ferunt.* (16) *ex quo utcumque concesserim, ut licenter Christiana tempora reprehendantur, si quid a conditione mundi usque ad nunc simili factum felicitate doceatur.* — Vgl. dazu Straub, Geschichtsapologetik S. 265 und Suerbaum S. 230 Anm. 17 (der die Glaubwürdigkeit des Ausspruchs anzweifelt). Ein ähnlicher Gedanke findet sich vorher bei Claudian (dazu Vogt S. 30) und bei Ambrosius (dazu Straub, Adrianopel S. 210, und ders., Geschichtsapologetik S. 251). Straub, Romanus S. 302, wertet die Stelle nicht von den Vorstellungen des Orosius, sondern von der allgemeinen Situation her: So weit war man schon gekommen, daß man sich trotz der Kriege der Barbaren untereinander auf römischem Boden im Frieden wähnte. Wir haben aber gesehen, daß Barbarenkriege in den Augen des Orosius den römischen Frieden keineswegs stören.

[589] So Lippold, Rom S. 31 f. — Vgl. oben S. 119.

Die Barbarenfrage 135

Barbareneinfälle zeitweilig zu sprengen drohten, bestätigt: Ein Verlust der *patria* ist nun trotz aller Kämpfe nicht mehr möglich, weil das weltweite Reich römisch und christlich bleibt (vgl. oben S. 113ff.). Die Barbaren aber stehen außerhalb der christlich-römischen Menschheit. Wer in Orosius den Wegbereiter für ein neues Verhältnis gegenüber den Germanen sehen will,[590] kann auf zaghafte Ansätze des Apologeten hinweisen, sich einer integrierenden Christianisierung der Barbaren zu öffnen;[591] das eigentliche Ideal des römischen Priesters liegt hier aber nicht.

Orosius, dessen Geschichtsbild letztlich ja aus der Gegenwart erwachsen ist, kann aus diesem Blickwinkel heraus auch die Probleme der eigenen Zeit in die geschichtstheologischen Anschauungen eingliedern und findet selbst in der heiklen Germanenfrage zuletzt die aufgezeigte heilsgeschichtliche Entwicklung bestätigt. Die Lösung der anstehenden Probleme bestärkt ihn auch für die Zukunft in seinem unerschütterlichen Fortschrittsoptimismus,[592] der den Entwicklungsgedanken in der Geschichte sinnvoll abschließt. Der Übergangscharakter seiner Zeit, der sich in den Berichten widerspiegelt, verliert sich in der Überzeugung eines dauernden Fortschritts, wie er sich nach vorübergehenden Wirren zuletzt wieder augenfällig erwiesen hat.[593] Orosius sieht die Zukunft ganz im Sinne seines Geschichtsbildes von der römisch-christlichen Synthese bestimmt, die alle Krisen in irgendeiner Weise bewältigt, weil sie von Gott gewollt und geschützt ist.

[590] Vgl. vor allem Schöndorf (oben S. 127), Fischer S. 255 und Vogt, Kulturwelt S. 52ff., die in Orosius ein Zwischenglied zwischen Augustin und Salvian erblicken.
[591] Vgl. Straub, Geschichtsapologetik S. 263f.
[592] Vgl. Straub, Geschichtsapologetik S. 265, Lacroix S. 184ff. und Corsini S. 101.
[593] Von daher bleibt es mir unverständlich, wie man in Orosius einen Pessimisten sehen konnte (so Torres S. 117f.).

V. AUGUSTIN UND OROSIUS IM VERGLEICH[594]

CORSINI beginnt sein Werk über Orosius nicht zufällig mit dem Auftrag Augustins, um es mit einem Vergleich der beiden Geschichtsinterpreten abzuschließen. Tatsächlich liegt ein solcher Ausblick, der erst nach der Erarbeitung des Geschichtsbildes möglich ist, sich aber auch auf mehrere Vorarbeiten stützen kann,[595] nahe. Dabei kann es nicht Absicht des Historikers sein, einseitig die Größe Augustins gegenüber seinem Schüler zu demonstrieren, dem man mangelnde „geistige Spannkraft"[596] und einen „naiven Providentialismus"[597] vorgeworfen hat, der nicht fähig scheint, die tiefsinnigen Reflexionen des Bischofs von Hippo zu verstehen;[598] in Augustin den ungleich bedeutenderen Denker entsprechend zu würdigen, mag dem Geschichtsphilosophen überlassen bleiben; dem Historiker hingegen öffnet sich im Werk des Orosius eine ebenso wichtige Selbstdarstellung des spätantiken Geistes, die, an ein breites Publikum gerichtet, sich zudem eher dem Niveau des gebildeten „Durchschnittsrömers" annähern dürfte als die intellektuelle Philosophie Augustins. Ziel eines solchen Vergleichs ist es also nicht, zu werten, sondern das Spezifische, die Eigentümlichkeiten der orosianischen

---

[594] Aus der umfangreichen Augustinliteratur seien hier nur die neueren Zusammenfassungen genannt, vor allem Alois Wachtel, Beiträge zur Geschichtstheologie des Aurelius Augustinus (Bonner Historische Forschungen 17), Bonn 1960; aus dem Ausland P. Brezzi, Analisi ed interpretazione del *De civitate Dei* di sant'Agostino, Tolentino 1960; G. L. Keyes, Christian Faith and the Interpretation of History: A Study of St. Augustine's Philosophy of History, Lincoln/Nebrasca 1966; R. A. Markus, Saeculum: History and Society in the Theology of St. Augustine, Cambridge 1970; nennenswert auch noch: Walther von Loewenich, Augustin und das christliche Geschichtsdenken, München 1947, und Eduard Stakemeier, Civitas Dei. Die Geschichtstheologie des hl. Augustinus als Apologie der Kirche, Paderborn 1955. Eine zusammenfassende Darstellung des augustinischen Geschichtsbildes durch den Verfasser ist in Vorbereitung.
[595] Vgl. neben Corsini (S. 193 ff.) und Lacroix (S. 199 ff.) vor allem die Aufsätze Fink-Erreras, Mommsens und Marrous.
[596] So Straub, Geschichtsapologetik S. 266.
[597] Marrou S. 79, der hier aus den wertfrei gehaltenen Ergebnissen Corsinis ein Werturteil über Orosius ableitet.
[598] Vgl. Schöndorf S. 58 in bezug auf den Kirchenbegriff (vgl. Anm. 43); Markus S. 161 f.

Geschichtsvorstellungen in Abgrenzung von den Gedanken Augustins klar herauszustellen.

Man ist heute geneigt, Orosius, der lange Zeit als getreuer Schüler Augustins galt, eine größere Eigenständigkeit einzuräumen, nachdem man sich grundlegender Unterschiede und in einigen Fällen sogar direkter Gegensätze bewußt geworden ist, die sehr wahrscheinlich die Kritik des Kirchenvaters selbst herausgefordert haben: Bereits MOMMSEN (S. 344ff.) hat darauf aufmerksam gemacht, daß Augustin die Historien nie erwähnt und von Orosius trotz anfänglichem Lob nach 417 nur noch einmal in den Retraktationen spricht, und daraus gefolgert, Augustin habe das Werk seines Schülers zumindest in dieser Form mißbilligt, eine Deutung, die sich heute weithin durchgesetzt hat.[599]

Tatsächlich schien der grundlegende Gegensatz beider Werke klar auf der Hand zu liegen: Die *Historiae aduersum paganos,* die eine an den Fakten orientierte Geschichtsschreibung der menschlichen Vergangenheit liefern und dabei auf eine Darstellung sowohl der Anfänge (Schöpfung) wie der Eschatologie verzichten, erwecken auf den ersten Blick den Eindruck einer strengen Diesseitsgerichtetheit.[600] Eine solche Interpretation überschreitet jedoch dann die Aussagekraft der Quelle, wenn sie zu schematisch, nämlich unter der Voraussetzung gewonnen ist, daß die Darstellung des Orosius notwendig schon seine gesamte Geschichtsvorstellung enthält (schließlich umfaßt das Werk Augustins ein Vielfaches der Historien!). Wir haben gesehen, daß Orosius, wenngleich er das Schwergewicht zweifellos auf die historische Beweisführung legt und die Darstellung selbst bewußt nicht über die Grenzen der irdischen Zeit hinausreichen läßt, dennoch an einigen Stellen zu erkennen gibt, wie sehr auch er die irdische Geschichte stets vor einem „transzendenten" Hintergrund ablaufen sieht (vgl. oben S. 52f.). Ein Vergleich muß deshalb zweierlei berücksichtigen:
(1) Orosius versteht sein Werk nach eigener Angabe — und zwar unabhängig davon, ob Augustin ihm tatsächlich den Auftrag dazu gab oder nicht — als eine Ergänzung des „Gottesstaats" auf historischer Ebene mit einer eng umgrenzten Aufgabenstellung; es war folglich unnötig zu wiederholen, was sinnvoller in *De civitate Dei* nachgelesen werden konnte oder in Aussicht stand.[601]

---

[599] Vgl. Lacroix S. 199ff. und besonders Corsini S. 200ff; dagegen Yves-Marie Duval, Latomus 28, 1969, S. 228f.

[600] Vgl. Diesner S. 98; Corsini S. 67f. (vgl. aber auch Anm. 229!); Lacroix S. 203; Marrou S. 85f. — Schöndorf S. 58f. stellt entsprechend fest, Augustins Kirchenbegriff verliere bei Orosius seine Vielschichtigkeit und sei rein politisch-geschichtlich zu verstehen (vgl. Anm. 246).

[601] Vgl. schon Mommsen S. 329: Die Darstellung der sich wandelnden Geschichte

(2) Orosius hat seiner Intention nach kein geschichtstheologisches, sondern ein apologetisches Werk schreiben wollen; eine historisch argumentierende Apologie des Glaubens läßt zwar zwangsläufig seine geschichtstheologischen Überzeugungen erkennen, weil sie bereits ein ausgeprägtes Geschichtsbild voraussetzt (vgl. oben S. 20ff.); sie nimmt davon aber nur die Teile in Anspruch, die sie für ihre Zwecke benötigt: Man darf von Orosius wiederum keine vollständige Geschichtstheologie im Stil Augustins erwarten.

Aus dem Schweigen des Orosius lassen sich noch keine Schlüsse über das Geschichtsbild ziehen; es wäre also sinnlos, beide Autoren nach Fragen zu vergleichen, zu denen Orosius sich kaum geäußert hat.

Wie stark Auftrag und Apologie den Inhalt und selbst die Quellenauswahl bestimmen, beweist ein Blick in den *Liber apologeticus,* der, zwar gleichfalls eine apologetische, jedoch nicht gegen Heiden, sondern gegen christliche Häretiker gerichtete Schrift, nirgendwo den Geschichtsvorstellungen der Historien widerspricht und dennoch völlig anders geartet ist und auf diese Weise das Geschichtsbild des Hauptwerks in wichtigen Punkten ergänzt.

Ebensowenig gestattet die Methode der apologetischen Beweisführung in sich schon einen Vergleich mit dem Geschichtsbild Augustins: Beiden Autoren gemeinsam ist nämlich das apologetische Ziel, den Vorwürfen der Heiden zu begegnen,[602] doch beide suchen es in voller Absicht offensichtlich auf verschiedenen Wegen zu verwirklichen:[603] Orosius liefert eine Chronologie, während Augustin eher den mystischen Weg des Menschen zur Ewigkeit beschreibt;[604] sein Werk ist also stärker philosophisch ausgerichtet, während Orosius seine Thesen ganz aus der Geschichte zu beweisen sucht.[605] Das

bei Orosius bedeutet noch kein Abweichen von Augustins Prinzipien, sondern ergab sich geradezu aus dessen Auftrag.

[602] Vgl. Diesner S. 89.
[603] Zu Unterschieden in der Methode vgl. Lacroix S. 201 f. und Fink-Errera S. 545 f.
[604] So nicht unzutreffend Fink-Errera S. 545.
[605] Vgl. bereits G. de Castro S. 24 f. und Torres Rodriguez S. 34 f., der die Historien als das historischste Werk aller Providentialisten bezeichnet. Mommsen S. 329 f. macht darauf aufmerksam, daß bereits im 12. Jahrhundert Otto von Freising, der den Gedanken beider Geschichtsinterpreten nahestand, diesen Unterschied erkannt und Orosius als Historiker verstanden hat: Augustin habe nach Otto Ursprung, Verlauf und Ausgang des Gottesstaates darstellen, Orosius dagegen eine Geschichte der Veränderungen schaffen wollen. Nach Walther Mohr, Zum Geschichtsbild Ottos von Freising, in: Perennitas. Beiträge zur christlichen Archäologie und Kunst, zur Geschichte der Literatur und Liturgie und des Mönchtums und zur politischen Philosophie. P. Thomas Michels zum 70. Geburtstag, Münster 1963, S. 275, wollte Otto von Freising in seinem Werk zwischen Augustin und Orosius (*civitas*- und Weltreichslehre) vermitteln.

bedeutet freilich nicht, daß nicht auch für Augustin die Geschichte (als die Entwicklung der Menschheit zum Heil) im Mittelpunkt der Argumentation steht, doch er macht von ihr im Unterschied zu Orosius, der eine durchgängige Historiographie liefert, nur einen exemplarischen Gebrauch;[606] Augustin ist Geschichtstheologe und nicht Geschichtsschreiber;[607] erst deshalb hat sein Werk überhaupt der Ergänzung durch die Historien bedurft. Orosius, sagt MARROU (S. 72), habe die Geschichte *(storia)* des Theologen in die Historiographie *(storiografia)* des Geschichtsschreibers übertragen. Sowenig man dem Geschichtstheologen Augustin aber ein grundsätzlich enges Verhältnis zur Geschichte absprechen kann, sowenig darf man auch in Orosius wegen dieses historiographischen Ansatzes allein den Historiker erblicken.[608] Die Behauptung STAKEMEIERS (S. 18), Orosius schreibe Geschichte, während Augustin eine Theologie der Geschichte verfaßt habe, verkürzt die Leistung des Priesters, sobald sie nicht nur auf die Methode der Darstellung, sondern auch auf das ihr zugrundeliegende Geschichtsbild abzielt. Man darf nicht vergessen, daß auch für Orosius die Geschichtsschreibung nur Mittel zum Zweck ist, daß er eine von geschichtstheologischen Grundsätzen geleitete Heilsgeschichte beschreibt, denn seine „Unglücksgeschichte" ist tatsächlich, ganz entsprechend der augustinischen Geschichte der *civitas terrena*, eine „Unheilsgeschichte" der heidnischen Zeit.

Unterschiede in Inhalt und Darstellungsmethode mögen also bezeichnend für die apologetische Beweisführung sein, doch wiewiet sie auch das Geschichtsbild berühren, bleibt noch zu prüfen.[609] Auch Orosius — das hat sich im Verlauf der Untersuchung ja deutlich gezeigt — war ein Geschichts-

[606] Etwas zu schwach Mommsen S. 332 f.: Augustin behandelt das Unglück nur beiläufig (incidentally), Orosius dagegen systematisch.
[607] Vgl. Marrou S. 59f.; der Begriff „Geschichtsschreiber" scheint mir den Unterschied besser auszudrücken als Marrous Ausdruck „Historiker".
[608] Ob Orosius wirklich der bessere „Zeithistoriker" (oder eher: Zeitkritiker) ist, wie Diesner S. 102 behauptet, wage ich zu bezweifeln: Orosius legt sich in manchen Fragen (wie in der Rombindung des Christentums) im Stil seiner Zeitgenossen weit stärker fest als der Kirchenvater, reagiert also weniger offen. Wenn er (scheinbar) allem widerspricht, was Augustin über die Natur der Macht gesagt hat, wie Green S. 138 feststellt, so liegt das, wie sie selbst erkennt, nicht zuletzt daran, daß Orosius die Kategorien der traditionellen römischen Historiographie übernimmt (vgl. oben S. 16ff.).
[609] Wenn Lacroix S. 205 den grundlegenden Unterschied beider Denker darin sieht, daß Augustin beweisen wollte, wie wenig die Geschichte des Gottesstaates mit der Geschichte des Erdenstaates übereinstimmt, während Orosius aus der Interpretation der Fakten den Willen Gottes zu erkennen suchte, so mag das sachlich richtig sein, doch fehlt hier im Grunde ein gemeinsamer Angelpunkt, der den Vergleich trägt.

theologe, der ein ausgeprägtes und in sich stimmiges Geschichtsbild besaß (vgl. oben S. 43f.), und als solcher wie von seinem Selbstverständnis als getreuer Schüler Augustins her war er stärker an den Geschichtsvorstellungen des großen Kirchenvaters orientiert, als es auf den ersten Blick den Anschein hat. Gemeinsamkeiten zwischen beiden Autoren, auf die man zu Recht immer wieder hingewiesen hat,[610] zeigen, wie sehr Orosius auf den von Augustin entwickelten Prinzipien fußt: Beiden gemeinsam ist nicht nur die totale Absage an alles Heidnische, sondern auch das Bild des geschichtswirkenden Gottes, der historische Providentialismus[611] sowie die Vorstellung von der irdischen Geschichte als einer zielgerichteten Entwicklung im Rahmen des Heilsgeschehens mit der Schöpfung als Beginn und der Ewigkeit als Ziel;[612] beide schreiben das Unglück in der Weltgeschichte dem Mißbrauch der menschlichen Freiheit zu, der mit der Ursünde begann;[613] sie begreifen den Ablauf der Geschichte deshalb nicht zuletzt von den Sünden der Menschen und dem dadurch provozierten Gericht Gottes her,[614] und sie stimmen schließlich — soweit das bei Orosius erkennbar ist — auch in der Eschatologie[615] und in der Überzeugung vom sekundären Charakter alles irdischen Lebens gegenüber dem höheren Ziel überein.[616]

Innerhalb dieses geschichtstheologischen Rahmens aber weichen Orosius und Augustin in ihrer Geschichtsauffassung doch deutlich voneinander ab, so daß man die Eigentümlichkeit des Spaniers nicht auf den historiographischen Charakter der Historien beschränken darf.[617] Der entscheidende Unterschied zwischen beiden Autoren liegt dabei zweifellos in ihrer Interpretation des Entwicklungsgedankens in der Geschichte, in ihrer Stellungnahme zum irdischen Fortschritt:[618] Bei gleicher apologetischer Absicht, dem Beweis, daß die Unglücke der Gegenwart (wie der Romeinfall Alarichs von 410)

---

[610] Vgl. Lacroix S. 202; Diesner S. 94ff.; Duval, Latomus 28, 1969, S. 231.

[611] So G. de Castro S. 19.

[612] Vgl. Fink-Errera S. 546 und Torres S. 117.

[613] Vgl. Lacroix S. 202.

[614] Marrou S. 69; Lacroix S. 202; auch Corsini S. 79 mit Anm. 17. Es ist sicher übertrieben, wenn Lacroix S. 203 behauptet, Orosius fehle der augustinische Mysteriumgedanke und er glaube vielmehr an eine notwendig unmittelbare Strafe Gottes auf alle Sünden in der Geschichte; in manchen Fällen urteilt nämlich auch der Spanier durchaus vorsichtig (vgl. S. 59f. mit Anm. 265).

[615] Das betont Corsini S. 71 in bezug auf die Unberechenbarkeit des Weltendes.

[616] Vgl. Straub, Geschichtsapologetik S. 267 in bezug auf den Staat. Die Gemeinsamkeit der Anschauungen bis hin zu der Erkenntnis, daß sich die *civitas Dei* im Diesseits nicht verwirklichen lasse, betont auch Diesner S. 94ff. Vgl. oben S. 120.

[617] Das tut Fink-Errera S. 545f.

[618] Lacroix S. 205 erwähnt diesen Unterschied nur beiläufig.

nicht den Christen zur Last gelegt werden können, führt Orosius seinen Angriff gegen die Heiden auf der historischen Ebene weiter[619] und liefert gleichsam einen Gottesbeweis für den christlichen Gott dadurch, daß er in seiner „vergleichenden Geschichtsbetrachtung" (SCHÖNDORF S. 106 ff.) eine Besserung der christlichen Zeiten aufzeigt,[620] die glücklicher sind als alle vorausgegangenen Phasen der Menschheitsgeschichte, während Augustin sich mit dem Ergebnis begnügt, daß es in der Gegenwart nicht schlimmer zugeht als in der Vergangenheit.[621] In dieser „Apologie der *tempora Christiana*" (MARROU S. 75) liegt das entscheidende Element eigenständiger Geschichtsanschauung des Spaniers, der aus der historischen Entwicklung der jüngsten Jahrhunderte, aus der unaufhaltsamen Ausbreitung des christlichen Glaubens und dem völligen Umschwung seit dem Ende der letzten und größten Christenverfolgung unter Diokletian bis hin zur Regierung des christlichen Idealherrschers Theodosius den Schluß zieht, Gottes Wille bezüglich des Heilsplans sei in einer unabänderlich und gesetzmäßig festgelegten Entwicklung[622] der gesamten Geschichte hin zum Sieg des Christentums und

---

[619] Augustin liefert in den ersten zehn Büchern des „Gottesstaates" dagegen den Beweis, daß die heidnischen Götter tatsächlich nur ohnmächtige Dämonen sind; wenngleich ihr „Wirken" sich gleichfalls wieder historisch äußern muß, verlagert sich die Argumentation doch stärker auf eine theologische Ebene. Hier erst zeigt sich, daß die Historiographie bei Orosius nicht nur eine Methode der Darstellung, sondern zugleich eine Methode der Theologie ist.
[620] Vgl. Mommsen S. 342 ff. (das siebte Buch bildet geradezu ein Muster des Fortschritts gegenüber den anderen Büchern).
[621] So auch Marrou S. 78. Zu streng urteilt freilich Bonamente S. 165, der den grundlegenden Unterschied zwischen beiden Autoren darin sieht, daß Augustin die schmerzlichen Episoden berichtet, um die negative Konstante aufzuzeigen, während Orosius auf die Milderung der christlichen Zeiten verweist. Obwohl Augustin weit weniger am Fortschritt orientiert ist als Orosius, muß er als Apologet doch die Leistung des Christentums in der Geschichte anerkennen. Andererseits ist auch Orosius der augustinische Gedanke, daß Leiden als Strafe der Sünder und Prüfung der Gerechten Inhalt alles irdischen Lebens ist, nicht grundsätzlich fremd (vgl. oben S. 49 ff.).
[622] Marrou S. 78 sieht in der Gesetzmäßigkeit zu Recht eine Eigenart des Orosius, doch ist seine Ausdrucksweise mißverständlich, wenn er behauptet, bei Orosius werde zum Gesetz, was bei Augustin nur apologetisches Element war. Abgesehen von der Tatsache, daß gerade die Apologie beiden gemeinsam ist, sind, wie wir (oben S. 20 ff.) festgestellt haben, die Lehren nicht nur apologetisches Element, sondern Ausfluß geschichtstheologischer Überzeugungen. Nicht in der Vorstellung einer Gesetzmäßigkeit des historischen Ablaufs schlechthin, sondern in der Anschauung vom konkreten Inhalt dieser Entwicklung unterscheiden sich beide Autoren.

zur völligen Christianisierung der Welt zu suchen;[623] wer dieser Entwicklung im Weg steht, wer also nicht glaubt, ist nicht nur wie bei Augustin in Ewigkeit verdammt, sondern letztlich schon auf Erden dem Untergang geweiht, weil er das Unglück heraufbeschwört.[624] Ein solches Denken stellt die weltweite Kirche, die *catholica ecclesia* als die Gemeinschaft aller Christen, in den Mittelpunkt der Gegenwartsgeschichte, denn erst sie vereinigt in der Verbindung mit dem römischen Imperium alle Menschen in einer *communio,* einer staatlich-religiös-natürlichen Einheit (oben S. 112 ff.). Der irdische Fortschritt ist ein Fortschritt der Gemeinschaft;[625] Orosius stellt sich — zumindest hier — nicht die Frage nach dem Heil des einzelnen; dagegen wird Augustin in seiner (freilich erst später dargestellten) *civitas*-Lehre den Gottesstaat, den er ja ebenfalls als eine Gemeinschaft *(societas)* begreift, weniger empirisch auf die Kirche beziehen,[626] sondern stärker eschatologisch als die Gemeinschaft der zuletzt Erlösten bzw. noch zu Erlösenden verstehen, die auf der Erde nur ihr Abbild findet;[627] Augustin spricht von einer *felicitas* erst, wenn er auf das jenseitige Heil zu sprechen kommt. Er begrüßt zweifellos wie Orosius die Ausbreitung des Glaubens und erkennt ebenso den mildernden Einfluß des Christentums an,[628] doch er macht davon nicht die Allmacht Gottes abhängig, und er verliert nie den Blick auf den „inneren" Fortschritt der menschlichen Seelen, das Wachsen der *civitas Dei* als Gemeinschaft der *electi.* Augustin findet in

---

[623] Die jüngste Bekehrung der Barbaren bestätigt diese Entwicklung; daß sie nicht ohne Kämpfe abgeht, kann die Überzeugung des Orosius nicht erschüttern, sondern ist ebenso unvermeidlich wie zuvor die gewaltsame Ausbreitung Roms (Hist. 5, 1/2), und schließlich sind auch der Christianisierung des Kaisertums zehn Christenverfolgungen vorausgegangen.

[624] Vgl. oben S. 54f. mit Anm. 238 und S. 56f. mit Anm. 250.

[625] Vgl. oben Anm. 510. Torres S. 118 ff. bezieht das allzusehr sozialgeschichtlich; seine Behauptung, Orosius fühle als erster mit den „Massen", ist zu modern gedacht. Mit solchen Massen (wie den unterworfenen Spaniern) sind jedenfalls nicht irgendwelche Unterschichten gemeint.

[626] Nach Corsini S. 69 Anm. 52 formt Orosius die *civitas*-Lehre insofern um, als er die Zeit der *civitas diaboli* mit der Zeit vor Christus identifiziert, eine Deutung, die viel für sich hat, auch wenn Orosius eine eigentliche *civitas*-Lehre nicht kennt; an der einzigen Stelle, an der er von der *civitas* Dei spricht (Hist. 1 prol. 9), grenzt er den Begriff bezeichnenderweise gerade von den Heiden ab (oben S. 21)!

[627] Zum Verständnis der *civitas*-Lehre Augustins vgl. vor allem Wilhelm Kamlah, Christentum und Geschichtlichkeit. Untersuchungen zur Entstehung des Christentums und zu Augustins „Bürgerschaft Gottes", Stuttgart—Köln ²1951, und Joseph Ratzinger, Herkunft und Sinn der Civitaslehre Augustins, in: Augustinus Magister 2, 1954, S. 965—79.

[628] Vgl. civ. Dei 1, 1 (S. 4, 32ff.); 1, 7 (S. 11, 29ff.).

der irdischen Geschichte eine Entwicklung, aber nicht unbedingt einen kontinuierlichen Fortschritt, weil das den Gesetzen des *saeculum,* das stets durch Unglücksfälle erschüttert wird, widerspräche.[629] Er erklärt das Unglück der Gegenwart damit, daß dieses letztlich einem eigenen Gesetz folgende irdische Geschehen nicht das Heil als das eigentlich Wesentliche betrifft; Orosius streitet das nicht ab, aber er ist zugleich davon überzeugt, daß es darüber hinaus konkrete Gründe für solche Unglücke geben muß, die nicht bei den Christen zu suchen sind, und er fühlt sich in der Lage, gerade die größten Niederlagen der jüngeren Vergangenheit, die das Reich erschüttert haben, nämlich die Katastrophe von Adrianopel (378) und den Romeinfall Alarichs (410), aus dem antikirchlichen Handeln der Häretiker (Valens) bzw. Heiden (Eucherius) zu erklären.

Anders als Augustin, der folglich weit weniger Gewicht auf die Bindung des Christentums an Rom legt, bezieht Orosius den Staat, das vierte und letzte Weltreich Rom, in die Glaubensgemeinschaft ein und verleiht ihm mit der Vorbereitung der Geburt Christi unter Augustus und dem Schutz der Christenheit seit Konstantin eine heilsgeschichtliche Aufgabe.[630] Augustin verkennt nicht, daß Rom seinen Aufstieg dem Willen Gottes verdankt, da alle Gewalt von Gott kommt,[631] und er begrüßt zweifellos die Bekehrung Konstantins,[632] doch er hütet sich vor einer Übersteigerung der heilsgeschichtlichen Rolle Roms als dem Garanten des Christentums schlechthin bis zum Ende der Zeiten:[633] Es ist strittig, ob Augustin das Rom seiner Gegenwart wie einst das heidnische Rom (civ. Dei 15, 5 — S. 67, 7 ff.) noch zur *civitas terrena* zählt;[634] auf keinen Fall aber identifiziert er den irdischen Staat mit der

---

[629] Civ. Dei 2, 3 (S. 56, 5 ff.); vgl. Lacroix S. 203 f.

[630] Vgl. Mommsen S. 338; Vogt, Kulturwelt S. 47 ff.; Markus S. 162 f.

[631] Vgl. Mommsen S. 346; Markus S. 75 f. — Civ. Dei 5, 11 (S. 211, 4 ff.) und 5, 13 (S. 217, 8 ff.); Rom bietet — im weltlichen Bereich — auch den Christen ein Beispiel für die beständige Übung von Tugenden (civ. Dei 5, 16 — S. 221, 17 ff.). Zu Augustins Stellung zu Rom vgl. grundsätzlich Franz-Georg Maier, Augustin und das antike Rom (Tübinger Beiträge zur Altertumswissenschaft 39), Stuttgart-Köln 1955.

[632] Wie positiv auch Augustin einen christlichen Staat beurteilt, zeigt sich in seinem „Fürstenspiegel" (civ. Dei 5, 24), dem Idealbild des christlichen Herrschers.

[633] Vgl. Markus S. 166 ff. Maier (S. 169 ff., 181 und 196 ff.) spricht Rom im Denken des Kirchenvaters überhaupt jede heilsgeschichtliche Bedeutung ab; nach Corsini S. 208 weist Augustin die Lehre des Orosius zurück, nach der Rom ein notwendiges Heilsinstrument im Heilsplan Gottes darstellt.

[634] So Maier S. 196 ff., der meines Erachtens mit dieser Feststellung zu weit geht (vgl. Anm. 632); doch äußert sich Augustin in dieser Richtung überhaupt höchst zurückhaltend; maßvoller urteilt etwa Loewenich S. 23. Nach Corsini S. 210 ff. hat sich Augustins Haltung gegenüber Rom im zweiten Teil des „Gottesstaates" — ganz

civitas Dei, die er im Gegenteil mit der Bemerkung, die Gottesbürger seien selbst unfähig zur Staatsbildung und unterwürfen sich deshalb wie alle Menschen den weltlichen Gesetzen,[635] bewußt von der staatlichen Sphäre abhebt (ohne freilich einen Gegensatz zu konstatieren)! Der Staat hat seine Berechtigung im irdischen Leben, doch er entbehrt jede Funktion im Hinblick auf das Heil des einzelnen.[636] Jene unabänderliche Synthese zwischen Römertum und Christentum, die Orosius zum Angelpunkt seines Fortschrittsgedankens und seines historischen Gottesbeweises macht, ist Augustin fremd.[637] Besonders CORSINI (S. 200 ff.) hat in zahlreichen Einzelbeobachtungen die Vorbehalte und kritischen Einwände des Kirchenvaters gegenüber der Augustustheologie,[638] der Weltreichslehre[639] und dem Vergleich der Christenverfolgungen mit den ägyptischen Plagen herausgearbeitet;[640] vor allem zerstört die augustinische Chronologie der heidnischen Geschichte, wie CORSINI (S. 202 ff.) zeigt, die gesamte orosianische Theorie einer Heilsfunktion des Römischen Reichs, soweit sie nämlich auf der Zahlensymbolik (im Vergleich mit Babylon) beruht.[641] Zu Recht sieht CORSINI (S. 215) in solchen Meinungsverschiedenheiten die Eigenständigkeit des orosianischen Werks begründet.

Augustin glaubt zwar nicht an einen Untergang Roms,[642] doch er hält ihn auch nicht für unmöglich; anders als Orosius will er sich nicht auf voraus-

---

parallel seiner Haltung zur platonischen Philosophie — von einer positiven Wertschätzung Roms zu einer Ablehnung der Heilsfunktion des Imperium gewandelt.

[635] Civ. Dei 19, 17 (bes. S. 384, 23 ff.).

[636] Civ. Dei 19, 19 (S. 387, 22 ff.); entsprechend ist auch die Regierungsweise des Königs entscheidend für das irdische, aber ohne Bedeutung für das himmlische Leben der Untertanen (civ. Dei 4, 3 — S. 150, 2 ff.).

[637] Vgl. Straub, Geschichtsapologetik S. 254 f.: Augustin bekämpft das Sekuritätsdenken des jüngeren Christentums, das Orosius noch fördert.

[638] Vgl. auch Mommsen S. 346: Augustin erwähnt den römischen Kaiser in seinem Überblick nur recht kurz (civ. Dei 18, 46) und hebt seine Bürgerkriege hervor (civ. Dei 3, 30).

[639] Corsini S. 206 ff.; vgl. auch Hingst S. 76 ff.; Maier S. 169 ff.

[640] Corsini S. 209; Mommsen S. 346 f.; vgl. oben S. 64 f.

[641] Augustin errechnet für Babylon nicht eine Dauer von 1400, sondern nur von 1305 Jahren.

[642] Vgl. civ. Dei 4, 7 (S. 154, 29 ff.); Straub, Geschichtsapologetik S. 267, zählt Augustin sogar wie Orosius zu den Verfechtern der Reichsideologie, die ihre Hoffnung auf eine Erhaltung des Imperium Romanum deutlich bekunden. Doch nur Orosius sieht damit das Heil garantiert! Entsprechend unterschiedlich ist deshalb auch die Sicherheit der Anschauungen: Augustin hofft vielleicht auf den Fortbestand des Reichs, Orosius ist davon überzeugt. Vgl. Lacroix S. 202.

blickende Prognosen festlegen; der Kirchenvater bleibt damit offener gegenüber der Zukunft, während Orosius glaubt, aus dem Ablauf der Geschichte bereits Aussagen über den künftigen Willen Gottes machen zu können, und hier die augustinischen Bahnen verläßt.

Das Fortschrittsdenken des Orosius ist nach MOMMSEN (S. 344) nicht Augustin, sondern Eusebius von Cäsarea entnommen. Tatsächlich sucht der Spanier beide Positionen miteinander zu verbinden; wenngleich er sich wieder der politischen Theologie des Eusebius nähere, stellt VOGT (S. 52) fest, verliere er nie die augustinischen Grundgedanken des Heilsgeschehens aus den Augen. Es geht deshalb zu weit, ihm einen schon in der irdischen Geschichte verwirklichten Millenarismus vorzuwerfen (so MARROU S. 80); Orosius bleibt sich des zeitlichen Charakters auch der „glücklichen christlichen Zeiten" bewußt (vgl. oben S. 114 und S. 120). Man wird ihm also kaum Unfähigkeit, zwischen der natürlichen und der übernatürlichen Ordnung zu unterscheiden, vorwerfen können;[643] zweifellos hat Orosius die subtilen Gedanken Augustins (die allein deshalb ja auch bis heute aktuell geblieben sind) vereinfacht.[644] Doch er verwechselt keineswegs christliche Zivilisation und Gottesreich,[645] und er transponiert nicht die Lehre vom Gottesstaat aus der übernatürlichen in die politische Sphäre,[646] sondern er gliedert — wie Augustin mit seiner Unterscheidung von *exortus, procursus* und *finis* der beiden *civitates*, aber auf seine Weise — die irdische Geschichte in die Entwicklung der Menschheit zum ewigen Gottesreich ein. Wenn er dabei mit seiner Lehre vom kontinuierlichen Fortschritt der christlichen Geschichte bereits nahe an die *felicitas* der Ewigkeit heranrückt, dann geschieht das in dem Bewußtsein, daß der göttliche Heilsplan die Geschichte zwar nicht nahtlos,[647] aber doch unmittelbar in die Ewigkeit einmünden läßt, daß zwischen beiden Zuständen eine — wenn auch nur figurale — Ähnlichkeit herrscht, die es erlaubt, schon jetzt von einer (relativen) *felicitas* zu sprechen (vgl. oben S. 117f.), daß schließlich — und hier erst unterscheidet sich Orosius von Augustin — die Ausbreitung des Christentums im Römischen Reich unzweifelhaft auf eine kontinuierliche Entwicklung zum Ziel hin schließen läßt.

[643] Das tun Corsini (S. 101f.) und danach Marrou (S. 83), die wieder der oben beschriebenen Gefahr erliegen, Darstellung und Geschichtsbild gleichzusetzen.

[644] So Marrou S. 85f.; ich sträube mich freilich gegen Marrous Begriff „Deformierung".

[645] So Marrou S. 83 mit Berufung auf Corsini S. 110 («il compito di attuare già fin da questa terra l'eone perfetto del Regno di Dio»).

[646] So Marrou S. 85f., der den Charakter der spätantiken Geschichtstheologie überhaupt verkennt, wenn er von einer Transposition der Heilsgeschichte in die Weltgeschichte bei Orosius spricht: Für den Christen wird die gesamte Weltgeschichte unter dem Aspekt der zielgerichteten göttlichen Lenkung zwangsläufig zu der Heilsgeschichte.

[647] An einer Stelle (Hist. 1 prol. 15 — oben Anm. 231) erwähnt Orosius das Jüngste Gericht, das er folglich voraussetzt, auch wenn es nicht unmittelbar zu seiner Thematik gehört.

Die irdische Geschichte erhält damit tatsächlich einen höheren Wert als bei Augustin, nicht nur in der Darstellung, sondern auch in der Geschichtstheologie; sie ist mehr als nur Bewährungsfeld der Gläubigen; sie (und nicht nur die *civitas Dei*) hat insgesamt Anteil an der Heilsentwicklung. Wenn CORSINI (S. 210) Orosius eine „gefährliche Reduktion des Christentums auf ein rein historisches Phänomen" vorwirft, so zeugt das gerade von dem geschichtlichen Charakter der Theologie des Priesters, geht aber wiederum auch auf das Ziel der Schrift zurück: In einer Apologie des Christentums gegen die Heiden beschäftigt Orosius eher das Schicksal der Christenheit als die Heilsaussichten des einzelnen Christen; es genügt zu zeigen, daß die Heiden von vornherein verdammt sind. Der christliche Gott freilich — und hier weicht Orosius erneut von Augustin ab, der *bona* und *mala* gleichmäßig auf Gute und Böse verteilt sieht[648] — offenbart sich in der Schonung seiner Gemeinde.

Die Geschichtstheologie des Orosius bleibt damit anders als die Augustins in ihrer apologetischen Überzeugungskraft auf einen dauernden, sichtbaren Fortschritt, das heißt konkret auf eine Vollendung der Synthese von Christentum und Römertum angewiesen. Orosius, der die Vergangenheit an Wertmaßstäben mißt, die sich in der Regel an der Gegenwart ausgebildet haben, gerät bezeichnenderweise dort in einen Konflikt, wo dieser augenblickliche Zustand doch nicht mehr mit seinem Ideal übereinstimmt, etwa wenn die Römer den Barbaren Tribut zahlen, statt sie zu unterwerfen oder zu vernichten. Hier wird der Spanier, der eine Entwicklung rechtfertigen muß, die zunächst nicht in sein Geschichtsbild paßt, zu ausweichenden Interpretationen gezwungen, ohne daß man deshalb mit PASCHOUD (S. 290) von einer totalen Inkohärenz seiner Gedanken sprechen kann; nach den Orosiusforschungen der letzten dreißig Jahre kann man nicht mehr behaupten, der Priester lasse seine wirkliche Haltung nicht deutlich erkennen:[649] Orosius verkündet, wie sich gezeigt hat, seine Überzeugungen, soweit er sie für seine apologetischen Zwecke heranziehen muß, recht eindeutig.

Stichhaltiger ist PASCHOUDS Feststellung (S. 291), Orosius rechtfertige das Christentum letztlich mit denselben Argumenten, mit denen Symmachus das Heidentum verteidigt habe, nämlich mit dem *do-ut-des*-Prinzip, das ja auch andere christliche Schriftsteller, voran wieder Eusebius, übernommen

---

[648] Civ. Dei 4, 33 (S. 188, 6ff.); 1, 8 (S. 13, 1 ff.); nach Orosius dagegen gewährt Gott in einem gemischten Volk den Frommen Gnade, den Gottlosen Strafe (Hist. 7, 37, 8 — oben Anm. 157). — Auch hier ist aber wieder zu beachten, daß Orosius unter den „Guten" die „Christen", nicht die in Ewigkeit Erlösten versteht!

[649] So Paschoud S. 291 f.; allenfalls hat man die falschen Fragestellungen an Orosius gerichtet.

haben:[650] Hier liegt die Angriffsfläche für den tiefgründigen Augustin, obwohl Orosius seine Haltung mit augustinischen Gedanken zu einem einheitlichen Geschichtsbild zusammenfügt. Hier zeigt sich zugleich, wie fest Orosius in seiner Zeit wurzelt, die, ob heidnisch oder christlich, mit zeitgemäßen Vorstellungen argumentiert (vgl. oben S. 36f.).

GREEN, die in ihrer Dissertation die Unterschiede zwischen dem Christen Orosius und dem Heiden Zosimus herausarbeiten will, deckt unwillkürlich doch eine ganze Reihe gleicher zugrundeliegender Denkstrukturen auf;[651] „Verzweiflung des Zosimus" und „Optimismus des Orosius" (GREEN S. 139) sind letztlich Folge einer stichhaltigen Argumentation, wie Orosius sie anwenden kann, und die Vergangenheitsverherrlichung der Heiden ist von daher nur zu verständlich: Zosimus macht die Christen für den Niedergang des Reichs, Orosius die Heiden für den verzögerten Aufstieg verantwortlich.

Die Geschichtstheologie des Orosius ist also zeitgebunden; STAKEMEIER (S. 18) nennt die Historien eine „Apologie des konstantinischen Zeitalters", während Augustin eine „Apologie der Kirche" verfaßt habe. Manche der augustinischen Gedanken scheinen — zumindest für unseren Kulturkreis — „zeitlos" gültig. Der Kirchenvater bildet aber die Ausnahme unter den christlichen Apologeten, während Orosius eher dem typischen Vertreter der christlichen Spätantike nahekommt.

Die Unterschiede zwischen Orosius und Augustin sind groß genug, um das Bild des getreuen Schülers, der lediglich eine Ergänzung zu *De civitate Dei* schreibt, endgültig aufzulockern: Orosius liefert ein eigenständiges, in den Anschauungen sicher nicht originäres, aber in der geschlossenen Verarbeitung doch spezifisches und in dieser Form einmaliges Geschichtsbild, dessen Wert deshalb, aber auch, weil es stärker dem allgemeinen „Zeitgeist" entspricht, für den Historiker außer Zweifel steht, auch wenn es sich qualitativ nicht mit der Lehre Augustins messen kann.[652] Es wird darüber hinaus interessant wegen seiner ungeheuren Nachwirkung.

---

[650] Vgl. Paschoud S. 330f.; einen ähnlichen Vorwurf hatte bereits Straub, Geschichtsapologetik S. 252 und S. 265ff., erhoben.
[651] Vgl. oben Anm. 77 und Anm. 177. Zur gleichartigen Argumentation (bei gegensätzlicher Tendenz) beider Autoren vgl. auch Heinzberger S. 244ff.; zur Gleichartigkeit der Romidee vgl. Fuhrmann S. 560.
[652] Vom historischen Standpunkt aus gesehen, ist Paschouds Urteil (S. 292), die Historiae zeigten, «comment un disciple peut passer à côté d'un maître en ne recueillant presque rien de ses hautes conceptions», durchaus unangebracht.

SCHLUSS: ZUR WIRKUNGSGESCHICHTE DES OROSIANISCHEN WERKS

Haben wir bei der Untersuchung der orosianischen Geschichtsvorstellungen die *Historiae adversum paganos* als ein zeit- und umweltverhaftetes, in vielem geradezu typisches Produkt der ausgehenden Antike und besonders des römischen Christentums kennengelernt, so liegt ihre eigentliche Wirkung erst im Mittelalter. Ob Orosius bereits von seinen Zeitgenossen beachtet worden ist, läßt sich nicht erkennen;[653] Augustin selbst jedenfalls scheint sich von seinem Werk zu distanzieren (oben S. 137). Doch bereits die Chronisten des 5. und 6. Jahrhunderts (Prosper Tiro, vor allem Marcellinus Comes)[654] ziehen es für Nachrichten aus der Zeit um 400 heran; gegen Ende des 5. Jahrhunderts erwähnt Papst Gelasius I. Orosius in einem Schreiben, das später in das Dekret Gratians Eingang finden sollte,[655] und Gennadius von Marseille nimmt ihn in seine Literaturgeschichte *(De viris illustribus)* auf.[656] Im Mittelalter werden die Historien dann — neben der Chronik des Hieronymus — gleichsam zum „Geschichtsbuch schlechthin"[657] und zur Hauptquelle für die antike (Profan-) Geschichte,[658] finden die Geschichtsschreibung ebenso wie die Gedanken des Orosius weiteste Verbreitung. Wenn eine einigermaßen vollständige Darstellung der Wirkungsgeschichte des Werks im Rahmen dieser Arbeit auch unmöglich geleistet werden kann, so soll abschließend doch wenigstens auf die wichtigsten Anhaltspunkte für

---

[653] Zu den wenigen Nachrichten über ihn vgl. oben S. 9f. mit der in Anm. 35 angegebenen Literatur (besonders Lacroix S. 33ff.; Ders., Importancia S. 5f.). Augustin empfiehlt Orosius in seinen Briefen an Hieronymus, Evodius und Oceanus (Ep. 166, I, 2, CSEL 44, S. 547f.; 169, IV, 13, S. 621; 180, 5, S. 700); vgl. die Antwort des Hieronymus (Ep. 172, ebda. S. 636).

[654] Vgl. das Register bei Zangemeister S. 701ff.

[655] Decretum Gratiani I, 15, c. 3 § 24, in: Corpus Iuris Canonici, ed. Friedberg, Bd. 1, S. 38: *Item Orosium uirum eruditissimum collaudamus, quia ualde nobis necessariam aduersus paganorum calumpnias ordinauit historiam, miraque breuitate contexuit.* Vgl. Lacroix, Importancia S. 6f.

[656] Migne PL 58, Sp. 1080f.

[657] So von den Brincken S. 84; vgl. Wattenbach-Levison Bd. 1, S. 82.

[658] Vgl. Fritz Landsberg, Das Bild der alten Geschichte in mittelalterlichen Weltchroniken, Diss. Basel 1934, S. 17ff.

Einfluß und Nachwirkung des Orosius in Mittelalter und Neuzeit hingewiesen werden.[659]

(1) Die weite Verbreitung — namentlich der Historien[660] — läßt sich allein schon an der gewaltigen Zahl der Handschriften ablesen: BATELY/ROSS stellen, wie bereits erwähnt, 245 bekannte Handschriften und Handschriftenfragmente der *Historiae adversum paganos* aus dem 6. bis 17. Jahrhundert zusammen,[661] und bei einer intensiven Nachforschung dürfte die Überlieferung noch anwachsen.[662] Beweist bereits diese Zahl die Bedeutung des Werks, so bestätigt die Datierung der einzelnen Handschriften, daß die Historien in allen Jahrhunderten abgeschrieben und gelesen wurden; der größte Teil der Manuskripte stammt dabei aus dem 11.—15. mit deutlichen Schwerpunkten im 12. und dann wieder im 15. Jahrhundert:[663] Die geschichtsorientierte und geschichtstheologisch interessierte Zeit der Frühscholastik und das Zeitalter der Renaissance haben offenbar bevorzugt auf Orosius zurückgegriffen. Eine Übersicht derjenigen Handschriften, deren Herkunft erkennbar ist, ergibt, daß die frühesten Exemplare aus Italien (Ravenna, Bobbio) stammen, Orosius aber schon im 7./8. Jahrhundert in Frankreich (Corbie), Burgund (Cluny) und Lothringen (Stablo) und im 8./9. Jahrhundert auch in Deutschland (Freising, Lorsch), erst seit dem 12. Jahrhundert dann in England verbreitet ist.

Die Beliebtheit des Werks hält in der frühen Neuzeit an, denn seit der Editio princeps von 1471 (Schüssler) bis zum Anfang des 17. Jahrhunderts

[659] Die ganze Wirkungsgeschichte der Werke des Orosius darzulegen, wäre eine — sicher wünschenswerte — Arbeit, die nicht in einem kurzen Ausblick geleistet werden kann. Ich muß mich hier vielmehr auf das mir zur Zeit verfügbare Material an Quellen und Hilfsmitteln und auf bereits Erarbeitetes stützen; selbst diese von daher in manchen Teilen eher vorläufige Zusammenstellung zeigt aber — und damit genügt sie dem hier verfolgten Zweck — welch ungeheure Wirkung Orosius noch über Jahrhunderte hinweg ausgeübt hat.

[660] Auch vom *Liber apologeticus* sind immerhin 6 Handschriften bekannt (Zangemeister S. XXXIVss.); Svennung, Arctos 5, 1967, S. 5, gibt weitere 11, teils wertvolle Handschriften aus Frankreich an. Vom *Commonitorium* kennen wir nur zwei Handschriften (Schanz-Hosius-Krüger IV, 2, S. 491).

[661] Scriptorium 15, 1961, S. 329ff.; 7 der 245 Handschriften sind heute verloren.

[662] Vgl. bereits François Masai, Nouvaux fragments du Paul Orose de Stavelot en écriture onciale, in: Hommage à Léon Herrmann (Collection Latomus 44), Brüssel 1960, S. 509—21 über Fragmente aus dem 7./8. Jahrhundert; Rudolf M. Kloos, Bamberger Orosiusfragmente des 9. Jahrhunderts, in: Festschrift Bernhard Bischoff, Stuttgart 1971, S. 178—97 (Handschrift aus Montecassino aus dem 9. Jahrhundert).

[663] Nach Bately-Ross stammen 1 Handschrift aus dem 6., 2 Handschriften aus dem 7., 9 aus dem 8., 18 aus dem 9., 13 aus dem 10., 26 aus dem 11., 46 aus dem 12., 28 aus dem 13., 27 aus dem 14., 66 aus dem 15., 2 aus dem 16. und 1 aus dem 17. Jahrhundert.

sind 25 Ausgaben im Druck erschienen,[664] sieben davon (teilweise in mehreren Auflagen) bereits als Wiegendrucke (bis 1500)[665] und zum Teil in Prachtexemplaren.[666]
(2) Der hier gewonnene Eindruck wird durch einen Blick in mittelalterliche Bibliothekskataloge bekräftigt, denn kaum eine bedeutende, zumal geschichtlich interessierte Schule oder Bibliothek kommt anscheinend ohne ein Exemplar der Historien aus.[667] Doch Orosius gehört nicht nur zum gewöhnlichen Inventar der Kloster-, Stifts- und Dombibliotheken, Schenkungslisten vornehmlich des Spätmittelalters lassen erkennen, daß selbst zahlreiche Privatbestände eine Handschrift der Historien aufweisen;[668] bereits Graf Eberhard von Friaul konnte zu Beginn des 9. Jahrhunderts seinem Sohn Adalhard unter anderem ein Orosiusexemplar testamentarisch ver-

[664] Vgl. Schanz-Hosius-Krüger IV, 2, S. 490f.; Wotke S. 1195; Potthast Bd. 2, S. 882 sowie die einschlägigen Bibliographien und Verzeichnisse der Wiegendrucke.
[665] J. Schüssler (Augsburg 1471); Hermann Liechtenstein (Levilapis) aus Köln (Vicenza 1475); Octavianus Scotus (Venedig 1483); E. Ratdolt (Venedig 1484); Leonhard Achates aus Basel (Vicenza 1489); Ch. de Pensis (Venedig 1499), Bernhardinus Venetus (Venedig 1500); weitere elf Ausgaben folgen bis 1600. — Das *Commonitorium* ist — als *Quaestiones ad Augustinum* — zuerst 1473 (L. Brandis, Merseburg), der *Liber apologeticus* 1558 (J. Costerius, Löwen) erschienen.
[666] Vgl. Lacroix S. 19f.
[667] Vgl. Bately-Ross S. 329. Eine Durchsicht der (vollständigen) „Mittelalterlichen Bibliothekskataloge Deutschlands und der Schweiz", bearb. Paul Lehmann u. a., München 1918ff. (ND. 1969) — also ohne Berücksichtigung der Schenkungs-, Erwerbs-, Verkaufs- und Leihlisten oder der Aufstellungen der von bestimmten Mönchen geschriebenen Bücher — lehrt, daß Orosius in nahezu allen bedeutenderen (wichtigste Ausnahme bildet die Dombibliothek in Konstanz), aber auch in vielen kleineren Büchereien vorhanden ist: Orosiushandschriften sind in Biberach (1477), Blaubeuren (Ende 11. Jh.), St. Gallen und Reichenau (9. Jh.) (Mittelalterliche Bibliothekskataloge Deutschlands und der Schweiz Bd. 1, bearb. Paul Lehmann, S. 9, 42; 21, 5: *summo studio scriptum et notatum;* 87, 20; 116, 23; 142, 23; 248, 23), in allen Büchereien Erfurts (ebda. Bd. 2, bearb. Paul Lehmann, München 1928, S. 45, 30; 152, 33; 18, 31; 295, 20f.; 366, 30; 371, 6), in Wessobrunn (um 1240) (ebda. Bd. 3, 1, bearb. Paul Ruf, München 1932, S. 188, 37f.), Heilsbronn und Rebdorf (ebda. Bd. 3, 2, bearb. Paul Ruf, München 1933, S. 205, 29; 295, 14f.; 296, 7), in Bamberg (Domkapitel und Kloster Michelsberg) und Nürnberg (Kloster St. Ägidien und Ratsbibliothek) (ebda. Bd. 3, 3, bearb. Paul Ruf, München 1939, S. 340, 14; 343, 28; 363, 35; 367, 24; 426, 7; 447, 6f.; 787, 20; vgl. Kloos S. 193ff.), in Passau, St. Emmeram und Prüfening (ebda. Bd. 4, 1, bearb. Christina E. Ineichen-Eder, München 1977, S. 26, 57; 149, 67; 425, 165) verzeichnet.
[668] Ebda. Bd. 1, S. 9, 42 (Heinrich Jäck 1477); 142, 23 (Bürer 1470); Bd. 3, 1, S. 108, 6f. (Otto Ebner 1477); Bd. 3, 3, S. 828, 11 (Hartmann Schedel).

Zur Wirkungsgeschichte 151

erben.[669] Die aus der Datierung der erhaltenen Handschriften erschlossene Verbreitung des Orosius im deutschen Sprachraum wird durch die Bibliothekskataloge bestätigt: Schon im 8. Jahrhundert führt Bischof Arbeo von Freising Orosius in seinem Bistum ein;[670] spätestens im 9. Jahrhundert sind die Historien etwa — und wieder beschränke ich mich auf die eingesehenen, gedruckten Kataloge — auf der Reichenau (821/22),[671] in St. Gallen, das, wie die besonders günstige Überlieferungslage lehrt, eine Orosiushandschrift unter Abt Hartmut (872—83) erworben hat,[672] sowie im Kloster Murbach bezeugt;[673] ein Exemplar der Historien findet sich auch in der Schenkung Gerwards von Gent an Lorsch zur Zeit Ludwigs des Frommen;[674] im 10. Jahrhundert ist Orosius in den Katalogen von Passau (903), St. Emmeram,[675] Lorsch[676] sowie im Verzeichnis Ottos III.[677] im 11. Jahrhundert in Gorze (als Exzerpt),[678] Minden,[679] Blaubeuren,[680] Hamersleven[681] und Trier (St. Maximin)[682] bezeugt. Außerhalb Deutschlands sind die Historien in den Katalogen von Corbie,[683] Oviedo, Bobbio, Toul und Pompuse[684] erwähnt; im 12. Jahrhundert finden sie sich dann in zahlreichen Katalogen.[685] Nicht überall

---

[669] Gustav Becker, Catalogi bibliothecarum antiqui, Bonn 1885 (ND. Hildesheim-New York 1973), nr. 12, 30 (S. 29).

[670] Vgl. Heinz Löwe, Von Cassiodor zu Dante. Ausgewählte Aufsätze, Berlin-New York 1973, S. 90.

[671] Mittelalterliche Bibliothekskataloge Bd. 1, S. 248, 23.

[672] Ebda. S. 87, 20 (aus: Ratpert, Casus s. Galli, MG SS 2, S. 72).

[673] Wolfgang Milde, Der Bibliothekskatalog des Klosters Murbach aus dem 9. Jahrhundert, Heidelberg 1968 (Euphorion Beiheft 4), S. 59.

[674] Paul Lehmann, Das älteste Bücherverzeichnis der Niederlande, in: Ders., Erforschung des Mittelalters Bd. 1, Stuttgart 1941, S. 208.

[675] Mittelalterliche Bibliothekskataloge Bd. 4, 1, S. 26, 57 *(de ratione animi)* und S. 149, 67.

[676] A. Wilmans, Rheinisches Museum für Philologie N. F. 23, 1968, S. 387; Becker nr. 37 (S. 83). — Hier fand sich vielleicht auch der *Liber apologeticus* (S. 119).

[677] Becker nr. 43, 1/2 (S. 129).

[678] D. G. Morin, Le catalogue des manuscrits de l'abbaye de Gorze au XIe siècle, Revue bénédictine 22, 1905, S. 11.

[679] A. Wilmans, Rheinisches Museum für Philologie N. F. 23, 1868, S. 409.

[680] Mittelalterliche Bibliothekskataloge Bd. 1, S. 21, 2.

[681] Becker nr. 56, 11/79 (S. 140f.).

[682] Ebda. nr. 76, 109 (S. 180).

[683] Bibliothèque de l'école des Chartes, ser. 5, 1, 1860, S. 506.

[684] Becker nr. 26, 4 (S. 60) (vgl. unten Anm. 701); nr. 32, 203—6 (S. 67), nr. 68, 88 *(de cladibus mundi)* (S. 151), nr. 70, 25 (S. 161).

[685] Wie St. Bertin (Becker nr. 77, 186 — S. 183), Bèze (ebda. nr. 78, 6 — S. 185), Corbie (ebda. nr. 79, 232 — S. 189f.; nr. 136, 175—S. 281), Bec (ebda. nr. 86,

wird Orosius erwähnt; oft sind die Kataloge unvollständig, und manche Bibliothek konzentriert sich gar nicht auf die Geschichtsschreibung und begnügt sich überhaupt mit liturgischen Handschriften.[686] Dennoch beweist schon diese vorläufige Übersicht die weite Verbreitung der Historien (die in manchen Katalogen als *Hormesta mundi* geführt werden) im frühen und hohen Mittelalter; auch das *Commonitorium* ist (als *Quaestiones ad Augustinum*) vielfach bezeugt. Wie groß das Ansehen des spanischen Priesters gewesen ist, ergibt sich schließlich daraus, daß in vielen Katalogen auch andere Werke, vor allem die *Cantica canticorum* des Honorius Augustudunensis, unter seinem Namen geführt werden.

(3) Daß Orosius in den mittelalterlichen Bibliotheken nicht nur vorhanden, sondern auch hochgeschätzt wird, geht unter anderem aus der Existenz mehrerer illuminierter Historienhandschriften hervor,[687] eine Auszeichnung, die nur wenigen Geschichtswerken zuteil wurde, da die im Mittelalter so bedeutende Buchmalerei meist den liturgischen Prachtexemplaren sowie den Lehrbüchern vorbehalten war.[688] Bei den Illuminationen zu Orosius handelt es sich vornehmlich zwar um Amateurzeichnungen,[689] doch schon die älteste

---

45/101—S. 200/202; nr. 127, 98—S. 262), Hirsau (ebda. nr. 100, 10—S. 219), St. Amand (ebda. nr. 114, 64—S. 232), Durham (ebda. nr. 117, 75—S. 240), Clairmont (ebda. nr. 131, 1—S. 273), St. Vaast (Ph. Grierson, La bibliothèque de St. Vaast d'Arras au XIIe siècle, Revue bénédictine 52, 1940, S. 136) und Limoges (Léopold Delisle, Le Cabinet des manuscrits de la bibliothèque nationale, Bd. 2, Paris 1874, S. 494). In Katalogen späterer Zeit taucht Orosius etwa in Speyer (1415) (Paul Lehmann, Erforschung des Mittelalters Bd. 2, S. 142), Chur (1457) (ebda. S. 180), Egmond (H.-G. Kleyn, Archief voor Nederlandsche Kerkgeschiedenis 2, 1887, S. 151) und Fulda auf (Karl Christ, Die Bibliothek des Klosters Fulda im 16. Jahrhundert, Leipzig 1933, S. 132 und 263); vgl. oben Anm. 667.

[686] Es wäre eine reizvolle (hilfswissenschaftliche) Aufgabe, genauer zu untersuchen, welche Art von Bibliotheken Orosius für sich beanspruchte und welche auf ihn verzichten konnte.

[687] Darüber Ross, Scriptorium 9, 1955, S. 35 ff. — Es handelt sich um folgende Handschriften: Ms. Vaticanum lat. 3340 aus dem 11. Jahrhundert (mit 84 Federzeichnungen an den Rändern zu den ersten vier Büchern), Florenz Laurent. Pl. 65 n. 37 aus dem 14. Jahrhundert mit 38 Farbzeichnungen an den Rändern oder zwischen den Spalten; sporadische Zeichnungen haben Brit. Mus. Burney 216 aus dem 12./13. Jahrhundert mit Initialen und drei weiteren Zeichnungen; Stuttgart Cod. hist. fol. 410 aus dem 12. Jahrhundert mit drei textbezogenen Zeichnungen. Zu einer weiteren Handschrift (Laon ms. 137) vgl. A. Boutemy, Les manuscrits enluminés du nord de la France, Scriptorium 3, 1949, S. 113.

[688] Vgl. Franz Unterkirchner, Die Buchmalerei. Entwicklung — Technik — Eigenart, Wien-München 1974, besonders S. 8 ff., 16 f., 53; vgl. Ross S. 35.

[689] Ross S. 56.

Handschrift (Florenz, 6. Jahrhundert, aus einem ostgotischen Skriptorium) weist Initialornamentik mit geometrischer Füllung der Buchstaben und einzelnen Tiermotiven auf.[690]

(4) Das Werk des Orosius stand dem mittelalterlichen Gelehrten also fast überall zur Verfügung, und es wurde entsprechend häufig benutzt, vor allem natürlich von der Geschichtsschreibung und hier besonders von der die früheren Zeiträume einbeziehenden Weltchronistik.[691] Es gibt — von unbedeutenderen Chroniken vor allem des Frühmittelalters abgesehen — kaum ein in die römische und vorrömische Vergangenheit zurückreichendes mittelalterliches Geschichtswerk, das nicht, zumindest mittelbar, auf Orosius fußt:[692] Nach der Grundlage aller Chronistik, der Chronik des Eusebius-Hieronymus, wird Orosius damit neben dem Angelsachsen Beda und neben Isidor von Sevilla, die ihrerseits schon von den Historien Gebrauch gemacht haben, zur meistbenutzten Quelle der mittelalterlichen Geschichtsschreiber.

Als unmittelbare Vorlage[693] dienen die Historien in romanisch-germanischer Zeit zum Beispiel Marcellinus Comes, Jordanes, Prosper Tiro, den *Chronica Gallica* („Severus Sulpicius"), Gregor von Tours, Isidor von Sevilla (Chronik; *De natura rerum; Historia Gothorum, Sueborum, Wandalorum; Etymologiae*) und Beda *(Chronicon maius; Historia ecclesiastica; Liber de ratione temporum),* in karolingischer Zeit dem *Chronicon universale* (bis 741), der *Historia Romana* des Paulus Diaconus sowie den Chroniken Frechulfs von Lisieux und Ados von Vienne,[694] im chronikarmen 10. Jahrhundert nur dem *Chronicon Vedastinum,* das Orosius als einen seiner Vorläufer betrachtet,[695] im 11. Jahrhundert dann dem *Chronicon Suevicum universale* Hermanns von Reichenau, Hugo von Flavigny, Marianus Scotus, Sigebert von Gembloux, Frutolf

---

[690] Albert Boeckler — Alfred A. Schmidt in: Handbuch der Bibliothekswissenschaft, hg. Georg Leyh, Bd. 1, Wiesbaden 1952, S. 264.

[691] Zur Gattung vgl. von den Brincken S. 38ff. und S. 232ff., die auch wichtige Aufschlüsse über das Nachwirken des Orosius gibt; eine kurze Charakteristik liefert Herbert Grundmann, Geschichtsschreibung im Mittelalter. Gattungen — Epochen — Eigenart, Göttingen 1965, S. 18ff.

[692] Vgl. die Übersicht (Tafel II) bei von den Brincken; vgl. auch Beryl Smalley, Historians in the Middle Ages, London 1974, S. 95. Die wichtigsten Ausnahmen von dieser Regel bilden im Grunde nur die Chroniken Reginos und Bernolds (Manitius, Geschichte der lateinischen Literatur des Mittelalters, Bd. 1, München 1911, S. 699f., vermerkt das ausdrücklich als Sonderfall).

[693] Ich verzichte im folgenden auf die leicht auffindbaren Belege aus der Edition Zangemeisters, den einschlägigen Quellenkunden und Literaturgeschichten (Wattenbach, Manitius), von den Brincken und den Einleitungen der jeweiligen MGH-Ausgaben.

[694] Vgl. auch Wilhelm Kremers, Ado von Vienne. Sein Leben und seine Schriften, Diss. Bonn 1911, S. 77ff.

[695] Vgl. Wattenbach-Levison 1, S. 143.

von Michelsberg, im 12. Jahrhundert Hugo von Fleury, der vielfach wörtlich mit Orosius übereinstimmt,[696] den *Gesta Trevirorum* (samt Fortsetzung), Hugo von St. Viktor, Petrus von Tours, Ordericus Vitalis, Richard von Cluny, Lambert von St. Omer, Honorius Augustudunensis *(Imago mundi: Summa totius)*, der Orosius zu seiner Lieblingsvorlage macht,[697] Gerhoh und Magnus von Reichersberg (Reichersberger Annalen) und vor allem Otto von Freising, dessen Chronik sich als Synthese aus Orosius und Augustin *(De civitate Dei)* versteht, dann Gottfried von Viterbo *(Speculum regum, Memoria seculorum)*, Radulf von Diceto, dem *Chronicon s. Pantaleonis*, Albert von Stade, Alberich von Troisfontaines und sogar der Sächsischen Weltchronik Eikes von Repgow, im Spätmittelalter schließlich — neben anderen — Vinzenz von Beauvais, Fra Salimbene, Martin von Troppau, der *Chronica minor Minoritae Erphordensis* sowie den *Flores temporum* eines Minoriten; in späteren Jahrhunderten machen unter anderem so bedeutende Historiker wie Trithem, Sleidan, Bodin, Baronius, Vassius, Tillemont, Ceillier oder Gallandi von Orosius Gebrauch.[698]

Die Weltchronistik benutzt die Historien, je nach Intention, als Quelle für die orosianische Zeitgeschichte, die Zeit um 400, oder auch für die gesamte vorchristliche und römische Geschichte; auch in der Chronologie der Weltära folgt man eher Orosius und Hieronymus als der abweichenden Zeitrechnung Bedas.[699] Daß die Benutzung sich schon wegen der Materialfülle in vielen Fällen auf Auszüge aus einzelnen Passagen beschränkt, versteht sich von selbst;[700] ausgesprochene Hauptquelle sind die Historien aber zumindest für Frechulf, der auch dem Programm des Orosius mit dem Beginn seit der Schöpfung folgt, Ado (neben Beda), Hugo von Fleury, Honorius und Otto von Freising (neben Frutolf). Zeitlich hängt die Benutzung der Historien von der Verbreitung der Weltchronistik ab: Während man in der fränkischen und vor allem in der chronikarmen ottonischen Zeit etwas weniger häufig auf Orosius zurückgreift,[701] dient er seit dem 11. Jahrhundert den meisten, im 12. Jahrhundert — ganz entsprechend der Verbreitung der Handschriften —

[696] Vgl. Amos Funkenstein, Heilsplan und natürliche Entwicklung. Formen der Gegenwartsbestimmung im Geschichtsdenken des hohen Mittelalters, München 1965, S. 91.
[697] So von den Brincken S. 217.
[698] Zitiert nach Lacroix S. 20.
[699] Vgl. von den Brincken Tafel IV. — Die *Annales s. Crucis Poloniae* (ed. Röpell-Arndt, MG SS 19, S. 678) zitieren Orosius ausdrücklich bei der Angabe der Jahreszählung (5190 Jahre von Adam bis Christus); die *Annales Laureshamenses* (MG SS 1, S. 22) beginnen die zeitgenössischen Jahresberichte mit einem Hinweis auf die Jahreszählung (Adam — Ninus — Christus) bei Orosius!
[700] Vgl. von den Brincken S. 233f.
[701] In Spanien ist Orosius noch im 11./12. Jahrhundert anscheinend unbekannt (von den Brincken S. 136 und S. 208); doch bereits 920 weist andererseits der Katalog von Oviedo eine Orosiushandschrift auf (P. Ewald, Neues Archiv 5, 1881, S. 278).

Zur Wirkungsgeschichte 155

allen Chronisten als Vorlage, weil man wieder ausführlichere Quellen sucht und auch der älteren Geschichte erneut ein stärkeres Gewicht beimißt.

Doch nicht allein die Weltchronistik schöpft aus Orosius; zeitgeschichtliche (zum Beispiel Gregor von Tours oder die Annalen von Einsiedeln und von Magdeburg aus dem 12. Jahrhundert) und selbst lokalgeschichtliche Werke (wie die Mailänder Bistumsgeschichte Arnulfs von Mailand oder die *Historia Britonum* des Nennius)[702] benutzen die Historien für die Einleitung, die „Vorgeschichte" ihres eigentlichen Gegenstandes. Hier zeigt sich, daß man Orosius zu allen Zeiten schätzt und an dem spätantiken Werk auch in chronikärmeren Epochen keineswegs achtlos vorbeigeht.

Ermoldus Nigellus stützt sich in seinem Gedicht auf Ludwig den Frommen in einem Exkurs über die Alte Geschichte auf Orosius, und Walahfrid Strabo zieht ihn für seine Gallusvita heran; Einhart benutzt ihn in seiner Karlsbiographie, Hinkmar von Reims in seinem Fürstenspiegel,[703] Paschasius Radbertus gar in seinem Matthäuskommentar, Odo von Cluny dann in seinen *Collationes*, Waifar von Salerno in seiner *Vita Secundini*. Selbst in Streitschriften (Petrus Crassus) und Kreuzzugsgeschichten (Fulcher von Chartres; Wilhelm von Tyrus) ist Orosius verwendet (in Wilhelms *Historia rerum in partibus transmarinis gestarum* etwa zur Beschreibung Konstantinopels). Im 9. Jahrhundert fertigt Sedulius Scottus sogar Exzerpte aus den Historien an, und im 10. Jahrhundert glossiert Ekkehart IV. von St. Gallen das Werk und verbessert eine St. Galler Orosiushandschrift.[704]

Große Bedeutung erlangt auch die Erdbeschreibung (Hist. 1, 2), die — im ganzen oder für einzelne Länder — vielfach herangezogen wird.[705]

(5) Einen so wichtigen Schriftsteller wie Orosius führen auch die Literaturgeschichten auf: Seit Gennadius von Marseille, der in einem Kapitel *Orosius presbyter, Hispanus genere, vir eloquens et historiarum cognitor* behandelt und die apologetische Tendenz der Historien samt dem Beweis, daß das Römische Reich dank des Christentums fortbesteht, hervorhebt und

---

[702] Vgl. Smalley S. 93.
[703] *De regis persona et regio ministerio* Kap. 14 schreibt Oros. 2, 9, 2—9 aus.
[704] Manitius Bd. 2, S. 562 f. Glossen zu Orosius aus klassischen Schriften finden sich auch in anderen Handschriften; vgl. dazu Paul Lehmann, Reste und Spuren antiker Gelehrsamkeit in mittelalterlichen Texten, in: Ders., Erforschung des Mittelalters Bd. 2, Stuttgart 1941 (ND. 1959), S. 29 ff., sowie Ludwig Bieler, Scriptorium 14, 1960, S. 376 f.; über Glossen in altbretonisch handelt Léon Fleuriot, La découverte de nouvelles gloses en vieux-breton (Academie des Inscriptions et Belles-Lettres. Comptes-rendus des Séances de l'année 1959), S. 186—95.
[705] So in Isidors *Etymologiae*, bei dem Geographen von Ravenna, Dicuil *(De mensura orbis terrae)*, Gildas *(De excidio et conquestu Britanniae)*, Aethicus Ister, *De situ orbis*, Richer von Reims, Aimoin von Fleury *(Historia Francorum)*, Adam von Bremen und Giraldus Cambrensis.

eigens die Weltbeschreibung erwähnt,[706] hat Orosius — wiederum mit Ausnahme Spaniens (Isidor von Sevilla; Ildefons und Iulian von Toledo) — in die Literaturgeschichten des Mittelalters Eingang gefunden. Sigebert von Gembloux[707] erwähnt immerhin, der *discipulus Augustini* habe die Reliquien des hl. Stephan nach Afrika gebracht, und Honorius[708] berichtet, Orosius, der von Augustin auch zu Hieronymus geschickt worden sei, *scripsit septem libros, in quibus descripsit historiam ab origine mundi usque ad sua tempora*. Ähnliches erzählt Radulf von Diceto (zum Jahr 415);[709] Vincenz von Beauvais erwähnt in seinem literaturgeschichtlichen Abriß der Kirchenväter sogar den *Liber apologeticus,*[710] und noch Johannes Trithemius[711] nennt zu Beginn des 16. Jahrhunderts Orosius einen *vir in divinis scripturis eruditus et in secularibus literis peritissimus* und zählt zu seinen Werken noch zahlreiche Briefe und (fälschlich) die Schriften *De ratione animae* und *In cantica canticorum:* Neben den Werken sammelt das Mittelalter auch die Informationen über das Leben des Priesters.

(6) Wie verbreitet die Kenntnis der Historien im Mittelalter ist, zeigt sich schließlich daran, daß Orosius nicht nur benutzt, sondern auch ausdrücklich als Gewährsmann genannt[712] oder als Vorlage zitiert,[713] als Lektüre

---

[706] Gennadius, *De scriptoribus ecclesiasticis* Kap. 39, Migne PL 58, Sp. 1080f. — Gennadius berichtet hier auch von der Reliquienübertragung des hl. Stephan in den Westen.

[707] *De scriptoribus ecclesiasticis* Kap. 15, Migne PL 160, Sp. 550.

[708] *De luminaribus ecclesiae* II, 39, Migne PL 172, Sp. 215.

[709] *De viris illustribus,* ed. Liebermann-Pauli, MG SS 27, S. 256; vgl. auch R. Pauli, Englische Analekten, Neues Archiv 3, 1878, S. 211.

[710] *Speculum doctrinale,* Kap. 17, 54, Douai 1624 (ND. Graz 1965), Sp. 1585.

[711] *De ecclesiasticis scriptoribus,* ed Fresher, Frankfurt 1601 (ND. 1966), S. 224.

[712] Adam von Bremen Kap. 1, 3 und 4, 21 beruft sich auf Orosius und Solinus als *antiqui auctores* über Schweden (ed. B. Schmeidler, MG SSrG 1917, S. 6 und 250); Alberich von Troisfontaines (ed. P. Scheffer-Boichorst, MG SS 23, S. 689) gibt ebenso wie Otto von Freising Kap. 4, 22 (ed. A. Hofmeister, MG SSrG 1912, S. 213) die Stelle an, bis zu der die Historien reichen. Vgl. auch Benedikt von S. Andreae, *De imperatoria potestate in urbe Roma* (MG SS 3, S. 719); Flodoard, *Historia Remensis ecclesiae* Kap. 1, 2 (MG SS 13, S. 414) und Folkwin, *Vita Folkwini* (MG SS 15, S. 427).

[713] So bereits bei Prosper Tiro a. 396 (ed. Th. Mommsen, MG AA 9, S. 498); Aldhelm, *De metris et enigmatibus ac pedum regulis* (ed. R. Ehwald, MG AA 15, S. 167); mehrfach bei Gregor von Tours (ed. Krusch-Levison, MG SSrMer 1, 1: 1 prol — S. 5; 1, 6—S. 8; 1, 41—S. 28; 2 prol. — S. 36; 2, 9—S. 57; 5 prol. — S. 193f.; auch im *Liber de virtutibus s. Iuliani Kap. 7, MG AA 1, S. 568, und im Liber in gloria confessorum* Kap. 1, ebda. S. 748 sowie in *De cursu stellarum ratio* Kap. 3, ebda. S. 858); ebenso bei Richard von Poitiers (MG SS 26, S.77) und Robert von Auxerre (ebda.

empfohlen[714] oder als Autorität hervorgehoben wird.[715] Vor allem Otto von Freising beruft sich in seiner Chronik immer wieder auf Orosius;[716] das Ansehen, das der Priester genießt, wird in der Versicherung Ottos (Kap. 2, 41) greifbar, selbst jenem sei der Anlaß zum 3. Punischen Krieg unbekannt geblieben (man könne ihn also kaum wissen). Fredegar[717] und Burchard von Ursperg[718] geben Orosius sogar dort als Gewährsmann an, wo es gar nicht zutrifft; Johann von Salisbury begründet im *Polycraticus* seinen vielfachen Gebrauch der Historien des Orosius, *cuius uerbis et sensu eo libentius utor quod scio Christianum et magni discipulum Augustini propter religionem fidei nostrae ueritati diligentius institisse.*[719]

Solche Bemerkungen zeigen, wie groß das Ansehen der Historien ist, wie sehr man Orosius schätzt. Bereits im 5. Jahrhundert reiht ihn Apollinaris Sidonius unter die *sacrosancti patres* ein,[720] und Venantius Fortunatus zählt ihn zu den großen Autoren,[721] das *Chronicon Vedastinum* zu den *veteres hystoriographi*,[722] Jakob von Guise (im 14. Jahrhundert) dann zu den Geschichtsschreibern Roms und zu den *doctores sollempni;*[723] und die *Passio Praeiecti episcopi et martyris Arverni* übernimmt den Appell des Orosius zur Kürze.[724] Noch am Ausgang des Mittelalters zählt Orosius zu den lesens-

S. 227). Alcuin zitiert Orosius in einem Brief an seine Schüler Candidus und Nathanael von 801/2 über den Alaricheinfall (MG Epp. 4, S. 397), die Wormser Briefsammlung zu Perillus (Hist. 1, 20, 2) (MG Briefe der deutschen Kaiserzeit 3, S. 43).

[714] Bereits Cassiodor, *De institutione divinarum litterarum* Kap. 17 (Migne PL 70, Sp. 1134) empfiehlt die Lektüre des *Orosius quoque Christianorum temporum paganorumque collator;* Orosius zählt auch zu den Schriftstellern, die Hrabanus Maurus in einem Brief an Erzbischof Haistulf von Mainz besonders herausstellt (MG Epp. 5, S. 389). Vgl. auch Johann von Victring (ed. F. Schneider, MG SSrG, 1910, S. 242).

[715] Rather von Lüttich, *De Translatione s. cuiusdam Metronis* (Migne PL 136, Sp. 451) bezieht ein Orosiuszitat über Attalus (Hist. 7, 42, 7) auf sich selbst.

[716] 1 prol. (S. 9); 2, 1 über die Meder (S. 69); 2, 11 über Cyrus (S. 80); 2, 28 über die Vernichtung der Samniten (S. 100); 2, 30 über eine Seuche in Rom (S. 101); 2, 36 über Hannibal (S. 110); 2, 39 zum 2. Punischen Krieg (S. 113); 2, 41 zu Karthago (S. 115); 6, 30 über Gallien (S. 294).

[717] Kap. 4, 66 (ed. B. Krusch, MG SSrMer 2, S. 153).

[718] Ed. O. Holder-Egger/B. Simson, MG SSrG, 1916, S. 116.

[719] Polycraticus Kap. 8, 18 (ed. Cl. C. J. Webb, London 1909, Bd. 2, S. 363).

[720] Ep. 4, 3 (ed. C. Luetjohann, MG AA 8, S. 55).

[721] *Carmina* 8, 1 (ed. F. Leo, MG AA 4, S. 59).

[722] MG SS 13, S. 678.

[723] *Annales historiae illustrium principum Hanoniae* (MG SS 30, S. 81/87; vgl. S. 89f. und S. 112).

[724] Prol. 3 (ed. B. Krusch, MG SS 5, S. 236).

werten Schriftstellern: Dante rechnet ihn unter die großen Prosaschreiber,[725] und Petrarca empfiehlt die Lektüre in einem Brief an Karl IV.[726] Selbst der Humanismus, der doch auf die klassische Antike zurückgegriffen hat, schätzt den spätantiken Orosius: Melanchthon stellt ihn in eine Reihe mit Livius, Sueton, Tacitus und anderen als einen Schriftsteller, den jeder *historicus* kennen muß,[727] und Flavius Blondus glaubt sogar, es habe seit Orosius keinen wirklichen Geschichtsschreiber mehr gegeben, und knüpft mit seiner eigenen Historiographie bewußt an die Historien an.[728]

Die Kenntnis der Historien ist auch nicht auf die der lateinischen Sprache mächtigen Zeitgenossen beschränkt geblieben: Bereits im 9. Jahrhundert hat König Alfred eine angelsächsische Fassung herstellen lassen,[729] und ein Jahrhundert später hat der Kalif Abdulrahman III. von Cordoba eine arabische Übersetzung in Auftrag gegeben;[730] es ist von allen lateinischen Geschichtsschreibern die einzige geblieben! Aus der zweiten Hälfte des 13. Jahrhunderts ist eine italienische Übersetzung (von Bono Giamboni) bekannt,[731] 1491 übertrug man die Historien ins Französische (Pierre Le Rouge), 1528 erneut ins Italienische, 1539 ins Deutsche (Bartholomäus Grüninger in Colmar).

Die Historien waren als Geschichtsquelle ebenso beliebt wie als Geschichtslektüre, und das Zeugnis des Orosius blieb über Jahrhunderte hinweg eine vielzitierte und hochgeschätzte Autorität. Manche Chroniken verzeichnen sogar das Wirken des Priesters zur Zeit des Kaisers Honorius,[732] und

---

[725] *De vulgari eloquentia* 2, 6, 7. Dante denkt wohl auch an Orosius, wenn er (*Divina Comedia Par.* 10, 119f.) von dem *avvocato de' tempi cristiani del cui Augustin si provide* spricht; vgl. dazu Claus Riessner, *Quello avvocato de' tempi cristiani:* Orosius oder Lactantius? Deutsches Dante-Jahrbuch 47, 1972, S. 58—76, der auch eine Reihe von Äußerungen über Orosius zitiert (S. 72f.).

[726] Petrarcas Briefwechsel mit deutschen Zeitgenossen, hg. P. Pius, nr. 23, 80 (S. 117).

[727] Zitiert nach E. C. Scherer, Geschichte und Kirchengeschichte an den deutschen Universitäten, Freiburg i. Br. 1927, S. 34.

[728] Zitiert nach Eduard Fuëter, Geschichte der neueren Historiographie, München—Berlin 1911, S. 110. — Noch Jean Bodin empfiehlt Orosius als Lektüre für die Kirchengeschichte (Lacroix S. 209f.).

[729] King Alfred's Orosius, ed. H. Sweet (Early English Text Society 79), London 1883.

[730] Vgl. Lacroix, Importancia S. 7; von den Brincken S. 85.

[731] Vgl. Riessner (wie Anm. 725) S. 58 Anm. 1.

[732] Vgl. etwa Otto von Freising Kap. 4, 21 (S. 212). Beda (MG AA 13, S. 301) erwähnt die Palästinareise des Orosius, Wolfher setzt in seiner *Vita Godehardi* (MG SS 5, S. 197) sogar das Wissen um diese Reise voraus!

Salimbene von Parma stellt in seiner Chronik das ganze Wissen über den Spanier zusammen:[733] Als Verfasser der Historien ist Orosius selbst zu einer historischen Größe geworden, von der die Geschichtsschreiber des Mittelalters und der Renaissance [734] berichten.

(7) Mit dem historiographischen Inhalt hat Orosius dem Mittelalter auch seine Ideen vererbt: Man kann große Themen der mittelalterlichen Geschichtsschreibung wie den Providentialismus oder die Translationslehre nicht erklären, ohne auf die Orosianischen Grundlagen zurückzugreifen, sagt LACROIX,[735] und auch in dieser Hinsicht ragt erneut das 12. Jahrhundert hervor, das erstmals wieder eine an die Tradition anknüpfende Neuorientierung seines Geschichtsdenkens sucht: Die neuen Weltchroniken des 11. und 12. Jahrhunderts entstehen in einer Zeit der Wirren (des sog. Investiturstreits),[736] in der das tradierte Geschichtsbild in eine Krise geraten ist, und man greift mit Orosius auf eine Geschichtsbetrachtung zurück, die ebenfalls in einer Umbruchszeit entstanden ist, zugleich aber den optimistischen Ausblick in die Zukunft bewahrt hat, und die — vor dem Hintergrund der von Augustin erarbeiteten „metaphysischen" Grundlagen — die Gesamtheit des irdischen Geschichtsablaufs einbezieht: Entgegen dem eigentlichen Fundament der Weltchronistik, nämlich der Chronik des Eusebius-Hieronymus, setzen fast alle mittelalterlichen Geschichtswerke wie Orosius mit der Schöpfung als Beginn aller Geschichte ein;[737] gelegentlich, etwa bei Frechulf von Lisieux[738] oder bei Frutolf von Michelsberg, wird auch die Begründung für die Einbeziehung der Frühgeschichte vor Ninus (oben S. 18f.) wiederholt.

---

[733] Chronik a. 1247 (ed. O. Holder-Egger, MG SS 32, S. 186f.): *De Orosio autem sciendum est quod fuit Hyspanus ... et dicebatur Paulus Orosius. Sacerdos fuit et religiosus. Et sicut beatus Augustinus occasione paganorum libros de civitate Dei conscripsit, sic Orosius presbiter ex precepto beati Augustini historiam suam ...*

[734] Vgl. Hartmann Schedel, Buch der Chroniken, 1493 (ND. Leipzig 1933, Bl. CXXXVIII): *Paul(us) Orosius ein hispanier sant augustini iunger ein rechsprechig man und ein erkenner vil dings ist diser zeit nach absterbe(n) Augustini gein rom komen und hat siben bücher wid(er) die hayden gemacht unnd darinn schier der ganzen werlt iamer, not und dürftigkeit und auch die ungerüsamkeit der krieg heruider gemeldet unnd ein geschihtbuch von anbegynn der werlt bis auff sein zeit beschriben unnd ormista das ist vo(n) dürftihkeit der werlt genennt. Diser wardt von augustino zu merer underrichtung zu sant iheronimo gein iherusalem gesendet. der hat widerhaymziehende ettliche sant Stephanus des ersten martres gepayn erster in den nidergang der sunnen gebracht.*

[735] Lacroix, Importancia S. 12.
[736] Vgl. von den Brincken S. 238.
[737] Vgl. von den Brincken, Tafel III.
[738] I praef., Migne PL 106, Sp. 917.

Von Orosius erbt das Mittelalter das negative, unglücksvolle Bild der heidnischen Antike, aber auch die Fähigkeit, auf der Grundlage des Orosianischen Gegenwartsbewußtseins die eigene Zeit in die Kontinuität der gesamten Geschichte einzuordnen.[739] Dabei spielt das Rombewußtsein des Priesters eine entscheidende Rolle; wenn von den Autoren der Übergangszeit gerade Cassiodor und Jordanes Orosius schätzen, dann wohl nicht zuletzt deshalb, weil ihnen das Römische Reich noch lebendig ist,[740] und dieser Aspekt des Geschichtsbildes lebt fort, als — mit dem mittelalterlichen Kaisertum — die Romidee wieder erstarkt und man vom 11. Jahrhundert an das Reich weiterhin als Imperium Romanum versteht: Frutolf-Ekkehard und Otto von Freising etwa numerieren die Kaiser von Augustus bis zu Heinrich V. bzw. Konrad III. durch, und Rom steht wieder im Mittelpunkt der gesamten Chronik *(Summa totius)* des Honorius.[741] Das Schicksal Roms, das für Orosius, der von dem Alaricheinfall in die Stadt ausgeht, im Mittelpunkt steht, bedeutet auch dem Mittelalter noch unendlich viel.[742] Einen entsprechend großen Einfluß übt — noch bis ins 16. Jahrhundert hinein[743] — auch die Regna-Lehre des Orosius aus, wenngleich man in der Aufzählung der Reiche eher dem Schema des Hieronymus folgt (vgl. oben S. 73); die Aufnahme der Karthager findet sich aber immerhin bei Hugo von Fleury, der sich auch sonst stark an Orosius anlehnt,[744] und — als Alternative zu Hieronymus — bei Otto von Freising sowie wieder in den *Chronica s. Pantaleonis.* Aus der Bindung der Weltreiche an die vier Himmelsrichtungen entwickelt sich die Lehre einer Wanderung der Gewalten von Ost nach West bei Hugo von St. Viktor[745] und Otto von Freising (Chronik, 5 prol. — S. 227). Wie wichtig Orosius schließlich für das mittelalterliche Königsbild wird, zeigt seine Benutzung in Fürstenspiegeln, bei Sedulius Scottus[746] oder Hinkmar von Reims[747] und dann

---

[739] So von den Brincken S. 84f.

[740] Vgl. ebda. S. 90.

[741] Vgl. ebda. S. 217.

[742] Zum Romgedanken des Mittelalters vgl. Fedor Schneider, Rom und Romgedanke im Mittelalter, München 1925 (ND. Darmstadt 1959), und Percy Ernst Schramm, Kaiser, Rom und Renovatio, ²1957 (ND. Darmstadt 1962).

[743] Vgl. E. Menke-Glückert, Die Geschichtsschreibung der Reformation und Gegenreformation, Osterwieck 1912, S. 74 und 85f. über Johannes Sleidan.

[744] Vgl. Funkenstein S. 91f.; von den Brincken S. 195.

[745] *De vanitate mundi* Kap. 4, 9, Migne PL 176, Sp. 677ff.; vgl. Joachim Ehlers, Hugo von St. Victor. Studien zum Geschichtsdenken und zur Geschichtsschreibung im 12. Jahrhundert, Wiesbaden 1973, S. 128ff.

[746] Vgl. Hans Hubert Anton, Fürstenspiegel und Herrscherethos in der Karolingerzeit, Bonn 1968, S. 263.

[747] Ebda. S. 299 Anm. 766 (vgl. oben Anm. 703).

wieder im *Polycraticus* des Johannes von Salisbury. LACROIX (S. 207 ff.) und
MARROU (S. 85 f.) sprechen im Hinblick auf das Prinzip der monarchischen
Autorität — in Anlehnung an ARQUILLIÈRE — von einem „politischen Augustinismus" bei Orosius.[748]
Ob in bezug auf die Voraussetzungen der Geschichte, die Schöpfung und
den Providentialismus, oder auf den Geschichtsablauf selbst mit seinen einzelnen Elementen bis hin zum Kaiserideal, überall zeigt sich das Mittelalter
von Gedanken geprägt, wie Orosius sie vertreten hat, und bewußte Anknüpfungen — wie bei der Augustustheologie — belegen, daß man tatsächlich
den Historien und nicht nur einem inzwischen standardisierten christlichen
Geschichtsbild folgt.

Die Augustustheologie ist Ausgangspunkt für eine vielfache, verklärende Darstellung des ersten römischen Kaisers bei den christlichen Geschichtsschreibern des
Mittelalters (darüber VON FRAUENHOLZ und OPELT S. 50 ff.). Die Wundergeschichten
der Ölquelle (vgl. VON FRAUENHOLZ S. 101 ff.) und des Sonnenkreises (ebda. S. 104 f.)
sowie die Ablehnung des *dominus*-Titels durch Augustus (ebda. S. 109 ff.) finden in
zahlreiche mittelalterliche Werke Eingang. Bereits Prosper 333 (MG AA 9, S. 405)
und Fredegar 2, 33 (MG SS rer. Merow. 2, S. 53) greifen das erste Wunder auf, wenngleich sie, wie MEHL, Augustus, herausstellt, noch Hieronymus folgen. Frechulf von
Lisieux (II, 1, 2/4 — MIGNE PL 106, Sp. 1118 f.) übernimmt von Orosius den *census*-Gedanken und — wie später Frutholf von Michelsberg (MG SS 6, S. 95) — die Zurückweisung der Anrede *dominus* durch Augustus. Die in der Karolingerzeit weitverbreitete *Expositio super quattuor evangelistas* weitet die Augustustheologie zu einer
— bei Orosius bereits vorgezeichneten — Augustustypologie (Augustus als Figur des
Gottvaters) aus (dazu OPELT S. 50 ff.). Später greifen etwa die *Historia miscella* VII, 6
(Fonti per la storia d'Italia 49, S. 181), Gottfried von Viterbo (*Pantheon, Particula*
XXI, 3, MG SS 22, S. 151 f.), Jakob von Voragine, Gervasius von Tilbury, Martin von
Troppau oder Jakob Twinger von Königshofen die Wundergeschichten auf (vgl. VON
FRAUENHOLZ); Otto von Freising übernimmt die gesamte Augustustheologie des
Orosius.

Am nachhaltigsten hat wohl die Einheitsidee der Historien gewirkt, deren
Verbindung von Kaisertum/Reich und christlicher Religion eine theoretische
Grundlage für das mittelalterliche *imperium christianum* überhaupt bildet
und hier — weit über die Geschichtsschreibung hinaus — auch die fundamentalen politischen Vorstellungen des Mittelalters mitbegründet hat. Dabei stützt der politisch-kaiserlich orientierte Orosius merkwürdigerweise

---

[748] Marrou erblickt in Orosius den Begründer eines „historischen" (S. 65), „historiographischen" oder auch „politischen Augustinismus" (S. 85 f.) und stellt ihn (nach
den von F.-X. Arquillière, L'Augustinisme politique. Essai sur la formation des théories du moyen âge, Paris ²1955, entwickelten Prinzipien) dem großen Kirchenvater an
die Seite.

ebenso das System der kaiserlichen Kirchenherrschaft bis zum Investiturstreit, wie seine Schilderungen häretischer Kaiser auch nach dieser Zeit noch die Grundlage für ein neues Verhältnis zwischen Kaiser und Kirche zu bilden vermögen.

Bis zu Otto von Freising und seinen Zeitgenossen braucht das Mittelalter kein eigenes, neues Geschichtsbild zu schaffen, weil es die Geschichtstheologie der Väter, vor allem des Augustin und Orosius, übernimmt,[749] und als im 12. Jahrhundert neue Ansätze einer eigenen Geschichtsbetrachtung aufkommen, greift man bewußt wiederum auf dieselben Vorbilder zurück. Das deutlichste Beispiel liefert Otto von Freising selbst, dessen geschichtstheologische Abhängigkeit von Orosius — im Gegensatz zu Augustin — lange vernachlässigt worden ist,[750] der tatsächlich aber Orosius sogar näher steht als Augustin.[751] Schon die Einteilung der Chronik in sieben Bücher, denen Otto ein achtes über die Eschatologie folgen läßt, lehnt sich an die Historien an; Otto folgt seiner Vorlage dann in den Grundzügen des Geschichtsablaufs,[752] in der Regna-Lehre einschließlich der Verwalterfunktion der Zwischenreiche und der zahlreichen Parallelen zwischen Babylon und Rom[753] sowie des Erb- und Wachstumsgedankens;[754] er übernimmt die Lehre von der heilsgeschichtlichen Rolle Roms und die gesamte Augustustheologie (Kap. 3, 6), und er sucht mit Orosius die späte Ankunft Christi auf Erden zu begründen (3 prol.); vor allem aber geht der Zentralgedanke des Freisinger Bischofs, die Lehre von der Veränderlichkeit, der *mutabilitas,* aller irdischen Geschichte auf die — im göttlichen Wirken geordnete — Unglücksgeschichte des Orosius zurück, und zugleich greift Otto den Orosianischen Fortschrittsgedanken mit der Entwicklung der (Augustinischen) *civitas Dei* bis zu ihrer Vollendung im Jenseits auf: In den Texten des Bischofs von Freising kommt die Geschichtstheologie des Orosius zweifellos am eindrucksvollsten zur Geltung; viele ihrer Gedanken aber sind zum Allgemeingut des gebildeten Mittelalters überhaupt geworden.

---

[749] Vgl. auch von den Brincken S. 239.

[750] Etwa in den verschiedenen Arbeiten Johannes Spörls.

[751] Vgl. Franz-Josef Schmale in: Wattenbach-Schmale, Deutschlands Geschichtsquellen im Mittelalter. Vom Tode Kaiser Heinrichs V. bis zum Ende des Interregnum, Bd. 1, Darmstadt 1976, S. 53/55.

[752] Hier seien kurz die Gemeinsamkeiten herausgestellt; die Veränderungen im hochmittelalterlichen Geschichtsbild und gerade bei Otto von Freising sollen in anderem Zusammenhang behandelt werden.

[753] Vgl. dazu Funkenstein S. 100ff.

[754] Vgl. Chronik 2 prol. (S. 67), 2, 13 (S. 82), 2, 27 (S. 99), 4, 21 (S. 212), 4, 31 (S. 223).

Man hat versucht, die Gründe für den gewaltigen Einfluß des Orosius über Jahrhunderte hinweg zu bestimmen, wenngleich ein solches Unternehmen hypothetisch bleiben muß. Sicher spielt die angebliche Germanenfreundlichkeit[755] dabei keine Rolle. Entscheidend dürfte dagegen sein, daß die Historien erstmals vollständig die gesamte Weltgeschichte in kurzer, aber erzählender Form aus christlicher Sicht zusammengestellt haben, ohne dabei wie die Chronik des Hieronymus in bloßer Chronographie zu erstarren oder wie manche Vorläufer (wie Hilarian oder Sulpicius Severus)[756] sich auf die sog. Heilsgeschichte, teilweise mit bewußter Beschränkung auf Generationslisten in der Frühzeit oder unter Vernachlässigung der eigenen Zeit, zu konzentrieren.[757] Der enzyklopädische Charakter hat dabei wohl die Bedeutung des Werks im frühscholastischen Zeitalter wie in der Renaissance gefördert.[758] Dazu schreibt Orosius ein Spätlatein, das der Sprache des Mittelalters bereits sehr nahesteht[759] und diese vielleicht sogar seinerseits beeinflußt hat und deshalb auch sprachlich dem Gefühl des neuen Zeitalters entgegenkommt.[760] Man wird darüber hinaus das Argument nicht von der Hand weisen können, daß die Bedeutung der Historien gerade dem geschlossenen, theologisch orientierten Geschichtsbild zu verdanken ist,[761] das der mittelalterlichen Historiographie bereitstellt, was diese immer wieder aufzeigen will, nämlich den in der Darstellung der Ereignisse faßbaren, im göttlichen

---

[755] So (unter anderem) Lacroix, Importancia S. 8; ähnliche Gründe wie Lacroix (vgl. Anm. 45) für die Wirkung im Mittelalter gibt Denis Hay, Annalists and Historians. Western Historiography from the eighth to the eighteenth century, London 1977, S. 31.

[756] Vgl. von den Brincken S. 73 ff.

[757] Vgl. ebda. S. 60.

[758] Vgl. Lacroix, Importancia S. 8.

[759] Ebda. S. 12; zur Sprache vgl. Josef Svennung, Orosiana. Syntaktische, semasiologische und kritische Studien zu Orosius (Uppsala Universitets Arsskrift), Uppsala 1922, und Aldo Bartolucci, Lingua e stile in Paolo Orosio, Studi classici e orientali 25, 1976, S. 213—53.

[760] Vielleicht liegt darin ein weiterer Vorzug gegenüber der eher gebildet anmutenden Chronik des Sulpicius Severus; vgl. von den Brincken S. 72. — Von seinen zahlreichen Quellen übernimmt Frutolf von Michelsberg allein Orosius bezeichnenderweise recht wortgetreu (vgl. F.-J. Schmale in seiner Einleitung zu Frutolf-Ekkehard in der Freiherr-vom-Stein-Ausgabe Bd. 15, Darmstadt 1972, S. 15). Erst Salimbene von Parma (MG SS 32, S. 186 f.) sagt Orosius einen dunklen und schwierigen Stil nach *(gravis et difficilis et obscurus habetur)*.

[761] Lacroix scheint diesen Aspekt eher abwerten zu wollen, weil außer Otto von Freising niemand die Ideen des Orosius zum ausdrücklichen Gegenstand seines eigenen Werks gemacht habe. Man muß aber berücksichtigen, daß das Geschichtsbild jeweils implizit mit der Geschichtsschreibung überliefert wurde!

Heilsplan geordneten Zusammenhang der historischen Daten, den in den historischen Begebenheiten sichtbaren Sinn der Geschichte. Das spontane, aber letztlich geordnete Eingreifen Gottes in den Geschichtsablauf, wie es uns aus den Historien entgegentritt, ist jedem mittelalterlichen Geschichtsschreiber selbstverständlich.

Die gegen die Heiden gerichtete und letztlich überholte apologetische Tendenz hat den Erfolg der Historien ebensowenig behindert wie die Nachwirkung des „Gottesstaates" Augustins, vielleicht hat sie sogar ihrerseits zur Beliebtheit der Werke beigetragen, weil den Lesern immer wieder die Gefahren einer unchristlichen Geschichtsdeutung drastisch vor Augen geführt werden. Das Orosianische Geschichtsbild, dessen Schicksal schon wegen seiner Romzentrik mit dem Untergang des Römischen Reichs eigentlich hätte besiegelt sein müssen, kann noch das Mittelalter maßgeblich beeinflussen, weil dieses den Anschluß an die römische Tradition sucht, weil es an der Autorität der Kirchenväterzeit festhält und weil es den Aufschwung des Christentums, der sich bei Orosius abzeichnet, und vor allem das Element des Fortschritts, auf das der Priester so großes Gewicht legt, nämlich die völlige Zurückdrängung des Heidentums, selbst erlebt hat; ganz besonders aber verkündet das Geschichtsbild des Orosius bereits das Ideal der Einheit und der Identität von Kirche und Reich, das im christlichen Mittelalter Wirklichkeit werden sollte.[762] SCHÖNDORFS Behauptung (S. 97f.), die politischen Ideen des Orosius deckten sich weithin mit denen des Mittelalters, verschüttet sicher zu sehr den wirklichen, spezifisch spätantiken Hintergrund der Schrift, doch wird man zweifellos seiner Feststellung zustimmen dürfen, daß gerade Orosius das historische Bild des Mittelalters entscheidend geprägt hat: Von seiner Haltung her Römer, seiner Zeit verhaftet, ist Orosius zugleich Ausdruck jener christlichen Vorstellungswelt und jener Verbindung von Kirche und Reich, von Welt- und Heilsgeschichte, die das Geschichtsbild des Mittelalters bestimmt. Entgegen seinen wahren, auf die Erhaltung und Festigung der antiken Welt zielenden Absichten ist er mit seiner Schrift als Geschichtsdenker und Geschichtsschreiber zu einem der Mitbegründer des Mittelalters geworden.[763]

Die Orosianischen Ideen wirken noch im Zeitalter der Reformation und Gegenreformation.[764] Ihr Einfluß beginnt erst im 18. Jahrhundert mit der Epoche der Aufklärung zu sinken;[765] die Quellenkritik des 19. Jahrhunderts

---

[762] Vgl. Schöndorf S. 119.

[763] Vgl. Marrou S. 87.

[764] Vgl. Harry Elmer Barnes, A History of Historical Writing, New York 1963, S. 131 zu Bossuet.

[765] Vgl. Wotke Sp. 1195; Lacroix, Importancia S. 9f.

Zur Wirkungsgeschichte 165

moniert die mangelnde Eigenständigkeit und mißt der Kompilation schon wegen ihrer Tendenz wenig Wert bei, doch ist diese Haltung heute wieder korrigiert, und immer häufiger wird Orosius auch zu politischen und zu Quellenproblemen herangezogen;[766] vor allem ist sein Werk gerade wegen seiner Tendenz, wegen seiner Ideen — und keineswegs nur als Folge einer Abhängigkeit von Augustin[767] — wichtig geworden. Sicher liest man Orosius, wie LACROIX feststellt, heute kaum um seiner selbst willen,[768] um so bedeutender aber ist das Werk als Quelle für den Historiker, für den Theologen, selbst für den Philosophen und für jeden, der sich für das Wesen und für die Ideen und besonders für die Geschichtsvorstellungen der Spätantike und des Mittelalters interessiert: Orosius ist ein wichtiger Zeuge seiner Zeit, sein Werk aber ist eine noch weit bedeutendere Quelle wegen der ungeheuren Wirkung, die es jahrhundertelang ausgeübt hat. Die Erarbeitung seines Geschichtsbildes sei damit noch einmal gerechtfertigt.

---

[766] Vgl. vor allem die Arbeiten Lippolds.
[767] So Lacroix, Importancia S. 10/12.
[768] Wenngleich Lacroix, ebda. S. 11 f. auch das anscheinend anregen möchte.

QUELLEN- UND LITERATURVERZEICHNIS

1. Die wichtigsten Quellen

Orosius, *Historiarum adversum paganos libri VII,* ed. Carl Zangemeister (CSEL 5), Wien 1882 (ND. Hildesheim 1967).

—, *Liber apologeticus,* ed. Carl Zangemeister (CSEL 5), Wien 1882 (ND. Hildesheim 1967), S. 601—64.

—, *Commonitorium de errore Priscillianistarum et Origenistarum,* ed. Georg Schepss (CSEL 18), Wien 1889, S. 149—57.

Augustin, *De civitate Dei,* ed B. Dombart — A. Kalb, Leipzig ⁵1938/39 (Teubner).
—, *Epistolae,* ed. Al. Goldbacher (CSEL 44), Wien-Leipzig 1904.
Cäsar, *Bellum Gallicum,* ed. Otto Seel, Leipzig 1961 (Teubner).
Eutrop, *Breviarium ab urbe condita,* ed. Franz Röhl, Leipzig 1887 (Teubner).
Florus, *Epitome bellorum omnium annorum DCC,* ed. Paul Jal, 2 Bde., Paris 1967.
Hieronymus, *Chronicon,* ed. Rudolf Helm (Die griechischen christlichen Schriftsteller der ersten Jahrhunderte: Eusebius 7), Berlin 1956.
Iustin, *Epitoma Historiarum Philippicarum Pompei Trogi,* ed. Otto Seel, Leipzig 1935 (ND. 1956) (Teubner).
Rufin, *Die Kirchengeschichte des Eusebius,* ed. Eduard Schwartz und Theodor Mommsen (Die griechischen christlichen Geschichtsschreiber der ersten drei Jahrhunderte: Eusebius 2), 2 Bde., Leipzig 1903—08.
Sueton, *De vita Caesarum,* ed. Max. Ihm, Leipzig 1907/8 (Teubner).

2. Literatur

a) Arbeiten, die sich ausschließlich oder in einem besonderen Kapitel mit Orosius befassen:

Bartalucci, Aldo, Lingua e stile in Paolo Orosio, Studi classici e orientali 25, 1976, 213—53.
Bately, J. M. — D. J. A. Ross, A Check-List of Manuscripts of Orosius' *Historiarum adversum paganos libri septem,* Scriptorium 15, 1961, S. 329—34.
Bonamente, Giorgio, Il *metus Punicus* e la decadenza di Roma in Sallustio, Agostino ed Orosio, Giornale italiano di filologia 27, 1975, S. 137—69.
De Castro, Rafael G. y Garcia, Paulo Orosio, discipulo de San Agustin, Boletin de la Universidad de Granada 3, 1931, S. 3—28.

De Castro, P. Manuel, El hispanismo en la obra de Paulo Orosio: *Historiarum adversus paganos libri VII,* Cuadernos de estudios Gallegos 9, 1954, S. 193—250.
Coffin, Harrison C., Vergil und Orosius, Classical Journal 31, 1935/36, S. 235—41.
Corsini, Eugenio, Introduzione alle *Storie* di Orosio (Università di Torino, Facoltà di lettere e filosofia, filologia classica e glottologia 2), Torino 1968.
Diesner, Hans-Joachim, Orosius und Augustinus, Acta Antiqua Academiae Scientarum Hungaricae 11, 1963, S. 89—102.
Ensslin, Wilhelm, Zu Orosius VII, 25, 9, und zum Perserfeldzug des Cäsars Maximianus Galerius, Philologische Wochenschrift 60, 1940, S. 669—71.
Ferrari, Angel, El año 38 a. de C. en Cassio Dio, San Jeronimo y Orosio, Boletin de la real academia de la historia 166, 1970, S. 139—66.
Fink, Guy, Recherches bibliographiques sur Paul Orose, Revista de Archivos, Bibliotecas y Museos 58, 1952, S. 271—322.
Fink-Errera, Guy, San Agustin y Orosio. Esquema para un estudio de las fuentes del *De civitate Dei,* Ciudad de Dios 167, 1954, S. 455—549.
Freixas, A., La visión impérial de Paulo Orosio, Anales de historia antiqua y medieval (Buenos Aires) 1959/60, S. 84—98.
Green, Tamara Marcus, Zosimus, Orosius and their Tradition: Comparative Studies in Pagan and Christian Historiography, Thesis New York 1974.
Hagendahl, Harald, Orosius und Iustinus. Ein Beitrag zur iustinischen Textgeschichte, Göteborgs Høgskolas Arsskrift 47, 1941, 12.
Hingst, Gerhard, Zu offenen Quellenfragen bei Orosius, Diss. Wien 1973.
Karrer, Suzanne, Der Gallische Krieg bei Orosius (Geist und Werk der Zeiten 23), Zürich 1969.
Klotz, Alfred, Beiträge zur Analyse des geographischen Kapitels im Geschichtswerk des Orosius, in: Charisteria A. Rzach, Reichenberg Stiepel 1930, S. 120—30.
Lacroix, Benoit, La importancia de Orosio, Augustinus 2, 1957, S. 5—13.
—, Orose et ses idées (Université de Montréal. Publications de l'Institut d'études médiévales 18), Montréal—Paris 1965.
Lippold, Adolf, Die Darstellung des ersten Punischen Krieges in den *Historiarum adversum paganos libri VII* des Orosius, Rheinisches Museum für Philologie N. F. 97, 1954, S. 254—86.
—, Griechisch-makedonische Geschichte bei Orosius, Chiron 1, 1971, S. 437—55.
—, Orosius, christlicher Apologet und römischer Bürger, Philologus 113, 1969, S. 92—105.
—, Rom und die Barbaren in der Beurteilung des Orosius, Diss. (masch.) Erlangen 1952.
Löwith, Karl, Weltgeschichte und Heilsgeschehen. Die theologischen Voraussetzungen der Geschichtsphilosophie, Stuttgart 1953.
Marrou, Henri-Irénée, Saint Augustin, Orose et l'augustinisme historique, in: La storiografia altomedievale Bd. 1 (Settimane di studio 17), Spoleto 1970, S. 59—87.
Mehl, Andreas, Orosius über Christi Geburt und die Regierung des Augustus, demnächst in: Aufstieg und Niedergang der römischen Welt (Festschrift Joseph Vogt), ca. 1979/80.

Mehl, Andreas, Orosius über die Amnestie des Kaisers Claudius: Ein Quellenproblem, Rheinisches Museum für Philologie N. F. 121, 1978, S. 185—94.

Méjean, E., Paul Orose et son apologétique contre les paiens, Straßburg 1861 (war mir nicht zugänglich).

Mörner, Theodor von, De Orosii vita eiusque Historiarum libris septem adversus paganos, Berlin 1844.

Mommsen, Theodore E., Aponius and Orosius on the Significance of the Epiphany, in: Ders., Medieval and Renaissance Studies, hg. E. Rice jr., New York 1966, S. 299—324.

—, Orosius and Augustine, in: Ders., Medieval and Renaissance Studies, hg. E. Rice jr., New York 1966, S. 325—48.

Müller, Heinz, Die Hand Gottes in der Geschichte. Zum Geschichtsverständnis von Augustinus bei Otto von Freising. Diss. (masch.) Hamburg 1949.

Paschoud, François, Roma aeterna. Études sur le patriotisme Romain dans l'occident latin à l'époque des grandes invasions, Thèse Lausanne, Neuchâtel 1967.

Piccirilli, Luigi, Una notizia di Trogo in Guistino e in Orosio, Annali della Scuola Normale Superiore di Pisa. Classe di Lettere e Filosofia, ser. III, 1, 1971, S. 301—6.

Prete, Serafino, Un episodio del sacco gotico di Roma del 410 (Hieron., Ep. 127, 13 — Oros., Histor. VII, 39), in: Storiografia e storia. Studi in onore di Eugenio Dupré Theseider Bd. 2, Rom 1974, S. 529—40.

Riessner, Claus, *Quello avvocato de' tempi christiani:* Orosius oder Lactantius? Deutsches Dante-Jahrbuch 47, 1972, S. 58—76.

Ross, D. J. A., Illuminated Manuscripts of Orosius, Scriptorium 9, 1955, S. 35—56.

Schöndorf, Kurt Arthur, Die Geschichtstheologie des Orosius, Diss. (masch.) München 1952.

Seel, Otto, Die justinischen Handschriftenklassen und ihr Verhältnis zu Orosius, Studi italiani di filologia classica 11, 1934, S. 255—88; 12, 1935, S. 5—40.

Straub, Johannes, Romanus et Christianus ..., Geistige Arbeit Nr. 14 vom 20. Juli 1939, S.7—9; zitiert nach dem Wiederabdruck in: Ders., Regeneratio Imperii, Darmstadt 1972, S. 296—303.

Suerbaum, Werner, Vom antiken zum frühmittelalterlichen Staatsbegriff. Über Verwendung und Bedeutung von *res publica, regnum, imperium* und *status* von Cicero bis Jordanis, (Orbis antiquus 16/17), Münster 1961.

Svennung, Josef, Orosiana. Syntaktische, semasiologische und kritische Studien zu Orosius, (Uppsala Universitets Arsskrift), Uppsala 1922.

—, Zur Textkritik des *Apologeticus* Orosii, Arctos 5, 1967, S. 135—39.

De Tejada, Francisco Elias, Los dos primeros filosofos hispanos de la historia, Orosio y Draconcio, Anuario de historia del derecho español 23, 1953, S. 191—97.

Torres, Casimiro, La historia de Paolo Orosio, Revista de Archivos, Bibliotecas y Museos 61, 1955, S. 107—35.

Torres Rodriguez, Casimiro, Los siete libros de la Historia contra los Paganos de Paolo Orosio, Cuadernos de estudios Gallegos 3, 1948, S. 23—48.

Truyol y Serra, Antonio, The Idea of Man and World History from Seneca to Orosius and Saint Isidore of Seville, Cahiers d'histoire mondiale 6, 1960/61, S. 698—713.

Wotke, Friedrich, s. v. Orosius, RE XXV, 1939, Sp. 1185—95.

b) Autorenübergreifende Darstellungen und Beiträge zu Einzelfragen
des Geschichtsbildes:

Alföldy, Geza, Barbareneinfälle und religiöse Krisen in Italien (Bonner Historia Augusta-Colloquium 1964/65 = Antiquitas 4, 3), Bonn 1966, S. 1—19.

Baumgartner, Walter, Zu den vier Reichen von Daniel 2, Theologische Zeitschrift 1, 1945, S. 17—22.

Von den Brincken, Anna-Dorothee, Studien zur lateinischen Weltchronistik bis in das Zeitalter Ottos von Freising, Düsseldorf 1957.

Christ, Karl, Römische Geschichte. Einführung, Quellenkunde, Bibliographie, Darmstadt 1973.

—, (Hg.), Der Untergang des Römischen Reiches (Wege der Forschung 269), Darmstadt 1970.

Courcelle, Pierre, Histoire littéraire des grandes invasions germaniques, Paris ³1964.

—, Les lecteurs de l'Enéide devant les grandes invasions germaniques, Romanobarbaria 1, 1976, S. 25—56.

Danielou, J.— A. Halder — H. Vorgrimler, Artikel „Geschichtstheologie", Lexikon für Theologie und Kirche Bd. 4, Sp. 793 ff.

Drexler, Hans, Die moralische Geschichtsauffassung der Römer, Gymnasium 61, 1954, S. 168—90.

Fischer, Joseph, Die Völkerwanderung im Urteil der zeitgenössischen kirchlichen Schriftsteller Galliens unter Einbeziehung des hl. Augustinus, Diss. Würzburg 1942, Heidelberg 1947.

Fuhrmann, Manfred, Die Romidee der Spätantike, HZ 207, 1968, S. 529—61.

Funkenstein, Amos, Heilsplan und natürliche Entwicklung. Formen der Gegenwartsbestimmung im Geschichtsdenken des hohen Mittelalters, München 1965.

Goez, Werner, Translatio imperii. Ein Beitrag zur Geschichte des Geschichtsdenkens und der politischen Theorien im Mittelalter und in der frühen Neuzeit, Tübingen 1958.

Grumel, V., Du nombre des persécutions paiennes dans les anciennes chroniques, Revue des Études Augustiniennes 2, 1956, S. 59—66.

Häussler, Reinhard, Vom Ursprung und Wandel des Lebensaltervergleichs, Hermes 92, 1964, S. 313—41.

Heinzberger, Ferdinand, Heidnische und christliche Reaktion auf die Krisen des Weströmischen Reiches in den Jahren 395—410 n. Chr., Diss. Bonn 1976.

Kamlah, Wilhelm, Christentum und Geschichtlichkeit. Untersuchungen zur Entstehung des Christentums und zu Augustins „Bürgerschaft Gottes", Stuttgart—Köln ²1951.

Klingner, Fritz, Römische Geisteswelt, München ⁴1961.

Knoche, Ulrich, Das historische Geschehen in der Auffassung der älteren römischen Geschichtsschreibung, in: Römische Geschichtsschreibung, hg. Viktor Pöschl, (Wege der Forschung 90), Darmstadt 1969, S. 241—55.

Kötting, B., Artikel „Gott", in: Historisches Wörterbuch der Philosophie Bd. 3, 1974, Sp. 735—41.

Laistner, M. L. W., Some Reflections on Latin Historical Writing in the Fifth Century, Classical Philology 35, 1940, S. 241—58.

Landsberg, Fritz, Das Bild der alten Geschichte in mittelalterlichen Weltchroniken, Diss. Basel 1934.

Lippold, Adolf, Der Einfall des Radagais im Jahre 405/06 und die Vita Aureliani der Historia Augusta (Bonner Historia Augusta-Colloquium 1970 = Antiquitas 4, 10), Bonn 1972, S. 149—65.

Löwe, Heinz, Von Theoderich dem Großen zu Karl dem Großen. Das Werden des Abendlandes im Geschichtsbild des frühen Mittelalters, Deutsches Archiv 9, 1952, S. 353—401; und Libelli 29, Darmstadt 1956.

Maier, Franz-Georg, Augustin und das antike Rom, (Tübinger Beiträge zur Altertumswissenschaft 39), Stuttgart-Köln 1955.

Maravall, J. A., El pensamiento politico en España del año 400 al 1300, Cahiers d'histoire mondiale 4, 1957/58, S. 818—32.

Markus, R. A., Saeculum: History and Society in the Theology of St. Augustine, Cambridge 1970.

Mazzarino, Santo, Das Ende der antiken Welt, München o. J.

—, Il pensiero storico classico, Bd. 2, 2, Bari 1966.

Meier, Christian, Artikel „Geschichte" (Antike), in: Geschichtliche Grundbegriffe, hg. O. Brunner u. W. Conze u. R. Koselleck, Bd. 2, 1975, S. 595 ff.

Meijering, Eginhard Peter, God Being History. Studies in Patristic Philosophy, Amsterdam—New York—Oxford 1975.

Momigliano, Arnaldo, Pagan and Christian Historiography in the Fourth Century A. D., in: Ders., the Conflict between Paganism and Christianity in the Fourth Century, Oxford 1963, S. 79—100.

Opelt, Ilona, Augustustheologie und Augustustypologie, Jahrbuch für Antike und Christentum 4, 1961, S. 44—57.

Pannenberg, Wolfhart, Die Aufnahme des philosophischen Gottesbegriffs als dogmatisches Problem der frühchristlichen Theologie, in: Ders., Grundfragen systematischer Theologie, Göttingen ²1971, S. 296—346.

Peterson, Erik, Der Monotheismus als politisches Problem. Ein Beitrag zur Geschichte der politischen Theologie im Imperium Romanum, Leipzig 1935.

Piganiol, André, Le sac de Rome (Le Mémorial des Siècles. Les Evènements. Cinquième siècle), Paris 1964.

Pöschl, Viktor, Die römische Auffassung von der Geschichte, Gymnasium 63, 1956, S. 190—206.

Prete, Serafino, Der geschichtliche Hintergrund zu den Werken des Laktanz, Gymnasium 63, 1956, S. 365—82, 486—509.

Ratzinger, Joseph, Herkunft und Sinn der Civitas-Lehre Augustins, in: Augustinus Magister Bd. 2, Paris 1954, S. 965—79 (abgedruckt in: Geschichtsdenken und Geschichtsbild im Mittelalter, hg. W. Lammers, Darmstadt 1961, S. 55—75).

Schanz/Hosius/Krüger, Geschichte der römischen Literatur bis zum Gesetzgebungswerk des Kaisers Iustinian, Bd. IV/2, München 1920 (ND. 1959).

Scholtz, G., Art. „Geschichte", in: Handwörterbuch der Philosophie Bd. 3, 1974, Sp. 345—98.

Stakemeier, Eduard, Civitas Dei. Die Geschichtstheologie des hl. Augustinus als Apologie der Kirche, Paderborn 1955.

Strasburger, Hermann, Die Wesensbestimmung der Geschichte durch die antike Geschichtsschreibung (Sitzungsberichte der Wissenschaftlichen Gesellschaft der Johann-Wolfgang-Goethe-Universität Frankfurt/Main 5, 1966, 3), Wiesbaden 1966, S. 40—96.

Straub, Johannes, Augustins Sorge um die *regeneratio imperii*, Historisches Jahrbuch 73, 1954, S. 36—60 (zitiert nach dem Wiederabdruck in: Ders., Regeneratio imperii, Darmstadt 1972, S. 271—95).

—, Christliche Geschichtsapologetik in der Krisis des Römischen Reiches, Historia 1, 1950, S. 52—81 (zitiert nach dem Wiederabdruck in: Ders., Regeneratio imperii, Darmstadt 1972, S. 240—70).

—, Regeneratio imperii. Aufsätze über Roms Kaisertum und Reich im Spiegel der heidnischen und christlichen Publizistik, Darmstadt 1972.

—, Vom Herrscherideal in der Spätantike (Forschungen zur Kirchen- und Geistesgeschichte 18), Stuttgart 1939.

—, Die Wirkung der Niederlage bei Adrianopel auf die Diskussion über das Germanenproblem in der spätrömischen Literatur, Philologus 95 (N. F. 49), 1943, S. 255—286 (zitiert nach dem Wiederabdruck in: Ders., Regeneratio imperii, Darmstadt 1972, S. 195—219).

Swain, Joseph Ward, The Theory of the Four Monarchies. Opposition History under the Roman Empire, Classical Philology 35, 1940, S. 1—21.

Trieber, Conrad, Die Idee der vier Weltreiche, Hermes 27, 1892, S. 321—44.

Vittinghoff, Friedrich, Zum geschichtlichen Selbstverständnis der Spätantike, Historische Zeitschrift 198, 1964, S. 529—74.

Vogt, Joseph, Kulturwelt und Barbaren. Zum Menschheitsbild der spätantiken Gesellschaft (Abhandlungen der Akademie der Wissenschaften und Literatur Mainz, Geistes- und sozialwissenschaftliche Klasse 1967, 1), Wiesbaden 1967.

—, Der Niedergang Roms. Metamorphose der antiken Kultur, Zürich 1965.

Wachtel, Alois, Beiträge zur Geschichtstheologie des Aurelius Augustinus (Bonner Historische Forschungen 17), Bonn 1960.

Zeiller, J., L'apparition du mot Romania chez les écrivains latins, Revue des Etudes latines 7, 1929, S. 194—98.

VERZEICHNIS DER ZITIERTEN OROSIUSSTELLEN

Alleinstehende Ziffern und Ziffern vor dem Schrägstrich (/) bezeichnen die Seitenzahlen, Ziffern hinter dem Schrägstrich weisen auf die Anmerkungen. Ist Orosius im Wortlaut zitiert, so sind die Verweise kursiv gesetzt.

Common. 1
(S. 151): 10/43
(S. 152): *10/38*. 67/286

Hist. 1
prol. 1: *10/43*
prol. 2: 11
prol. 3: *12/49*
prol. 6: 12/50
prol. 7: 12/50
prol. 9: 11/47. 19/93. *21*. 142/626
prol. 10: 13/57. *23/105*
prol. 11: 11
prol. 14: *30/139*
prol. 15: *53/231*. 145/647
prol. 16: *53/231*
1, 1: *18/86*. 16
1, 2: *18/86*
1, 3: *18/86*
1, 4: *18/86*
1, 5: *18/86*. 12/51
1, 6: 12/51
1, 7: *19/93*
1, 8: *18/87*
1, 9: *18/88*. 47/200. 50. 50/215. 50/217
1, 10: *18/88*. 47/200. 50/217
1, 11: *18/88*
1, 16: *13/55*
1, 17: *13/54*
2: 13. 116/513. 155
3: 19
3, 1: *50/217*. 61

3, 2: *48/203*. 61
3, 3: 61
3, 4: 47/202
4, 1: 94/403
4, 7: 94/403
5, 2ff.: 25/111
5, 9: 61
6, 1: 31. 56
6, 5: 33
6, 6: *61/269*
8, 2ff.: 25/111
8, 7: *49/211*
8, 8: 46/197
8, 14: 31. 35/162. *118/527*
9, 4: 49/210
10, 15: 48
10, 18: 49/210
12, 1: 13/57
16, 2: 31. 99/439. 134/586
16, 3: 14/66. 31. 99/439. 134/586
16, 4: 31. *42/185*
17, 3: 31. 48/209. 59/265
18, 1ff.: 26/119
19, 1: 77/319
19, 2: 77/319
19, 3: 77/319
20, 2: 157/713
20, 6: 31. 96/424

Hist. 2
1, 1: *46f.* 48. 74
1, 2: *46f.* 48. 74
1, 3: *72*. 74

Hist. 2 [Forts.]
1, 4: 56/248. *72*
1, 5: *72.* 74
1, 6: *72.* 76
2, 2: *77/316*
2, 3: *74/305*
2, 4: *74/305*
2, 5: 75
2, 6: *77/318.* 132/582
2, 7: *77/318.* 132/582
2, 9: *75/306*
2, 10: *75/306*
3, 1: 26/119
3, 2: 31. *75f./310*
3, 3: 31. *75f./310*
3, 4: 31. *75f./310.* 96/429
3, 5: 43/190. *49/212*
3, 6: *78.* 87/361
3, 7: *78.* 87/361. 94/396. 94/398. 94/403. 95/418. 96/429. 118/524
3, 8: *30/144.* 43/191
3, 9: *30/144.* 43/191
3, 10: *14. 30/144.* 43/191. 59/265
4, 2: 26/119
4, 13: *90/379*
4, 14: *90/379*
4, 15: *76/314*
5: 90
6, 13: 31. *76/315*
6, 14: *79/326.* 126/547
8, 5: 94/403
9, 2ff.: 155/703
9, 4: 28/129
9, 5: *28/132*
9, 7: *28/132*
9, 8: 28/131. *28/132*
11, 8: *101/450*
11, 8ff.: 31
11, 10: *38/168*
17, 10: 108/480
17, 14: 108/480
18, 4: 31. *31/144*
18, 5: 31. *31/144*
19, 4: *33/154*
19, 8f.: 26/119
19, 12: 31. *33f./155.* 98/436
19, 13: 31. *33f./155.* 98/436
19, 14: 31. *33f./155.* 98/436
19, 15: 31. *33f./155.* 98/436

Hist. 3
prol. 1: *17/82.* 23/104
prol. 2: *17/82. 23/106*
prol. 3: *23/106*
1: 29/134
1, 3: 106/476
1, 9: *29/135*
1, 11: 108/480
2, 9: 31. *99/442*
2, 10: 31. *99/442*
2, 11: 31. *99/442*
2, 12: *119/528*
2, 13: *119/528*
2, 14: *119/528*
3, 2: 31. 48/206. *99/441*
3, 3: 31. *99/441*
4, 4: 38/169
7, 5: 100
8, 5: 31. *85/350.* 106/473. 116/511
8, 6: 31. *85/350.* 106/473. 116/511
8, 7: 31. *85/350.* 106/473. 116/511
8, 8: 31. *85/350.* 106/473. 116/511
12, 22: 27/125
12, 28: 28/130
12, 33: 108/480
13, 2: 125/543
13, 11: 108/480
14, 10: 100
15, 1: 100
15, 7: *109/487*
17, 4: *77/320*
20, 5ff.: 31
20, 6: 9/38. *129/561*
20, 7: 9/38. *129/561*
20, 10f.: 100
20, 12: *129/564*
20, 13: *130f./573*
23, 1ff.: 102/455
23, 2: 118/523

23, 65: 31. 102/455. *118/523*
23, 66: 31. 102/455. *118/523*. 130/572
23, 67: 31. 56/247. 102/455. *118/523*. 130/572

Hist. 4
praef.: 24
praef. 2: 19/93. *24/109*
praef. 3: *24/109*
praef. 4: 24
5, 8: 46/198. *52/224*
5, 10: *24/107*. 31
5, 11: *24/107*. 31
5, 12: *24/107*. 31. 57/252. 126/547
5, 13: *24/107*. 31
6, 34: 31. *38/170*
6, 35: 31. *38/170*
6, 36: 31. *38/170*
6, 37: *17/83*
6, 38: *17/83*
6, 39: *120/530*
6, 41: *17/84*. 24/108
6, 42: *54/235*
10, 1: 28/126
11, 4: 31. *105/470*
12, 5: 31. 38/169. *105/469*
12, 6: 31. *105/469*
12, 7: 31. *105/469*
12, 8: 31. *105/469*
12, 9: 31. *105/469*
12, 10: 24/110. 31. *105/469*
12, 11: 24/110. 31. *105/469*
12, 12: 31. *105/469*. 107/477
12, 13: 31. *105/469*. 107/477
16, 18 ff.: 31
16, 21: 100
17, 8: 31. 38/169. 46/197. *81f./336*
17, 9: 31. 59/260. *81f./336*
17, 10: 31. *81f./336*
17, 11: 31. *81f./336*
20, 7: *101/449*
20, 8: *101/449*

20, 9: *101/449*
21, 5 ff.: 31. 42/185
21, 6: 46/197
23, 8 ff.: 31. 38/168. 101/448

Hist. 5
1: 15/73. 127. 142/623
1, 1: *107f./479*
1, 2: *107f./479*
1, 3: *107f./479*. 116/513
1, 4: *107f./479*
1, 5: *108f./481*
1, 6: *108f./481*
1, 7: *108f./481*
1, 8: *108f./481*
1, 9: *108f./481*
1, 10: 14/66. 107/477. *108f./481*
1, 11: *107/477*. 112. 118
1, 12: *112*
1, 13: *112*
1, 14: 113. *113/500*
1, 15: 113. *113/502*. 132/582
2: 14/67. 127. 142/623
2, 1: 113. *114*. 116
2, 2: 15/76. *114*
2, 3: *78/322*. *114*. 117/518
2, 4: 113. 115
2, 5: *115*. 116
2, 6: 88/365. 89/373. *115*. 116. 116/516. 117/518. *120/531*
2, 7: *117/521*
2, 8: *117/521*
5, 1 ff.: 31
5, 5: 14/67
11, 6: 31. 46/198. 48/209. 99/440
19, 14 ff.: 31. 102/455
19, 20 ff.: 102/455
19, 22: *14/68*
22, 5: 31. *103/463*
22, 6: 31. *103/463*
22, 11: *103/465*
22, 12: *103/465*
22, 13: *103/465*
22, 14: *103/465*

Hist. 5 [Forts.]
22, 15: *103/465*
24, 9 ff.: 31

Hist. 6
1, 1: *39/174. 54/234*
1, 2: *39/174*
1, 3: *39/176.* 47
1, 4: 46/197. *54/237*
1, 5: 46. 48. 48/206. *54/237.* 56/248. 71, *80.* 109/486
1, 6: 48. 56/248. *80.* 82. 109/483. 109/486. 116. 116/514
1, 7: *41/181.* 46/197. 52/223. 55/243. 109/486
1, 8: *85/351.* 109/485
1, 10: *77/321*
1, 12: *77/321*
1, 13 ff.: 41
1, 16: 109/483
1, 20 ff.: 41/182
1, 22: 88/366
1, 24: *41f./183.* 57/250. 85/351
1, 25: *41f./183.* 57/250. 85/351
1, 27: 49/209. 69/292. 118/525
2, 3: *101/451*
2, 11: 26/119
5, 8: *40/176.* 46/197
5, 9: *40/176*
11, 7: *108/480*
11, 30: 90/377
12, 2 ff.: 32
12, 4: *108/480*
12, 5: *108/480*
12, 6: 109/482
12, 7: 109/482
14, 1 ff.: 32. *86/354*
14, 5: 79
15, 12: 32. *38/167.* 38/169
15, 13: 32. *38/167*
17, 4 ff.: 32. 90/377
17, 7: *90/377.* 102/456
17, 8: *90/377.* 102/456
17, 9: *90/377.* 91/380. 102/456. 110

17, 10: *55/242.* 90/377. 91/380
18, 20: 90/378
19, 19: 110/488
20, 2: *84/345. 90/375*
20, 4: *82/338*
20, 5: *83/341*
20, 6: *83/344*
20, 7: 56/246. 69/292. *83/344*
20, 8: 59/265. 82/338. *84/346*
20, 9: 84
21, 3: *108/480*
21, 11: 84
21, 13: *111/493*
22: 32
22, 1: *84/348.* 106/473. 109/485. 112/497. 116/517
22, 2: *84/348.* 106/473
22, 3: *89/374*
22, 4: *95/420.* 124/538
22, 5: 55/243. *95/420.* 124/538
22, 6: *80f./333.* 82/340. 116/515
22, 7: *80f./333.* 115/506
22, 8: *80f./333*
22, 10: *57/250.* 62/274
22, 11: 48/203. *62/274*

Hist. 7
1, 1: 26/119. 43
1, 2: 26/119. *40/178.* 46/198. 56/249. 117/518
1, 3: 26/119. 41/180. *53*
1, 4: 49/209. *53*
1, 6: *39/175.* 46/197
1, 7: *40/179.* 77/321
1, 8: *40/179*
1, 9: *40/179*
1, 10: *40/179.* 46/196
1, 11: 41. 55. *100/445*
2, 1: *74/304.* 109/484
2, 2: *74/304.* 88/366
2, 3: *74/304.* 80. 88/366
2, 4: *72/299.* 88/366
2, 5: *72/299.* 73
2, 6: *72/299.* 73

Verzeichnis der zitierten Orosiusstellen 177

2, 7: *73/300*. 76/310
2, 8: *47/202*. *73/300*
2, 9: *73/300*. 73/301
2, 10: *73/300*
2, 11: 73/300. 79
2, 12: *73/300*
2, 13: *75/309*
2, 14: *75/309*. 90/376
2, 15: *75/309*
2, 16: *106/473*. 109/485. 116/514. 116/515. 116/516. 116/517. 116
3: 32. 55/243
3, 1: 12/51. *55/241*
3, 2: 55. 55/242
3, 3: *68/289*
3, 4: 32/145. 55. 61/271. *81/333*
3, 5: 32/145. 61/271
3, 6: 32/145. *61/271*
3, 7ff.: 61/272
3, 12: *47/200*
4, 4: *89/367*. 94/395
4, 6: *61/273*
4, 7: *61/273*. 94/404
4, 10: 94/403. 94/412
4, 12: *62/273*
5, 2: 109
5, 4: *86/353*. 106/475
5, 7: *95/419*
5, 9: 94/403
5, 10: *91/383*
5, 11: 49/209
6, 2: *91/382*. 124
6, 3: 89. *91/382*
6, 6: *59/263*
6, 7: *59/263*
6, 8: *102/455*. *102/460*
6, 9: *110/489*
6, 11: 32. 47/200. *58/254*. 59/265. 86/355. 117/522
7, 1: 94/403. 94/406. 94/410. 94/412
7, 2: 94/403
7, 3: 94/406
7, 4: 94/404
7, 7: 94/410

7, 10: 62. 95/414
7, 11: 62
7, 12: 62
7, 13: *89/368*
8, 1: 92/387. 94/410. 91/411. 94/413
8, 2: *103/461*
8, 3: 89/371. 93/392
8, 4: *103/464*
8, 5: 69/293. *103/464*. 118/525
8, 8: 88/366
9, 1: *91/385*. 93/392
9, 2: 49/209
9, 8: *91/381*
9, 10: *89/369*. 109/483. 110/488
9, 13: 89/370. *94/392*. 96/422
10, 1: 88/366
10, 2: 94/403. 94/408. 94/409. *95/419*
10, 3: 89/368
10, 4: 94/407
10, 5: 62
10, 7: 62
11, 1: *86/355*
12: 96/423
12, 2: 110/488
12, 3: 62. 96/423
12, 4: 62
12, 5: 62
13, 3: 94/397
14, 1: 92/388. 94/401
14, 2: 94/399
15, 1: 88/366. 92/388
15, 4: 62
15, 5: 62
15, 7: 47/200. 86/355
15, 9: *58/257*. 86/355
15, 10: *58/257*
15, 11: *58/257*
16, 2: 94/405. 94/406
16, 6: 92/387
17, 1: 89/372
17, 2: 91/384
17, 4ff.: 63
18, 2: 94/403

Verzeichnis der zitierten Orosiusstellen

Hist. 7 [Forts.]
18, 3: 92/387
18, 8: 94/394
19, 1f.: 63
19, 3: 91/384
20, 1: 92/388
20, 2: *86/358*
20, 3: *86/358*
21, 2: 63. 92/387
21, 4: 92/388
22, 1: 92/388
22, 3: 49/210. 63
22, 4: 63. 109
22, 5: 63
22, 6: 63. *102/458*. 129/566
22, 7: 77. *102/458*
22, 9: 49/211. *91f./385*. *102/459*
22, 10: 91/384. 94/394
22, 13: 94/403
23, 2: 94/394
23, 6: 63
24, 4: 92/388
25, 3: 91/384
25, 13: 63
25, 15: *124/542*
26: 32. 62f.
26, 1: 92. 119/529
26, 2: 63/276
26, 3: 59/265. 63/276
26, 4: 63/276
26, 5: *63/275*. 100/447. 118
26, 9: *17,85. 64/277*
26, 10: *63/276*
27: 32. 64f.
27, 2: *19/94*
27, 14: *65*. 66
27, 15: *52/225*. 66/281. 125/544
27, 16: *52/225*. 53/230. 55/239. 66/281. 126/548
28, 1: *86f./358*
28, 2: *87/359*. 119/529
28, 3: *57/250*
28, 9: 91/384
28, 12: 66
28, 13: 49/210. 66

28, 26: 96/425
28, 27: 125/543
28, 28: 119
28, 31: 92. 93
29, 1: 92
29, 2: 46/197. *51f./222*. 67
29, 3: *67/286*
29, 8: 91/384
29, 18: *67/287*. 117/520
30, 4ff.: 66
31, 2: *110/491*
32, 1: *93/391*
32, 2: *93/391*
32, 3: *93/391*
32, 4: 91/384. 92/388
32, 7: 94/400
32, 8: 92
32, 9: *130/570*
32, 13: 47/200. *130/571*
32, 15: 92/388
33, 1ff.: 66
33, 4: 65
33, 8: 68. *101f./453*
33, 9ff.: 66
33, 15: 66
33, 16: 32. 67/285. 94/393
33, 17: 32. 46/197. 67/285. 94/393. 117/518. 117/519
33, 18: 32. 67/285
33, 19: 32. 67/285
34, 2: 15/74. 32. *92ff./389*
34, 3: 15/74. 32. *92f./389*. 93. 95/418
34, 4: 15/74. 32. *92f./389*. 96
34, 5ff.: 104
34, 5: 49/211. 68/291. 97/430
34, 7: 94/399
34, 8: *106/471*
34, 9: 92/385
34, 10: 94/401
35, 2: 91/384. 95/418. *104/466*
35, 3ff.: 68
35, 6: 97/431. *104/467*
35, 7: 97/431. *104/467*
35, 8: 97/431. *104/467*

Verzeichnis der zitierten Orosiusstellen

35, 9: 97/431. *104/467*
35, 11: 91/384
35, 12: *16/78*. *68/290*
35, 14: *58/258*
35, 15: *58/258*
35, 19: *101/452*
35, 20: 38/169. *104f./468*
35, 21: 38/169. *104f./468*
36: 15/76
36, 1: 12/51. 92. 124f.
36, 2ff.: 66
36, 3: 93/390
36, 3ff.: 65
36, 5: 49/209
36, 5ff.: 59/261
36, 7: 66
36, 13: *66/284*
37: 32
37, 1: *92/386*. 125/543. 131/578
37, 2: *69/294*
37, 6: 66
37, 8: *34/157*. 35. 130/569. 146/648
37, 9: *34/157*. 130/569. 131/576
37, 10: *34/157*. 130/569
37, 11: *34/157*. 39. 48. 94/396. 95/418. 96/427. 130/569
37, 14: *102/454*
37, 17: *39/172*. 49/211. 118/526
38, 1: 91/384
38, 1ff.: 66
38, 6: *60/268*. 66/283. 96/428
38, 7: *39/171*. 60/267
39: 98/436
39, 1: *35/161*. 98/437
39, 2: 47/200. 59/265. *60/267*
39, 11: 32
39, 12: 32. *55/238*
39, 14: 32. *55/238*. *59/262*
39, 15: *35/159*. 79
39, 16: *35/159*
39, 17: *34/156*
39, 18: *34/156*
40, 1: 12/51. *35/160*
40, 2: *133/585*

40, 4ff.: 91/384
40, 9f.: 15/75
41, 1: 15/75. *110/490*. 129/563
41, 2: 15/75. *110/490*. 129/563
41, 3: 15/75. *110/490*. 129/563
41, 4: 49/209
41, 4ff.: 123
41, 7: *123/536*
41, 8: 14/66. 48/207. 48/209. *129f./568*
41, 9: 48/207. 54/236. *129f./568*
41, 10: 48/207. 130. *129f./568*
42: 125
42, 1: *132/580*
42, 2: *132/580*
42, 4ff.: 91/384
42, 5: 15/75. 15/76
42, 7: 157/715
42, 9: 15/75
42, 10ff.: 15/76
42, 15: 15/76. 94/402. 96/429. *106/472*. 125/545
42, 16: 15/76. 96/429. *106/472*. 116/517. 125. 125/545
42, 17: 15/76. 125
43: 15/75
43, 1: 12/51. 132/581
43, 3: 106/476. *132f./583*
43, 4: *132f./583*
43, 5: *132f./583*
43, 6: 89/373. *132f./583*
43, 7: 106/476. *132f./583*
43, 8: 106/476
43, 9: *106/476*. 134/587
43, 10: *106/476*. 134/587
43, 11: *106/476*. 134/587
43, 12: *106/476*. 134/587
43, 14: 14/66. 89. *134/588*
43, 15: *134/588*
43, 16: 97/432. *134/588*
43, 17: *10/43*. 97/432
43, 18: 38/169. *42/188*. 46. 46/198. 48/208
43, 19: 12/51. *42/186*. 56/245
43, 20: 12/51

Lib. apol.
1f.: 67/288
2, 7: 67/288
4, 1: *11/48*
9, 4: *46/198*
20f.: 56/245
26, 3: 46/198. *47/199*

26, 5: *50/214*. 50/217
28, 9: *57/251*
28, 12: 57/251
31, 3: *11/48*
31, 7: *117/519*
32, 5: *54/233*
33, 4: *55/241*